pamiętn ... skiego

Miron Białoszewski

pamiętnik z powstania warszawskiego

Państwowy Instytut Wydawniczy

LEKTURA SZKOLNA

Okładka i strony tytułowe
Justyna Niedzińska

Opracowanie map
Paweł Kwiatkowski

Przygotowanie edycji
Adam Poprawa

Opracowanie redakcyjne
Marianna Sokołowska

Korekta
Donata Lam
Małgorzata Denys

PIW serdecznie dziękuję Panu Henkowi Proeme
za udostępnienie brulionów i maszynopisu
Pamiętnika z powstania warszawskiego
oraz Programowi Drugiemu Polskiego Radia SA
za udostępnienie autorskiego nagrania, które po raz pierwszy
mogło zostać wykorzystane w wydaniu książkowym

www.piw.pl

Księgarnia internetowa www.piw.pl
Polub PIW na Facebooku!
www.fb.com/państwowyinstytutwydawniczy

PRINTED IN POLAND
Państwowy Instytut Wydawniczy Warszawa 2017 r.
ul. Foksal 17, 00-372 Warszawa
e-mail: piw@piw.pl www.piw.pl
Wydanie pierwsze w tej edycji, dodruk
Skład i łamanie: Oficyna Poligraficzna „Polico-Art”, Warszawa
Druk i oprawa: Drukarnia TEKST w Lublinie

ISBN 978-83-64822-05-6

1 sierpnia we wtorek 1944 roku było niesłonecznie, mokro, nie było za bardzo ciepło. W południe chyba wyszedłem na Chłodną (moja ulica wtedy, numer 40) i pamiętam, że było dużo tramwajów, samochodów, ludzi i że zaraz po wyjściu na rogu Żelaznej uświadomiłem sobie datę — 1 sierpnia — i pomyślałem sobie chyba słowami:

„1 sierpnia — święto słoneczników". — Tyle że to pamiętam odwrócony w Chłodną w stronę Kercelaka. A na jakim skojarzeniu słoneczniki? Bo że wtedy kwitną i nawet przekwitają, bo dojrzewają... I to, że byłem wtedy bardziej naiwny i sentymentalny, niewycwaniony, po czemu i czasy były, naiwne, pierwotne, nieco beztroskie, romantyczne, podziemne, wojenne... Więc — ale ten żółty kolor musiał w czymś być — światło tej niepogody z dobijaniem się (i jednak z przebitką) słońca na tramwajach czerwonych, jak to w Warszawie.

Będę szczery, przypominający sobie siebie tamtego w faktach, może za dokładny, ale za to tylko prawda będzie. Teraz mam czterdzieści pięć lat, po tych dwudziestu trzech latach, leżę na tapczanie cały, żywy, wolny, w dobrym stanie i humorze, jest październik, noc, 67 rok, Warszawa znów ma milion trzysta tysięcy mieszkańców. Miałem siedemnaście lat, kiedy raz się położyłem do łóżka i pierwszy raz w życiu usłyszałem artylerię. To był front. I to był chyba 2 wrzesień 1939. Miałem wtedy rację, że się bardzo przeraziłem. Pięć lat potem — tak dobrze znani Niemcy chodzili w mundurach po ulicach.

(Używam tu określenia „Niemcy", i nie tylko tu, bo inaczej wypadnie sztucznie. Tak jak własowców miało się wtedy często za Ukraińców. Wiedzieliśmy, że hitlerowcami byli nie tylko Niemcy. Nawet widzieliśmy. W 1942 roku po likwidacji małego getta pamiętam Łotyszów. Z karabinami. Cali na czarno. Stali wzdłuż Siennej. Gęsto. Na aryjskim chodniku. I całymi dniami i nocami wypatrywali w oknach żydowskiej strony Siennej. To były resztki szyb w futrynach, zatkane pierzynami. Trupie puchy. Ulicą — tą jedną ulicą — szedł od Żelaznej do Sosnowej nie mur, ale druty kolczaste. Wzdłuż. Jezdnia, kocie łby — po tamtej stronie miały już wysokie badyle i komosy — zdążyły zeschnąć się i zszarzeć na węgiel. A jednak ci aż przykucali. Tak mierzyli. I pamiętam, jak jeden co i raz strzelał. W te okna).

Więc tego 1 sierpnia o jakiejś drugiej po południu Mama powiedziała, żebym poszedł po chleb do kuzynki Teika na Staszica; widocznie brakło chleba, a one się o to umówiły. Poszedłem. I kiedy wracałem, pamiętam, że ludzi było bardzo dużo i było już zamieszanie. I mówili:

— Na Ogrodowej zabili dwóch Niemców.

Zdaje się, że szedłem nie tędy, co miałem iść, bo łapali zaraz ludzi, ale coś mi się zdaje, że szedłem właśnie Ogrodową. Moje zamieszanie na Woli mogło być miejscowe, bo zaraz spotkałem się ze Staszkiem P., kompozytorem, i Staszek śmiał się potem:

— A moja mama mówiła, że dziś taki spokojny dzień.

Staszek sam widział dużo tygrysów.

— Takie czołgi jak kamienice.

Więc krążyły. Ktoś widział, jak na Mazowiecką 11 wjechało tysiąc ludzi (naszych) na koniach. Było więc różnie. A nie było jeszcze piątej, czyli godziny „W". Mieliśmy ze Staszkiem iść na Chłodną 24 do Ireny P., mojej koleżanki z tajnego uniwersytetu (nasza polonistyka była na rogu Świętokrzyskiej i Jasnej, na drugim piętrze, siedziało się w szkolnych ławkach; to się nazywało, że to są kursy handlowe Tynelskiego). Więc mieliśmy iść do niej na piątą (na siódmą byłem umówiony z Haliną, która mieszkała z Zochą i z moim Ojcem Chmielna 32), a że było za wcześnie, chodziliśmy po Chłodnej od Żelaznej do Waliców i z powrotem. Kościelny wyłożył dywan na schodach wejściowych i wystawił zielone drzewa w kubłach na paradny ślub. Nagle widzimy, że kościelny sprząta to wszystko, zwija dywan, odnosi kubły z drzewami, ale szybko, i to nas zastanowiło. Wprawdzie wczoraj — czyli 31 lipca — przyszedł żegnać się z nami Roman Ż. Akurat było słychać naraz sowiecki front, pioruny i jednocześnie samoloty z bombami na niemieckie dzielnice. Więc weszliśmy do Ireny. Było przed piątą. Rozmawiamy, nagle strzelanina. Potem tak jakby broń grubsza. Słychać działa. I w ogóle różne rodzaje. Aż krzyk:

— Hurraaa...

— Powstanie — od razu powiedzieliśmy sobie, tak jak i wszyscy w Warszawie.

Dziwne. Bo tego słowa nie używało się przedtem w życiu. Tylko z historii, z książek. Już nudziło. A tu raptem... jest, i to takie z „hurraaa" i tłumem na łubudu. To „hurraaa" i łubudu to było zdobycie Sądów od Ogrodowej. Padał deszcz. Pilnowaliśmy, co tylko widać. Okna Ireny wychodziły na drugie podwórze z czerwonym murkiem na końcu, i za tym murkiem szło aż do Ogrodowej jeszcze jedno podwórze, z tartakiem, szopą, z kupą desek, z wózkami. Patrzymy, a tu ktoś w niemieckiej tygrysce, w furażerce, z opaską przeskakuje przez ten czerwony murek z tamtego podwórza na nasze. Skoczył na nasz śmietnik z klapą. Z klapy na stołek. Ze stołka na asfalt.

— Pierwszy powstaniec! — krzyknęliśmy.

— A wiesz, Mironku, że ja bym mu się oddała — powiedziała do mnie Irena w zachwycie przez firankę.

Zaraz potem z Ogrodowej na tamto podwórze wpadli ludzie i zaczęli łapać wózki i deski na barykady.

Potem — pamiętam — po ugotowaniu klusek przez Staszka i zjedzeniu graliśmy w coś, przeglądaliśmy *Gargantuę* Rabelais'go (pierwszy mój z nim styk). I poszliśmy spać. Oczywiście nie było spokoju. Cały czas. Tyle że trochę przycichły te grubsze kalibry, tak potem znane. Więc Irena poszła spać w pokoju swoim. A my ze Staszkiem do łóżka jej mamy w pokoju mamy, która nie wróciła z miasta, rzecz jasna. Deszcz padał. Drobny. Było chłodno. Słychać było karabiny — te terkoty. Serie bliższe, dalsze. I kolorowe rakietki. Co i raz. Po niebie. Z tym chyba zasnęliśmy.

Pierwszy raz o bombardowaniu w życiu tak naprawdę dowiedziałem się w 1935 roku. Kiedy faszyści włoscy napadli na Abisynię. Siedziała u nas kulawa Mania ze słuchawkami na uszach, słuchała radia i nagle ogłosiła:

— Bombardują Addis-Abebę.

Wyobraziłem sobie dom na Wroniej, od ciotki Natki, nie wiem, dlaczego ten akurat, i piąte piętro, i że tam jesteśmy na podeście cztery i pół piętra. I że się z tymi piętrami zaczynamy walić. Potem zaraz pomyślałem, że to chyba niemożliwe. No ale w takim razie jak to wygląda?...

Co było 2 sierpnia 1944 roku? Na zachodzie szła od czerwca ofensywa aliantów przez Francję, Belgię, Holandię. I od Włoch. Front rosyjski stał na Wiśle. Warszawa weszła w drugi dzień powstania. Obudziły nas huki. Padał deszcz.

Zaczęło się organizowanie. Blokowi. Dyżury. Kucie piwnic. Przekuwanie podziemnych przejść. Całymi nocami. Barykady. Najpierw ludzie myśleli, że ze wszystkiego, jak te z desek z tartaku i wózków na Ogrodowej. (Ogrodowa cała — bo wyjrzeliśmy na nią — była w polskich flagach — dziwne święto!). Zebrania i narady na podwórkach. Ustalanie — kto, co. Chyba gazetka już. Powstaniowa. W ogóle powstańcy. Się pokazali. W poniemieckim — co popadło: hełmie, butach, z byle czym w ręku — dobrze, jak strzelało. Wyjrzeliśmy na Chłodną. A prawda: ustalił się front. W całej Warszawie. Z miejsca. A raczej ileś frontów. Które ustaliła pierwsza noc. A dzień zaczął przesuwać. Co doniosły gazetki. Huki były. Wszystkie. Z dział. Bomby. Karabiny. Może front? Ten prawdziwy, niemiecko-rosyjski. Gdzieś od Modlina szedł na Warszawę (nasza wielka nadzieja). Od Woli jeszcze nie szło nic strasznego. Ale Chłodna była w trudnej sytuacji. Była niby nasza. Chyba już z flagami. Ale róg Waliców i Chłodnej była jedna wacha. Róg Żelaznej i Chłodnej — druga wacha — ten dom pod filarami. Wacha to znaczyło cała kamienica niemiecka, a to znaczyło — strzelanie z piętra (z pięciu). Karabiny maszynowe. Granaty. Coraz strzelanie pojedyncze z dachu, zza komina, ktoś ranny, ktoś zabity. To strzelali ci ukryci.

— Gołębiarze — mówiło się. Wlatywało za nimi, szukało, i nic. Strzelali z naszych kamienic. Potem ich przyłapywali. Ale było ich dużo. Wciąż. Do końca. Podobno szli za nacierającymi czołgami i wskakiwali do bram. Waliły pociski z dział niemieckich od Woli, od Dworca Towarowego, czyli z torów, z pociągu pancernego, od Ogrodu Saskiego. Samoloty nadlatywały i rzucały bomby. Co pewien czas. Często. Nieraz co pół godziny. I częściej. I czołgi. I od Hali Mirowskiej. I od Woli. Chciały zdobyć, czyli oczyścić trasę. Chłodną. Pierwsze barykady — prowizoryczne — drewniane — nie były nic warte. Czołgi szły po nich. Pociski od razu to zapalały. Albo bomby zapalające. Pamiętam, jak z kamienicy na drugim rogu Chłodnej i Żelaznej, tej naprzeciw wachy, wyrzucali z drugiego piętra stoły, krzesła, szafy na ulicę, a tu ludzie zaraz to łapali na poczekaniu na barykadę. I zaraz te czołgi po niej przechodziły.

Więc zaczęli ludzie wyrywać płyty z chodników, bruki z ulicy. Były do tego narzędzia. Tramwajarze przyszykowali na powstanie ileś łomów żelaznych i kilofów. Rozdawali ludziom. I tym się rozbijało bruk, podważało płyty, rozwalało twardą ziemię. Ale te dwie wachy bardzo przeszkadzały. Wiem, że moja Mama nagle się pokazała pod 24-ym, u Ireny na podwórzu. Niespokojna o mnie. Przyleciała zza Żelaznej — z Chłodnej 40. Przyniosła coś jeść. Wolałem zostać tu u Ireny ze Staszkiem. Odprowadziłem Mamę na róg. Ten koło wachy. Rozstaliśmy się na razie w dwie strony. Wszystko chyłkiem — biegiem — pod osłoną barykad. Nad samym skrzyżowaniem druty tramwajowe jakoś się poobrywały, poplątały — od obstrzału — ktoś zresztą na nich powiesił portret Hitlera, co Niemców złościło. I strzelali w to skrzyżowanie. Gołębiarze pykali.

Nie mogę dobrze rozróżnić, co było 2, a co 3 sierpnia (środa i czwartek). Obydwa dni pochmurne i z deszczykiem. Już z pożarami, z bombami. Obydwa dni ze zlatywaniem na dół.

— Do schronu! — czyli do zwykłych piwnic. Na narady na podwórko, na dyżury, na roboty przy kuciu, przy budowaniu barykad. Mieszkało się jeszcze na górze, na trzecim piętrze. Ale już siedziało się w przedpokoju, najwyżej w kuchni, w jak najśrodkowszych ścianach, bo waliły pociski. Spało się na zestawionych kanapach w przedpokoju. Raz zlecieliśmy z Ireną P. chyba bez butów, bo już nalot i bomby. Staszek akurat siedział w ubikacji. Już bomby. Jakoś w nas nic. Staszek schodzi po iluś minutach:

— Wiecie, że jak siedziałem na sedesie, to ten cały sedes chodził razem ze mną i z całym piętrem... Ale jak...

Jednak nie od razu się wyszło na Chłodną. Racja. Brama, tak jak i inne, była zabarykadowana. Postanowiliśmy wywiesić flagę. Wysadziło się ją przez żelazną kratę.

— Baczność! — i *Jeszcze Polska nie zginęła.*

Niemcy zaczęli walić. We flagę. W bramę. Komuś coś było w palec. Chyba temu porucznikowi, który wywieszał flagę. A może komendantowi OPL na terenie tego domu? Nie pamiętam. O którejś godzinie nagły straszny huk. Aż wszystko podskoczyło. Zlecieliśmy na dół.

— Niemcy wysadzili się z wachą na rogu Waliców! — krzyczeli ludzie.

— Poszło pięć kamienic!

Wylecieliśmy na Chłodną. Ulica była w chmurach. Rudych i burych. Od cegieł, dymu. Jak to się ustało, zobaczyliśmy straszną zmianę. Rudoszary pył siedział na wszystkim. Na drzewach. Na liściach. Gruby na centymetr chyba. I to zniszczenie. Jedna wacha ubyła. Ale jakim kosztem. Zresztą zaczęło się już zmieniać. Na niespokojnie. I na coraz gorzej.

I widokowo. Od placu Żelaznej Bramy, od placu Bankowego, od Elektoralnej, Chłodną po naszej stronie pod murem lecieli i lecieli ludzie, kobiety, dzieci, wszyscy schyleni, szarzy, posypani czymś. Pamiętam, że zachodziło słońce. Paliło się. Ludzie lecieli i lecieli. Potokiem. Ze zbombardowanych domów. Uciekali na Wolę.

Na drugi dzień pod wieczór ze Staszkiem każą nam przenosić płyty z chodnika. Na drugą stronę ulicy. Staszek złapał płytę i przeniósł. Podziwiałem. Nagle pociski. Jeden trafia w drewnianą barykadę strażacką na Chłodnej, za kościołem. Cała w ogniu. Zaraz coś wpada w Hale Mirowskie. Palą się. Żywym płomieniem. Pomidorowe i tak. Słońce zachodzi. Pierwszy raz pogoda. Ludzie wzdłuż murów lecą po naszej stronie Chłodnej do Elektoralnej i dalej. Tacy jak wczoraj. Ci sami. Uciekają z Woli.

— Ukraińcy idą od Woli i rżną. I palą na stosach!

Na piąty dzień sobota, 5 sierpień. Dużo długiego huku. Wyleciałem do bramy.

— Wacha zdobyta! — wleciałem po schodach na górę. Z tą radosną wieścią. Do Ireny i Staszka. Chłodna była wolna. Cała we flagach za chwilę. Za chwilę wyległy tłumy. Do robienia barykad. Wszyscy. Kobiety. Starsi. Pamiętam. Ekspedientki w białych fartuchach. I panią, starszą, która podawała mi szybko jedną ręką cegły, bo w drugiej trzymała torebkę. Ja podawałem cegły tej ekspedientce w białym fartuchu. I tak dalej.

— Potokiem! Potokiem! — krzykło się. Cegły się brało z wysadzonych kamienic na rogu Waliców. Nagle samoloty. Uciekamy na schody secesyjnej kamienicy, pod 22-gi czy pod 20-ty. Bomby. Zlatujemy do piwnicy. To był dom chyba pana Henneberga, inżyniera, brata braci Henneberg, a ojca moich trzech kolegów szkolno-harcerskich, u których tu byłem przed wojną. Pamiętam, jak wtedy wszedłem do nich, było pełno ludzi, otwarty balkon i straszny hałas z ulicy, tak jakby zupełnie jeździli po mieszkaniu. Pan Henneberg wczoraj czy dziś rano stał na maszcie od tramwajów, podcinał i zrzucał druty, żeby zaplątały się pod czołgi, klął na Niemców, głośno. Niedawno, dopiero w tym roku, ze „Stolicy" dowiedziałem się, że jeden z braci Hennebergów młodszych, to znaczy moich kolegów, poległ wtedy w powstaniu. Drugi też zginął. Ich matkę pamiętam ze szkolnych czasów, jak była w żałobie; miała bardzo jasne włosy. Czołgi było słychać. Już szły. Na całego. Trzeba było uciekać.

Więc w tej piwnicy w tej kamienicy — jeden starszy pan. Przyszedł.

— Skąd pan przyszedł? — spytałem.

— Z Krakowskiego Przedmieścia.

Mówi o tym, że Niemcy łapią ludzi i gnają ich przed czołgami na powstańców, żeby powstańcy w tych ludzi strzelali.

— I cała ulica spalona...

— Która? — pytam.

— No, Krakowskie Przedmieście — powiedział to bardzo smutno.

Zdziwiłem się wtedy, pamiętam, że, po pierwsze, Krakowskie Przedmieście ktoś nazywa ulicą, i po drugie, że ten starszy pan tak strasznie był o to zmartwiony, teraz się nie dziwię.

Po bombardowaniu wyszliśmy. Wołano do następnej barykady przed samą Żelazną. Mężczyzn. Poleciałem. Rozdali kilofy i łomy. Do bruku i płyt. Zresztą już część rowów była wykopana. Pierwszy raz zobaczyłem, że taka plątanina rur i przewodów. Uprzedzali, żeby kopać ostrożnie. Na czwartym rogu Żelaznej wywrócili kiosk z papierosami, jako przeszkodę, papierosy się posypały. Jeden facet zaczął zbierać.

— E, panie, w takiej chwili! — i zaczęli krzyczeć jeszcze inni, na niego. Zawstydził się, przestał, kopał z nami dalej. Nagle wywożą z wachy na taczkach trupy tych Niemców. Rozebrani do połowy. I bosi. Wystają im zielone podeszwy. Gołe. I czy u jednego, czy u dwóch Niemców pamiętam wystający brzuch z taczek. Po kilku na jednych taczkach ich było. Ma się ich pochować. Na skwerze przed kościołem Boromeusza. I nie robić krzyża. A zaznaczyć koło z ziemi (co potem, mniej więcej tak o zmroku, widziałem, że zrobili) od nowa. Biorą mnie do pomocy. Wstydzę się wymówić. Ale życzę sobie w tej chwili nalotu, żeby to zrobili za mnie. I jest. Tak szybko, szybciutko. Nadlatują. I już bomby! że ci z taczkami rzucają te taczki, w popłochu, trupy Niemców lecą w rowy, w wykopy, obijają się o rury, sieci i gdzieś tam zostają głęboko. Z tym, że ich natychmiast jacyś wydobyli, ale już inni. Po bombach. Ja uciekłem dla wszystkiego o dwie kamienice dalej.

Potem powrót do Ireny. Postanawiamy się rozstać. No bo żeby jednak iść do swoich matek. Irena zostaje tu, u siebie. Ja mam iść do siebie, na Chłodną 40. Staszek do siebie. Na Sienną 17. Bo ludzie lecą stamtąd i krzyczą:

— Pańska zbombardowana!

— Prosta zbombardowana!

Żegnamy się między Walicowem a Żelazną. Lecę do Żelaznej. Dużo ludzi, rzeczy, zniszczenia, zmian, zamieszania. Tłok. Uciekanie. Gołębiarze. Pamiętam. Patrzę: z Chłodnej w Żelazną koło tych arkad przez te różne wertepy skręca rządkiem iluś harcerzyków chyba w zielonych mundurkach. Z butelkami z benzyną. Skręcają w Żelazną. Jest pogoda. Sobota. Słońce. Wpadam do nas. Mama jest. I oprócz Mamy:

— Babu Stefu! — bo rzeczywiście siedziała na krześle. W dużym pokoju. Nagle. Tak ją nazywałem, bo akurat czytałem Rabindranatha Tagorego, gdzie występuje Panu Babu. Stefa — Żydówka — była naszą sublokatorką do wiosny 44 roku. Półrodzina. Mieszkała przedtem u drugiej żony Ojca (nieślubnej, Zochy). Chmielna 32, z Zochą, moim Ojcem i Haliną. Ale nie wiem, czy trzeba było jakichś innych powodów, czy po prostu się pokłóciły, tak że któregoś dnia w 42 roku, czyli wtedy kiedy dostaliśmy to mieszkanie na Chłodnej, po Żydach, bo przedtem tam było getto, mur getta stał w poprzek Chłodnej między Wronią a Towarową, getto trochę zmniejszyli, bo getto ciągle zmniejszali, więc ileś mieszkań było wolnych, Ojciec wystarał się o to: Chłodna 40, z tym, że te mieszkania były nie tyle zdemolowane, ile miały jakiś dziwny wygląd, w naszej kuchni leżała zaschnięta kupa na środku, ludzka oczywiście, i właśnie tam w kuchni zamieszkała sobie Stefa, zasłaniająca się zieloną firaneczką, jak tylko ktoś do nas przyszedł, choć potem nieraz się odsłaniała, bo niektórych znała z przyjaciół czy z rodziny, miała zaufanie, a zresztą bardzo niewielu o niej wiedziało. Więc krzyknąłem wtedy:

— Skąd się pani tu wzięła!... — i się cieszymy, witamy, krzyczymy, dziwimy, co za traf! Ja chyba najwięcej. — Babu Stefu, coś takiego!... Jak się pani tu dostała właściwie?

— A! — Krzesło, na którym Stefa siedziała, też było pożydowskie, tylko nie z tego domu, ale z kamienicy, która chyba stoi do tej pory, czy ocalała, czy odbudowana, w takiej ślepej kiszce, dosłownie ślepej, od Żelaznej zaraz na Chłodną po lewej stronie, tej od Wisły. Urządzili tam licytację. Pożydowskich mebli. Ojciec wpadł do domu, do nas. Krzyknął, żebym szedł z nim. Był akurat Swen, więc dla towarzystwa też poleciał. Chociaż ja nie chciałem. Żeby tam iść. Ale było trudno, bo Ojciec. W bramie tej kamienicy licytacyjnej pożydowskiej było pełno kramu. Gratów. Rejwachu. Ludzkiego. Ojciec nałapał ileś krzeseł, każde z innej wsi, z tym, że wszystkie miały swoją wagę, wielkość, no i zniosło się na Chłodną 40. I tak Ojciec najpierw przyprowadził wtedy w 42 roku z tej Chmielnej 32 prosto Stefę do nas, niby na jedną noc, na dwie, i tak została na dwa lata. Papiery jej wyrobił po Zosi Romanowskiej. Bo Zosia Romanowska 8 września 39 roku pojechała na Grochów, do siostry i szwagra, i jeszcze zabrała ze sobą Norę, bratową, po to, żeby zatrzasnęły im się drzwi i żeby nie mogli wymanipulować kluczami, jak nadlatywały samoloty, i zanim co, to już spadli do piwnicy, ocalała tylko jedna osoba, Hanka (na górze i pod gruzami), siostrzenica Zosi, która trzymała za rękę małą dziewczynkę sąsiadki, już nieżywą, sama była przysypana, i jak potem mieszkała na Lesznie obok nas, u Nanki, kiedyśmy stracili mieszkanie w Śródmieściu, więc jak mieszkała po Zosi w jej pokoju, to wiem, że bała się nakrywać w łóżku kołdrą po szyję. Bo jak już traciła świadomość kołdry, to jej się to myliło z gruzami, że są po szyję. Więc Stefa miała kennkartę na imię i nazwisko Zosi; trochę starsza od niej, ale i tak była utleniona, nie tyle ruda, ile robiąca wrażenie rudawej, w ogóle podobna do Żydówki, tyle że Niemcy na szczęście się na tym nie znali, i nasze łobuzy też nie, i na jeszcze większe szczęście Stefa miała wiele odwagi i zbawiennego tupetu; skoro widziała Niemców na drodze — bo chodziła po różnych drogach ze Służewca na dół na Wilanów albo na Augustówkę z tak zwanymi krótkimi towarami, bardzo krótkimi, z agrafkami, z czeską biżuterią, żeby mieć z czego żyć i trochę pieniędzy na zapas — więc jak widziała Niemców, to sama podchodziła, pytała: „Wie spät ist?", a wracała zawsze tramwajem, na pomoście „Nur für Deutsche"; raz, jak mnie spotkała w mieście i mieliśmy wracać razem, powiedziała: „Niech pan jedzie ze mną, zrobię panu lekcję pokazową". I rzeczywiście, nie tylko wsiadła w „Nur für Deutsche", ale wepchnęła się do przedniej części wagonu, odgrodzonej łańcuchem od reszty, z tłokiem, a tu było luźno, ja też tam za nią, trochę głupawo stałem, ona siedziała i zaczęła się niby to podkłócać z jakąś folksdojczówną o to, że się niby na nią pcha.

Więc tak Ojciec po sprowadzeniu Stefy sprowadził krzesła. Dwie żydowskie sprawy. Które się na pewien niewielki czas rozeszły. I znów się spotkały.

W tym domu od licytacji z krzesłami czy może w tym naprzeciwko, ale w każdym razie w tej ślepej kiszce Żelaznej, w 43 roku chyba zrobiliśmy jeden z tak zwanych wieczorków, Swen, Halina, Irena, Staszek, no i ja. U kogoś, kto tam mieszkał. Taki wieczorek patriotyczno-literacki, z teatralnościami, Swen przedstawiał, grał wtedy Nicka, a ja według jego pomysłu na prawach prawie statysty grałem króla. Z tej nieśmiałości, drewnowatości siedziałem cały czas sztywno i tak samo mówiłem. Mój kolega z tajnego uniwersytetu,

Wojtek, który też zginął w powstaniu, na Żoliborzu, powiedział, że mu się to bardzo podoba. Powiedziałem, dlaczego tak wypadłem.

— To nic, ale to było bardzo ładne.

Graliśmy tam, pamiętam, kawałek *Wesela* Wyspiańskiego, Swen grał Stańczyka, we fladze narodowej, którą beztrosko sobie przeniósł w teczce czy w zawiniątku.

Ojciec swoją drogą robił różne interesy przedziwne. Raz przytachał z Kercelaka na Leszno, jeszcze na czwarte piętro, cały kosz kartofli. Zgniłe. Zmarznięte. Ale to i tak było drogocenne. Nanka, Ojciec, Mama, Sabina pamiętali z zeszłej wojny, że z takich zmarzniętych kartofli można robić placki kartoflane. Zrobili, i były dobre. Kiedy indziej Ojciec kupił na takiej licytacji lodówkę. Mama i Stefa dziwiły się cały czas, po co. Bo była zepsuta. Albo wchodzi kiedyś na Chłodną i ma cały płaszcz rybek, takich malutkich. Tak bez niczego. Na podołku. Przeciekają. Mówi Mamie, żeby zrobiła z tego kotlety. Mama zrobiła. Ale ile ich wyszło. Na wszystkie parapety. A mieliśmy wtedy cztery okna. Kiedyś, w Wigilię w 42 czy 43 roku, wieczorem otwierają się drzwi, wchodzi Ojciec i wnosi choinkę — sośninkę. Mama zaczyna wydziwiać. Ja też. Ojciec, że niby co takiego. Trzeba ją zacząć ubierać. Zacząłem. Dziwnie było nadziewać zabawki na te sosnowe gałęzie. Sosna to dla mnie w ogóle było nie drzewo. To jakby ubierać zabawkami sosnę w Otwocku. W ogóle to nie miało nic wspólnego, tak mi się wtedy zdawało, z choinką. Zupełnie inna faktura. Nic z tego zapachu. Ani tego kolenia.

Do pomysłów Ojca należało wykorzystywanie umarłych, czego przykład już jeden dałem. Ale było ich więcej. Braliśmy marmoladę, chleb i te różne jedzenia na kartki na nazwiska chyba czterech nieboszczyków. Oczywiście bliskich. Ale wtedy takie rzeczy się robiło. Czego się wtedy nie robiło?

Żeby już wyjaśnić sprawę Stefy. Stefa mieszkałaby u nas do końca. Ale któregoś dnia na wiosnę 44 roku wracam z miasta, a Mama (szyła wtedy dla bab, żeby z czego miała żyć i ona, i ja, kiecki, a właściwie przerabiała, bo to były przeróbki z przeróbek, fatałachy tak zwane, a jak zaczęła sobie która kombinować palto z futrem, czyli pelisę, to króliki; wiedziały, że obłażą, i to tak jak koty na wiosnę, ale co miały robić) — więc Mama, która obszywała również i naszą dozorczynię, mówi mi w drzwiach:

— Wyobraź sobie, że zdrętwiałam dzisiaj. Dozorczyni przyszła po tą swoją kieckę i mówi mi: „Ta pani syplokatorka to tak, jak idzie przez podwórko, to tak głowę krzywi i tak jakoś bokiem idzie, oj, z daleka poznać, że to taka Żydówa".

Więc Stefa musiała się wyprowadzić. Dozorczyni, jak się okazało, powiedziała to nie w złej myśli, ale kto ją wtedy wiedział. Trzeba było uważać metę za spaloną, jak to się wtedy mówiło. Zresztą po wyprowadzeniu się Stefy któregoś ciepłego dnia, chyba majowego, obudziłem się o szóstej rano i słyszę jakiś harmider. Na dole. Tknęło mnie od razu. Lecę do okna w koszuli. A tu przed każdą klatką schodową Niemiec z karabinem. A po wszystkich klatkach chodzą i sprawdzają wszystkich. Nie wiadomo po co. Skończyło się, u nas przynajmniej, na sprawdzeniu kennkarty, mojego ausweisu, i poszli. Niemiec i konfident, mówiący po polsku, w białym płaszczu. Może by i nic nie było. Ze Stefą. Gdyby była wtedy jeszcze. Może by i uszła jako Zofia Romanowska. Ale kto tam wiedział tego w płaszczu.

No więc Stefa 5 sierpnia 44 roku siedzi na tym krześle, pożydowskim, z którym się znów spotkała, w turbanie na głowie, bo turbany na głowie i drewniaki na nogach były wtedy modne, z musu, w całej Europie podobno, a szczególnie jakoś rozpoznawało się Niemki po tych turbanach, a Stefa przecież uchodziła za Niemkę, więc siedzi Stefa w tym krześle i mówi:

— A, gdzie ja nie byłam. Jadę tramwajem. Zamieszanie. Patrzę w koszyk. A tu mi ktoś podrzucił opaskę. Żydowską. Zatrzymują tramwaj, biorą nas na Gęsiówkę. Tam jesteśmy, odbijają nas powstańcy, lecimy przez Ogród Krasińskich, Bielańską i potem przez Ogród Saski, tu Niemcy, tu się cofamy, Żelazna Brama, ludzie klęczą, mają rozstrzeliwać, uciekamy cudem, ach, panie Mironie.

— Ale się pani tu dostała?

— Ach, co to było.

Była chyba zaraz i ciocia Józia. Jej dom — Ogrodowa 49 — stykał się z naszym — Chłodna 40. Tyle że jego trzecie podwórze, tylny mur, w nim dziura, to było przejście na nasze długie podwórze, ale jedno. Byłem szczęśliwy, że było nas więcej. Co prawda ciotka Józia wróciła do siebie. Ale Stefa zostawała, nie było smutno. I to, że ocalała. Ale zaczęło się nagle — po różnych klęskach i wieściach — tak okropne pogorszenie i piekło, że odechciało się wszystkiego. Atak na Chłodną, Ogrodową szedł. Ludzie byli tam już rozstrzeliwani, paleni na stosach na Górczewskiej, na Bema, na Młynarskiej, na Wolskiej. Ci, co bronili z uporem (podziwiam: jakim) linii polskiego frontu, co i raz mieli odcięte schody, zejścia, wszystko, leżeli na dachach, na tych czwartych, piątych piętrach, dachy się zapalały, paliły, a oni z dachem spadali w dół. Piec, jak w getcie w 43 na Wielkanoc.

Wydobywanie, odsypywanie, gaszenie, pomoc — było trudne, choć było, ale uniemożliwiane przez wciąż nowe bomby, podpalania. Czyli beznadziejne. W kółko. Na któryś krzyk:

— Samoloty!

zlatujemy do piwniczki, płytkiej suterynki z wytwórnią szklanych rurek i bombek. Tłok. Panika. Modlenie się. Huk. Warkoty, łopotanie bomb. Jęki i strach. Znów zniżają się. Huk, chyba trafiło we front, kulimy się. Obok któraś stara sąsiadka bije się w piersi:

— Najświętsze Serce Jezusa, zmiłuj się nad nami...

Wycie samolotów, bomb.

— Najświętsze Serce...

I nagle wyrywa coś naszym domem. Fruwają framugi z okien, drzwi, szyby. Huki. Koniec? Jeszcze trzaski. Jeszcze dalsze huki. Na razie wychodzimy. Podwórze zmienione, czarne, posypane, osiwiałe, okna puste, w drzazgach. Przed bramą lej na pół jezdni. Patrzymy z drugiego naszego piętra. Na to. Tłumy na podwórzu. Piekło — dalsze nieco — ale bez ustanku. Źle. Tłumy w popłoch. Z pakami, tobołami. Latają. Ci do bramy. Ci z bramy. Ci do Ogrodowej przez dziurę. Tamci z Ogrodowej do nas. Nagle zamieszanie. Straszny krzyk. Jakieś zawirowanie tłumu. Coś niosą. Kogoś... Kładą. Trupy? Krzyk... Czyj?

— To pani Górska — jej syna zabiło w szkole na Lesznie.

Znieśli trupy. Cała szkoła zbombardowana. Leszno 100 ile? 111 czy 113. To ta, do której poszedłem raz na szopkę. Dawno przed wojną, oczywiście. W czasie któregoś aktu oberwały się w lewym kącie sceny koce. Nagle gołe kulisy. Katastrofa, bo tam czekało pełno aniołów, króle i różni na swoją kolej. Z piskiem to się rzuciło w kąt, stłoczyło, zbiło w trójkącik. Anioły tuliły się, wtulały, zakrywały sobie łokcie i piszczały. O, jak mi było ciężko tu na tym podwórzu teraz.

(Pani Górska, jej syn i synowa — patrioci, baptyści. Przychodziły sobie szyć do Mamy. Obydwie. Jak moja Mama spytała: „Pani by nie rzuciła swojej wiary?" — „Ja? nigdy, w tej wierze się wychowałam i w tej umrę").

Postanowiłem wrócić na razie do Ireny na Chłodną 24. Zastałem ich już wszystkich w piwnicy. Przygnębionych, ale tu było i ciszej, i mniej ludzi.

Naprzeciwko siedziały dwie kobiety. Jedna martwiła się o dzieci, bo zostawiła na Pradze u Wedla. Druga była z nią, trochę młodsza. Siedziały skulone. W tym korytarzyku. Od chodzenia raz na ileś po kartofle, po węgiel w normalnych czasach.

— Jak sowy — powiedział strasznie wyraźnym szeptem po swojemu i wolniutko Staszek.

Pamiętam spokój. I ulgę. Po swoim domu. Tu się nocowało. Bo wiem, że na drugi dzień było słońce, ciepło, niedziela 6 sierpnia. Sowy (starsza Heńka, młodsza — jak jej było? — wiem, że umiała stawiać karty) powiedziały:

— Dziś Przemienienie Pańskie. Może Pan Bóg coś przemieni na lepsze.

I zaraz gruchnęła wieść:

— Powstanie upadło.

— Mój Boże — zerwały się piwnice, schody, baby, tłumy — tyle wysiłku i na marne, mój Boże? Niemożliwe.

— No tak.

— Mój Boże — załamywali ręce, latali w podwórzach. Po niejakich — na początku — narzekaniach — ta zaprawa, solidarność. Bo rozpacz była.

I nagle lecą z krzykiem, z gazetkami, z odwołaniem. Że nieprawda.

Sami powstańcy — pamiętam — powiedzieli o upadku i zaczęli rozpacz; teraz — co za radość!

Ale niedziela zaczęła się dopiero. Szła groza, jakiej dotąd nie było. Wtedy właśnie postanowienie rozejść się w trzy strony. Staszek na Sienną. Irena zostaje. Ja znów do siebie. Słońce, upał, dym, pożary, huki, lecę do domu. Wtedy chyba właśnie zastałem ciocię Józię. W południe Niemcy, wyprzedzani własowcami, zaczęli przypuszczać ostateczny atak na plac Kercelego, Towarową, Okopową. Kercelak upadał. Linia naszych cofała się. Leżeli już przy barykadach na rogach Wroniej. I strzelali. Ale po linii Towarowa–Kercelak–Okopowa miały padać dalsze, już nie Wola, ale ku Śródmieściu. (Zresztą i my na Chłodnej aż do linii Kercelaka, Towarowej i Okopowej byliśmy właściwie w Śródmieściu, nie tylko w tym tradycyjnym administracyjnie, ale i w Śródmieściu powstaniowym, przynajmniej tak to ustalono przed wybuchem powstania w dowództwie przy podziale Warszawy na kilka obwodów). Na razie broniło się tego paska między Towarową i Kercelakiem a Wronią. Ale atak szedł nie tylko po jezdni, z piechoty, czołgów, z artylerii, karabinów, granatów, miotaczy ognia, pepanców, ale — co najgorsze — z nieba. Samoloty bez przerwy teraz, wspierane tamtą resztą, stadami leciały, wracały i znów leciały, i bombardowały dom po domu, oficynę po oficynie. Chłodną, Ogrodową. Krochmalną. Leszno. Grzybowską. Łucką. Itd. Waliły i paliły. Raz krzyk:

— Do odgrzebywania zasypanych!

Zgłosiłem się. Czekamy przy bramie. Odwołują nas.

— Już poszli. Inni.

Ale zaraz znów krzyk:

— Pali się Chłodna 39! Kto do gaszenia?!

Wylatujemy. To akurat naprzeciwko. Cały dom pali się. Chyba trzypiętrowy. Wody nie ma. Jest, ale obok z pompki, trzeba z kubełkami. Latać. Przez dziurę w murze. Jest i ziemia do gaszenia. Kobiety latają, pomagają. Upał. Płomienie. Te środki do gaszenia marne. A tu ściany już w ogniu. Na trzecim piętrze z którychś drzwi dym. Ale zamknięte. Walimy. Nic. Bijemy siekierami. Wpadamy. Ściana się pali. Goła ściana. Lecimy z tymi wiadrami. Po wodę. Wracamy. Lejemy. Co tu tyle znaczy. Zlatujemy.

— Ziemią! Ziemią! — krzyczą baby.

Lecimy znów. Tu samoloty. Sypią bombami. I bombkami. Zapalającymi.

— Gasić bomby!

Zlatujemy. Sypiemy na bombki. Jest ich ze dwadzieścia. Ze trzydzieści. Na kupie. Na podeście. Znów tam na tym prawie trzecim piętrze. Palą się, syczą. I już załapuje od nich ogień ściana. Ziemia świetnie robi. Jednak. Sypiemy. Czy pomoże? Bo przecież to bucha i bucha. Pomaga. Ale tam już i te ściany prawe i lewe. Palą się. Lecimy na dół. Mijamy się. Dobrze, że jest nas trochę. I że te kobiety. Dają gotowe już kubły z ziemią (nie jestem pewien, czy wody nagle nie zabrakło). Podają nam przez dziurę w murze, żebyśmy nie musieli niepotrzebnie przelatywać. Donoszą do schodów. Łapiemy od nich. Wlatujemy. Pamiętam, że leciałem po tych bombkach. Że po nich deptałem. Bo nie było inaczej jak. Gasiło się je po drodze. Już dogasające. Cała ta sterta. Ale co najlepsze: ściany w płomieniach coraz mniejszych. Nie do wiary. Za którymś sypnięciem ogień się skurczył do zaniku. Cud! I ugasiliśmy. W tym piekle. Akcja skończona. Wracamy.

Natarcie się powiększa. Coraz więcej tego bombardowania. Uratowani, jako tako przytomni i cali, zlatują się do naszych piwnic. Straszny popłoch. Na podwórku też. My sami w popłochu. Przenosimy się do ciotki Józi. Przez tą dziurę. Na Ogrodową 49. Tam jakieś baby na podwórzu przy kuchniach, dymach, i chłopy biją się siekierami. Gonią. Rzucają nimi. Latają siekiery w powietrzu. Nic nie przesadzam. Idziemy do mieszkania ciotki na czwarte piętro. Ale tam nie da się dłużej wytrzymać niż dwie minuty. Razem z sublokatorką, starszą panią, ciotki Józefy i z jej bratem (też siwym) zlatujemy z jakimiś ich i swoimi manatkami na któreś niższe piętro do kogoś. Do jakiejś kuchni. Siadamy. Sublokatorka ciotki Józi podaje siwemu bratu:

— Masz chleb z cukrem — bierze, je.

— Dać ci jeszcze chleba z cukrem?

Kiwa głową.

Ja tam nie mogłem nic jeść od dwóch dni.

Nagle takie huki, wstrząsy, że lecimy na dół.

Zbombardowanych przybywa. Wszystko siwe. Od gruzu. Zadymione. Ciotka Józia, Stefa, Mama uważają, że ta piwnica słaba, dom z desek, trzciny z wapnem i z cegieł tylko. A sąsiednia — 51 — kleinowskie sklepienia — nowy dom, nieotynkowany jeszcze. Przenosimy się szybko dziurami, podziemiami. Tam tłumy. Siedzą na betonie. Mokrym. Po kątach karbidówki. Mama, ciotka Józia i Stefa zdejmują bety, rozkładają się na jakimś wolnym kawałeczku. W tym tłumie. Harmider. Huki, pociski, bomby nie do wytrzymania. A najgorsze, że idą ci Ukraińcy. I rżną. Wszystkich. Wciąż o tym mówią. Ludzie. Po dwudziestu latach — właśnie teraz, w 1964 i 65 roku — podano dokładne liczby od świadków z obydwóch stron. Nasze pisma dały wykazy, ile rozwalono ludzi na samej Woli w samą sobotę i niedzielę, 5 i 6 sierpnia. Kilkadziesiąt tysięcy osób. Niektóre niedostrzeliwane podpalano razem z tamtymi niby zabitymi. Rzucało się ich na wspólne stosy. Ze szpitala Świętego Stanisława, róg Wolskiej i Młynarskiej (teraz Szpital Zakaźny nr 1), ostrzeliwali i wyrzucali żywcem chorych przez okna na dziedziniec. Tam podpalali, jak szło. Żywych czy nie. Zagrzebywali na miejscu. Też tak jak szło. Jako dziennikarz w 1946 roku byłem wysłany na moment ekshumacji. Zajechałem z fotoreporterem. Weszliśmy na ten dziedziniec. Trzy czy cztery rzędy wygrzebanych świeżo, obrośniętych ziemią bezkształtnych brył. Kojarzyło mi się to z różnościami. Z kotletami w bułce i utytłanymi w czymś. Jeden „kotlet" pamiętam naprawdę z kością, jedną, wystającą. Reszta utytłana.

Wpadła nagle do schronu sanitariuszka:

— Kto pomoże nieść rannego?

I nagle, po hałasie — i pomimo huków — cisza.

— Nikt nie pomoże?

Było kobiet ileśset. I chyba z tylu mężczyzn. Wszystko znieruchomiało.

— Czy naprawdę nikt?

— Ja pójdę — wstałem.

Nikt się nie ruszył. Wyskoczyłem za sanitariuszką. Po schodach. I wskoczyłem wprost w ulicę. Ogrodową.

— Tu! Tu! — złapałem za przód noszy. I dalej — szybko. Włączyliśmy się w kondukt z noszami. Szli przed nami. Za nami. W stronę Żelaznej i dalej — w stronę Sądów, bo tam był szpital powstaniowy. Całe uwijanie się szło do Sądów, do środka miasta. Było popołudnie, jakaś czwarta czy piąta, niedziela, upał, podlatywanie dymu, ale razem z kurzem, czyli blisko pożar czy coś gorącego, huki, kocie łby pod nogami (szło się szybciutko, raz patrzało pod nogi, to znowu naprzód, to za siebie, to po domach i po niebie), latanina, wysokie kamienice, barykady w poprzek co i raz, gzymsy. Chciałem jeszcze dodać, że gołębie. Ale chyba gołębi albo już nie było, albo pochowały się tak, że nie fruwały, albo może naprawdę były i właśnie odrywały się i odfruwały za każdym hukiem, ale to chyba odrywały się i odfruwały, i robiły ten dym i kurz tylko gzymsy i framugi. A dlatego nie dowierzam sobie, że gołębie (na pewno i wtedy dobrze nie wiedziałem co), bo i kiedy indziej i gdzie indziej wydawało mi się to samo, a zaraz po wojnie, jak mieszkałem na Poznańskiej i była Wielkanoc z rezurekcją raniutko, to te gołębie — tym razem prawdziwe — płoszyły się i robiły furkot między gzymsami za każdym hukiem. Więc szliśmy kłusem. W bramy — takie tradycyjne z wjazdem w podwórka, z mikołajami z żelaza po bokach albo z wnękami — też waliło. W barykady. W ściany.

Musieliśmy przecisnąć się przez wąskie przejście (takie wąskie przejścia między barykadą a ścianą były wszędzie dla bezpieczeństwa) przed Żelazną. I za Żelazną. Bo chyba dwie blisko siebie. Bo barykady szły gęsto. Wszędzie. I to przy Żelaznej leżeli żołnierze i strzelali z karabinów. Zwykłych. W stronę Kercelaka. Był popłoch. Uciekanie cywilów. Obrona rozpaczliwa. Wiadomości o tych paleniach, rozstrzeliwaniach szły, szły fakty, szły na nas, coraz bliżej. Lecieliśmy raz-dwa z tymi noszami. Ja z tą sanitariuszką niosłem kobietę. Cała popielata. I na włosach. I twarz. W konwulsjach. Postrzępiona kiecka. Była przysypana. Na Chłodnej. Zaraz za nami — choć ten ktoś (mężczyzna) miał ręce, nogi grubo pobandażowane, to krew tak szła, że się lała z noszy. Co było więcej, dalej — już nie wiem. Gmach Sądów. Wpadamy do bramy, tu ludzie stoją w bramie, jacyś, różni, jedna nasza sąsiadka z Chłodnej 40. Zaczyna płakać na widok tego wszystkiego. Chyba się zaczęły płacze w ogóle, takie ze spazmami. W całej bramie. Kazali mi postawić przysypaną. Zostawić. Bo już szpital. Chyba złożyli nosze. Polecieli po następnych. A tych już zaczęli wnosić do środka.

Wyleciałem, żeby wracać. Po drodze wpadłem — tyłami od tego tartaku — na Chłodną 24, do piwnicy Ireny. Zastałem i Irenę, i te dwie Sowy, i pana Malinowskiego w opasce OPL jako blokowego. I było cicho, spokojniej niż gdzie indziej. W tej drugiej oficynie przynajmniej. Bo nie od frontu. Słychać było wszystko dalej. I było źle. Ale spokój tej piwnicy. Zwyczajnej. Korytarzyki z zakrętami, z komórkami. Ciemno. Czy najwyżej gdzieś tam wpadało na szaro światło. To nic. Nie chciało mi się iść dalej. Opowiadałem. Co widziałem. Co za Żelazną. Bo pytali. Zwlekałem tak. Zwlekałem. Aż wieczór. Radzą przeczekać. Tu. Na noc. Po co pchać się za Żelazną z powrotem. Może tam jest jeszcze gorzej, niż było, może już idą? Stąd można uciec. Bliżej Starówki. Bo prawie wszyscy, jak szykowali się, to na Starówkę. Z tymi dwiema Sowami coraz więcej się dogadywałem na ten temat. Starsza, ta Heńka, uczesana w koronę, wciąż się martwiła o swoje dzieci, bo zostały na Pradze w domu Wedla. Młodsza — Jadźka chyba — zaczęła nam stawiać karty. Mówiłem im, że mam przyjaciela na Rybakach. Swena. Że właściwie od kilku miesięcy mieszka na Woli, na Szlenkierów, ale coś mi się zdaje, że jest na Rybakach. Bo tam została jego matka. Oczywiście żaden dowód. Najwyżej uczuciowy. I tak zwany życzeniowy sobie. O tym, że Teik i Swen najpierw ze sobą z nieważnego powodu zerwali, potem ja z Teikiem przez solidarność ze Swenem, a potem ja ze Swenem, i za to nawiązałem z Teikiem (przypominam: ten ze Staszica), to w ogóle tego nie brałem pod uwagę w tej sytuacji. Jeszcze co: wpadłem na pomysł przepłynięcia Wisły. One to podchwyciły, jako oczywistość. Ja mówiłem, że Rybaki to to samo co Wybrzeże Gdańskie. Bo to bloki. Takie czerwone. Żelbet. Niewykończone. Wielkie. (Niby „schronisko dla bezdomnych" w czasie wojny, ale Swen tam do niedawna mieszkał, chociaż już od dłuższego czasu pracował jako opiekun społeczny na Parysowie). Więc, bo te bloki mają front od Rybaków. Tył od Wisły. Pływać wszyscy troje umieliśmy, jak się domówiliśmy. A tam przecież cichcem w nocy da się przemycić dalej na Żerań–Jabłonnę. A tam już w Jabłonnie Rosjanie. Nie wiem w dodatku, jak sobie wyobrażaliśmy dopłynięcie na tamten brzeg, też z Niemcami — i co lepsze — przejście przez front. I to taki front, jakiego raczej w historii świata do tej wojny jeszcze nie było. Chyba zadziałało tu to, że to Warszawa i Żerań, że przez własne da się wszystko.

Przesiedzieliśmy tak jeszcze. Aż noc. Atak ustał. Zrobiły się normalne huczki, pohukiwania. Może i zupełna cisza. Wyległo wszystko na podwórze. Narady. Obgadywania. Gazetki. Przekuwania dalsze. Piwnic, przejść. Pan Malinowski proponuje Irenie i mnie spanie u nich. Bo gdzie my na trzecim piętrze? A oni mają duże mieszkanie w pierwszym podwórzu, na parterze. Poszliśmy. Ja dostaję pokój. Osobny. Łóżko. Kołdrę. Rozbieram się. Odchylam kołdrę, żeby wleźć, a tu — jak nie huknie pocisk w róg domu! Jak nie walnie drugi, trzeci, czwarty; nic, tylko pociski. I ognie. Wszystko się zrywa. Wylatuje na podwórze. Przefalowuje na to podwórze od Ogrodowej. Z walizami, dziećmi, plecakami. Ci już wychodzą. Ci się zbierają. Tłok. Huki. Narady. Przechodzenia z grupy do grupy. Irena stoi z chlebakiem. Naradzamy się. Z panem Malinowskim. No i z całą grupą. Stoimy blisko tej bramy od Ogrodowej (drewnianej). Ale Irena coś zwleka. A ja uważam, że już. Naradzam się z Sowami. Gotowe.

— Tylko polecę odniosę Mamie klucze, bo zabrałem od mieszkania.

Akurat ja zabrałem klucze, jak żeśmy wychodzili z domu wtedy w popłochu. Brzęczą mi teraz wciąż w kieszeni. Lecę do Żelaznej. Przed Żelazną znów powstańcy leżą, strzelają w stronę Wroniej, zmęczeni, spoceni, między jakimiś gratami.

— Dokąd, dokąd?

— Ja muszę. Chłodna 40.

— Gdzie? Nie wolno.

— Ale Matka. A ja zabrałem klucze.

— Panie! Nic pan nie pomoże. Ani klucze na nic, ani w ogóle...

— Ale...

— Tam już są Niemcy.

Cofnąłem się. Wpadłem na podwórze Ireny. Heńka z Jadźką gotowe. Jeszcze raz pytam Ireny, jak ona. Ale ona wciąż stoi koło tej bramy, w tej samej grupce, tak samo wisi jej przez ramię chlebak, i w ogóle do niej nie bardzo dochodzi, co mówię. Więc ja, Heńka, Jadźka — wylatujemy w Ogrodową, tym razem na prawo. I biegiem...

Któraś z nich powiedziała:

— Tylko zdejmijmy pantofle, żeby nie było nas słychać.

Zdejmujemy. Lecimy. Boso. Ogrodową. Barykada. Przeciskamy się. Do Solnej. Pali się po drodze. Huczy. Lecą belki. Szum. Spadają w ogień. Z dudnieniem. Lecimy Solną. Do Elektoralnej. Barykada. Przeciskamy się. I dalej. Elektoralną. Do placu Bankowego (tam, gdzie dziś Dzierżyńskiego, tylko mniejszy i trójkątny). Pali się po prawej stronie. Cały dom — jeden płomień. Lecimy. Gdzieś za Orlą pali się cały dom po lewej stronie. Właściwie dopala się. Stropów już prawie nie ma. Ani ścian. Tylko wielkie ognisko na jakie trzy piętra. Znów szumią belki, obrywają się. Gorąco. To chyba Urząd Miar i Wag. Noc. Tu ciszej. A może w ogóle atak zaczął przycichać? Jesteśmy nie jedni w biegu. Cały potok na Starówkę. Więc za ludźmi wlatujemy w lewo. W dziedzińce — na tyły — Resursy, czyli Rotundy, dawnego Ministerium Finansów i pałacu Leszczyńskich. Luźniej, mniej ciasno. Od placu Bankowego pojedyncze huki. I znów gzymsy. Tylko mniej szare. A żółte. To znaczy w tym świcie (ledwie świcie) takie, jakby pod śniedzią. To tu może te gołębie. Się zrywały. Albo też tylko te gzymsy. Tylko te na innej zasadzie. Bo z anielicami Corazziego. W girlandach. Tympanony. Wylot na Leszno. Tu nagle na pewno świta. Zatrzymują nas przy barykadzie, aż się zbierze więcej. Są jacyś nawet Żydzi z ich kobietami. Jedna z tych Żydówek trzymała worek pod pachą. Barykada jest w poprzek Leszna, u dzisiejszego wylotu na Trasę W–Z. Tylko po prawej stronie była Rymarska, jako wylot placu Bankowego. A w lewo — Przejazd z widokiem, takim jak dziś, na Pałac Mostowskich. Żydom sprawdzają jakieś papierki. Oddzielają ich. Żeby pomagali w robotach. Żydzi mają pod pachami zawiniątka, coś w rodzaju worków. Nas puszczają. Całą grupę.

Wlatujemy między barykady Leszna. W Przejazd. Tam kawałek. I skręt w prawo. Przez barykadę. Długa. Pohukiwania. Na lekkim skręcie Długiej po lewej pałac Pod Czterema Wiatrami. Pali się calutki. Już się kończy. Wyje ogień w oficynach, we froncie. Szumią, spadają belki. Tympanon z płaskorzeźbami jeszcze jest. Migają medaliony. Bramy dziedzińca z kuciami. I te Cztery Wiatry. Na filarach bramy. Mają złocone skrzydła. Igrają, świecą. Jeszcze bardziej roztańczone niż zwykle. Lecimy dalej.

Już Starówka. Widać. Na końcu Długiej — za iluś barykadami — dożarza się niebieskozielona kula na dzwonnicy Dominikanów. Dziwne. Resztka spalonego hełmu z blachy? Chyba. Lecimy więc — już nie boso — chyba na rogu Leszna i Przejazdu założyliśmy buty — lecimy Długą, Mostową w dół, do Rybaków. Już jest dzień. I cisza. Stare Miasto spokojniutkie. Na Rybakach, za Prochownią, w załomku chodnika pod murem następnej posesji bawiły się na trawie pomiędzy kocimi łbami dzieci. Tył Prochowni wychodził na Wisłę, tak jak tył każdego domu z Rybaków. Ten mur, o którym wspomniałem, był bardzo stary. Były w nim dwie muszlowate rokokowe bramy. Stary zajazd. Jak tylko go minęliśmy, powiedziałem Heńce i Jadźce:

— To tu.

Rybaki 14/16. Dwa z cegły, na żelbecie, nietynkowane dwupiętrowe bloki, no i jeszcze przylepiony do nich trzeci blok, trójkątny, który mi się wydawał mniej ważny. Te dwa bloki stały w poprzek Rybaków i Wisły. Między nimi było duże podwórze. Od Rybaków do samego Wybrzeża. I od Rybaków, i od Wybrzeża odgrodzone sztachetami. Wpadliśmy przez bramę z kraty do tego podwórza. I lewą stroną pod murem — bo cały środek był zajęty na działki i zarośnięty — do klatki schodowej, tej z mieszkaniem Matki Swena (chyba jest? i chyba Swen też jest — miałem niespokojną nadzieję). Ta klatka schodowa była przy samym Wybrzeżu, bo i ich okna wychodziły na Wisłę. Patrzę, a tu we wnęce wejścia do tej klatki stoi dwóch dyżurnych, jeszcze z nocy, z opaskami; jeden z czerwoną opaską AL, bo tu na Starówce dużo było AL. A drugi znajomy i z domu, i z biura Swena, pan Ad.

— Jest? Swen? — pytam — są?

— Są. Wszyscy. I pan Swen z narzeczoną. I ciocia z synem. I moja żona z dzieckiem.

— Gdzie są?

Pan Ad., wciąż uśmiechnięty, mówi:

— W schronie, jeszcze śpią.

Wpadliśmy po pachnących betonem, cegłami i niewykończeniem schodach do głębokich piwnic z grubymi murami. Cisza. I zapach zaduszonej pralni. Wpadły nam w ucho i w nos. A co wpadło w oko — szkoda gadać.

Ćmawa otchłań z pipiącymi się świecami na ołtarzyku z Matką Boską w porcelance, a reszta — same dziwne działki, zatłoczone, wszystkie śpiące, chrapiące, przygnębiające.

Te działki okazały się zespołami prycz. Każdy zespół składał się z iluś prycz. Każda prycza z dwóch albo czterech prycz sczepionych głowami. Każda była długa, bo leżało na niej kilka osób. Między zespołami prycz pieniły się w mroku graty. I tylko wyraźne było jedno przejście główne od drzwi do ołtarza i dookoła. Poza tym betonowe filary. Czyli makabra katakumbowej kaplicy.

Poszukałem działki rodziny Swena. Zobaczyłem ich pokotem. Jak spali. Schyliłem się nad Swenem. I coś mówiłem. Nie pamiętam co. Swen się przeciągnął, spojrzał do góry na mnie, zdziwił się, rozrzewnił, zaczął witać. Zaraz reszta, głównie Mama Swena, poruszyli się i zamrowili.

Ciotka Uff. spała ze Zbyszkiem na razie. Powiedziałem, z kim jestem. Powiedzieli, że dobrze. Każą zajmować miejsca. Przyjmują. Goszczą. Zaraz się budzą i Celinka, i Ciotka, i Zbyszek, i pani Ad. z malutką córeczką na sąsiedzkim barłogu. I inni. Ruszają się. Trochę wstają. Wstawanie — takie zupełne — nie było wtedy w modzie. Bo po co? tylko żeby się zbić w tłok?

Więc poporuszali się, poprzeciągali, pogrzebali w swoich tłumokach bez wstawania. I zaczęło się:

— Ru-ru-ru — gadanie, ale jakie!... I chyba poranna modlitwa przy ołtarzu, a raczej od ołtarza, czyli do ołtarza. Poranna, czyli pierwsza. Bo poza tym to modlitw było dużo. I śpiewów. Nawet w pierwszym tygodniu to nie tak dużo, jak się okazało. Bo potem zaczęły się częstsze. I gęstniały. Aż doszło do tego, że w całej Warszawie we wszystkich piwnicach modlili się na głos chórami i śpiewami wszędzie, bez przerwy i wszyscy.

Więc co? — Od tej pory, od tego wejścia tam zaczęła się nowa, potwornie długa historia wspólnego życia na tle możliwości śmierci. Co pamiętam? I dużo, i nie tak dużo, nie zawsze po porządku czy dzień po dniu. Mogę coś pomylić w kolejności, w jakiejś dacie (jakiejś nawet na ogół ważnej, choć mam kilka dat murowanych), w układzie frontów, i tych naszych, i tego dużego.

Więc dowiedziałem się, że Ciotkę Uff. ze Zbyszkiem powstanie zastało na Freta w sklepie. Życie z pięter w schrony, w doły przeniosło się już parę dni temu. Ze wszystkim, co się dało. Sąsiadka, głucha, ale mówiąca, tyle że fałszywie śpiewająca Bacia, czyli niewłaściwie nazywana Baciakowa, z maszyną i z synkiem z nogami po biodra w gipsie, szyła w piwnicy obok na maszynie i śpiewała dużo — śmiał się Swen — bo nie słyszała huków. Wejście (coś, co miało być drzwiami, a zdążyło zostać w 39 roku tylko otworem) do piwnicy z Baciakową było tylko maleńkim elemencikiem tego labiryntu pod Rybakami 14/16. Bo korytarzy, sal piwnicznych z filarami i bez filarów, przejść, wyjść na schody, kątów, separat, schowków, piwniczek kieszonkowych, podpiwnic, zejść w tutejsze kotłownie z mnóstwem rur i kanalizacyjek — była tu nieskończona ilość. Na dodatek dwa główne bloki (A i B) miały połączenie, czyli tak zwany po tutejszemu tunel. Pod działkami z dyniami. I z pomidorami. No i chyba z kartoflami, które w czasie okupacji były tak modne w całej Warszawie, że nie tylko place, skwery (z których w 39 roku w zimie ekshumowało się pochowanych naprędce we wrześniu), nie tylko wybrzeża, ale i Aleje Jerozolimskie były obsiane i obkwitłe w lipcu kartoflami.

Nasza „sala" piwnicowa, chociaż takich jak ona było jeszcze ze dwie albo trzy pod naszym blokiem B, była tak jakby główną na ten blok. Bo przecież stał tu ołtarz. A może naprawdę była największa? Chyba tak. Koło drzwi, to znaczy koło otworu wejściowego tego z klatki schodowej zaraz po prawej stronie, stała beka pełna wody, na wypadek pożaru. Woda była nie za świeża już 7 sierpnia. Co dało potem pole do smrodu, kłótni i zmiany wody w becе metodą potokową. Drzwi były na korytarze, półpiwnice, przejścia z kuchniami-kozami-sukami, o które baby zaraz się kłóciły, a mężowie się zaraz pobili siekierami. Drugie siekiery w tym powstaniu. Stamtąd były właśnie schody z betonu na górę, na parter. Tu zaraz na lewo od nas były wychodki (na razie z wodą), wszystko czynne, światło też. Tu wpadały z góry słupy słońca z kurzem, z tym, że jak wpadały codziennie raniutko, tak świeciły ileś godzin, codziennie, bo była tylko pogoda. Tu były najważniejsze wloty i wyloty, spotkania, narady, moje przesiadywania na kupce cegieł i pisania.

I naprzeciw szły piwnice dalsze. Zaczynał się ciąg. Słynny potem nasz ciąg spacerowy. Bo się spacerowało. A nie było jak na wierzchu. To tu. To były zresztą ulice, place, tłumy, życia, zawierania znajomości.

Wróćmy do daty. Na dzień przede mną przyleciał Swen z Celinką. 1 sierpnia o piątej byli akurat na ulicy, ale blisko Chmielnej. Przelatywali z podniesionymi rękami pomiędzy czołgami przez Nowy Świat chyba. Celinka miała swój pokój, Chmielna 10. Już tam zaczęło się pomieszkiwanie wielu osób, zaplątanych, oddzielonych od siebie. Wspólnota mieszkaniowa na kupie. Ale jeść co? Na dłużej? Mama Swena, starsza, doświadczona, uskładała sucharów z paru lat w torby. Więc w niedzielę wziął Swen Celinkę. Przeleźli okrężną drogą przez pół Śródmieścia. Bo nie było jak inaczej. Gdzieś do Złotej czy

Pańskiej, potem Walicowem do Chłodnej, potem Ogrodową do Solnej, Elektoralną, placem Bankowym, no i Długą do Mostowej, czyli trasą Staszka z Chłodnej na Sienną i moją z Chłodnej na Rybaki. Pałac Pod Czterema Wiatrami już się palił. W stronach Staszka i mojej było piekło. Bo to przecież było to natarcie od Woli. A na Rybakach zaskoczył ich tak samo ten spokoik. Więc zalecieli na drugie piętro. Tu puchy. No, ale ten spokój, lato i Wisła, więc Swen domyślił się, że Mama gdzieś jest na dole, idzie jej szukać, a do Celinki mówi, żeby sobie powyglądała przez ten czas oknem. Okno było prosto na Pragę. Na wielkie drzewa zoo. Plaże. Most kolejowy, wtedy ten stary, ten lewy przycytadelowy. W prawo — Kierbedź w kraty. Dobrze, że nikt ani nic od tej Pragi nie strzeliło wtedy, boby było z Celinką gorzej. Ludzie w schronie, jak się dowiedzieli o tym, to złapali się za głowy. Więc prędko po nią poleciał.

Prawie zaraz Swen zapytał mnie, czy nie znam najnowszego szlagieru:

Pamiętasz noc lip-
cową go-
rącą...

I zaraz dowiedziałem się, że córce, tej malutkiej, państwa Ad. jest na imię Basia. I że jej się śpiewa:

Mam... pajaca na sznurku,
Fika w lewo, fika w prawo,
To najlepszą jest zabawą...

No i śpiewało się to jej w kółko przez cały sierpień. I jak sobie to przypomnę, to mi się robi od tego najsmutniej, i od tej melodii, i od tych słów, nie wiem dlaczego. (Państwo Ad. przeżyli wszyscy troje, wszystko, żyją, tyle, że ich się całymi latami nie spotykało, aż tu któregoś czerwcowego pięknego dnia kilka lat temu przychodzi do mnie właśnie Basia, przedstawia się, kim jest, że obchodzi ją moje pisanie wierszy i że podobno ja ją znałem jako małe dziecko w schronie, i jak potem przeszło to w bliską znajomość, i Basia wreszcie wyszła za mąż za Włocha polonistę, siedzi teraz we Florencji, chociaż podobno po naszym wyjściu, jak one tam zostały na tych Rybakach, to matka, Róża, mówiła do niej: „Nie płacz, i tak nie będziesz żyła", były nawet pędzone przed czołgiem). Dowiedziałem się również potem, że ustawili tłum ludzi pod murami Cytadeli, i wtedy pani Róża zrzuciła z siebie pantofle, które jej zawadzały. Potem ich wywieźli. I cały czas była boso.

Więc tego dnia z tą Jadźką i tą drugą i ze Swenem i Celinką (chyba) polecieliśmy na Mostową. Pod górę. Za trzy czy cztery barykady. Barykady nie takie, jak się robiło na początku, nawet nie takie, jakie po sześciu dniach na Ogrodowej, ale każda ułożona z płyt chodnikowych na dużą wysokość, ubita ziemią, najeżona szynami powtykanymi, wbitymi w tą ziemię. Zupełnie były nie do zdobycia. Teraz dopiero przyglądałem się z niedowierzeniem w ogóle na to wszystko tutaj. Bo dopiero tutaj to powstanie zaczynało wyglądać jak z książki. Jakiejś takiej o oblężeniu. Średniowiecznym. I to egzotycznego, upalnego miasta. Gdzie się zaczyna jeść korę z drzew i podeszwy. A tu przecież to groziło prawie z miejsca. Osaczenie było. Szturmy też. Z tym, że jak już były, to, zresztą o tym później. No i to niebo, i skwar. I tłum. Prawie dostałem zawrotu głowy ze zdziwienia. Do dziś pamiętam to uczucie. Aż do takiego gorąca w nosie.

Więc polecieliśmy Mostową pod górę (jeszcze ta skarpa i te pochyłości). Na róg Freta. Do sklepu. Po prostu. Nie do wiary. Sklep był czynny. Tylko jakoś tak dziwnie. Prawie otwarty (uchylony). Ale sprzedawał. Co? Kaszę chyba. Chleb? Bo chybaśmy te dwie rzeczy kupili. W każdym razie coś kupiliśmy. Jedyny i ostatni raz. Bo więcej sklepów ani przedtem, ani potem nie widziałem.

Na ulicy był taki ruch, że ludzie szli jezdniami. Pełno uciekinierów z całej Warszawy. Wszystko, co uciekło z Woli, to tu. Stare Miasto — słynna reduta. (Już słynna). Nie do zdobycia. Barykady. Węzizny. Nie dla czołgów. Stare Miasto jest mocne. Ma całe mury. I grube. I w ogóle. I tradycje.

Spotykania. Mijania z Ireną P. Z chlebakiem. Przystąpiła do AK. Teik leciał do akcji na czele grupki, gęsiego, szybciutko, po tych kocich łbach Mostowej, pod górę, bośmy się minęli na Mostowej przy Starej, i albo nas nie zauważył, albo w ogóle to nie odgrywało roli, tak był i on, i oni zajęci tym, na co szli. W końcu nie wiem, czy go spotkałem na tej Mostowej w sierpniu dwa razy, czy pierwszy raz na rogu Chłodnej i Żelaznej, wtedy kiedy wracałem w sobotę od Ireny do siebie. Chyba na Rybakach (te dwa razy — w odstępach). Bo inaczej nie pomyliliby mi się, tak jak to było w pierwszym brudnopisie tego, ci ludzie w rządku, mundurkowi jego, z tymi harcerzykami w mundurkach. Ale znowu, jeżeli to obydwa razy na Mostowej, to jeden raz sam go spotkałem, a drugi raz, kiedy leciałem ze Swenem. Mniejsza o to na razie. Tak na czucie, to to spotkanie ze Swenem Teika było później, więc o tym później.

Jeszcze co — z tego spaceru, który przypominał mi coś tam z tego nastroju z 1939 roku, bo to też lato, coś i uroczystego, i klęskowego. Więc chciałem o Długiej. No bo Długa była najważniejszą ulicą tego kawałka Warszawy. Zresztą i najszerszą. I najładniejszą. Wtedy jeszcze przynajmniej. No i tu chyba, jak słyszałem wtedy, mieściły się najważniejsze urzędy, a nawet na początku i samo dowództwo AL. Mówiłem już o tym, że Długa miała dwie jezdnie między placem Krasińskich a Freta. I między tymi jezdniami szły kolejno dwa czy trzy placyki skwerowe. To dodawało jej szyku. Bulwarowego. Coś tam jeszcze było z trawy. Grały głośniki z tej i z tej strony ulicy. I gadały. Wisiały flagi w każdej bramie. Na balkonach, takich żelaznych, siedziała kupa ludzi. To to pamiętam. I pamiętam, że między te tłumy ludzi przeciskał się elegancki samochód z polską chorągiewką narodową.

Wieczorem w naszej piwnicy, w kącie nie naszym, a ich, bo znalazły sobie kąty — prycze pod ścianą koło filara w innej nawie, Heńka i Jadźka... Jadźka wróżyła na swojej pryczy Swenowi i mnie z kart. Nawet wywróżyła szczególiki nieliche. Co do życia. Nie pamiętam, co do mojego, ale Swenowi; bardzo, bardzo charakterystyczne zbiegi figur, i to, że wyrąbała tak prosto z mostu, jemu, ryzykując przecież ostatecznie tą jaskrawość wiadomości o nim (z kart).

Co jeszcze? Modlitwa. Już wtedy pewnie Swen zaczynał je prowadzić. Nie. Jeszcze nie. Prawda. Jeszcze baba. Jedna. Swen za dwa–trzy dni. Odmawiał. Czytał na głos gazetki (od razu przechodzę do tego, bo to jednakowa liturgia), zawsze wtedy stawał pośrodku wszystkiego, w głównej alei głównej nawy, bo tak już zabrnęliśmy w porównanie, ale słuszne, bo to było trzynawowe. Zawsze trzymał się prawej od wejścia strony tego przejścia, blisko pryczy i chyba blisko filara, a może to już dodaję ze zdawania mi się sobie. Dwie baby brały z ołtarza dwie świece do oświetlania najnowszych wiadomości. Niekoniecznie raz dziennie. Tak samo jak z modlitwą. Też rano i wieczór. Co najmniej. Więc te baby brały z ołtarza te świece. Zapalały je. I jak do odczytywania Ewangelii zbliżały się do Swena i stawały po jego dwóch stronach. Diakonki. Ja byłem subdiakonem czy kościelnym. Reszta naszej rodziny bliziutko na siedząco na pryczy. Sam Swen pośrodku nas i dalszego kółka zbitego tłumku, najpierw siedzącego i kucanego, a w dalszych odległościach stojącego. Ale zawsze z pilnym nasłuchem. Co donoszą. Bo to ważne. I to jeszcze jak! Wszystko uciszało się wtedy. Już na rozpoczęcie. Tak, że naprawdę było to bardzo nabożne. Czytanie. Kartka czy płachta gazetki była różna, różnej wielkości, wydawana przez różne redakcje i albo przez AK, albo przez AL, albo KB. Przy czytaniu od razu robiło się tłumnie miny, żale, załamywania rąk albo wybuchy radości.

Dalej — przez pewien ciąg dni będzie mi się mieszało. Do 15 sierpnia. Z tym, że i 12-go — bo przypomniałem sobie, co wtedy było — coś było. I 13-go też coś. I to znanego. Dotąd. A co przypomniałem sobie: tramwajarza z kochanką na pryczy obok naprzeciwko, przy beczce prawie. Bo jakoś byli i przy drzwiach, tych niedokończonych wyjściowych, na schody, albo coś tak przy filarze, chociaż wydawało mi się przed chwilą, że pod ścianą. W każdym razie blisko nas, w zasięgu głosu. Mieli karbidówkę. I ją palili. Ale pamiętam ich dużo w mroku. Takim betonowym. Czy może zafilarowym. Czy może i to, że zmienili potem miejsce. Choć też blisko. Czy że wszystko było takie w mroku. I pewnie że tak. Uchodzili za małżeństwo. Nieślubne. On grubej kości. W granatowym mundurze. Na tramwajowo. Ona — pamiętam ją jakoś najwięcej od góry, od roztarganych włosów, takich bujnych, poplątanych. Na tle karbidówki. Te włosy. Była grubej kości też. W jakimś kostiumie, raczej żakiecie. W szarą kratę czy pepitę. W miarę młodzi, trochę ładni i mili, i się kochali, przy tym wszystkim. Zaznajomiliśmy się z nimi. Czyli to było tak: że z jednej strony, tej od ołtarza, przyjaźniliśmy się z państwem Ad.; a od drugiej strony, od strony beczki i wyjścia — z tramwajarzami.

Wracam na razie do dnia 7 sierpnia, ciągle pierwszego dnia na Starym Mieście. Co jeszcze się dowiedziałem. Zaraz na początku. Że przepłynięcie przez Wisłę to w ogóle... No bo nie od razu o to zapytałem, bo się krępowałem, bo za to od razu wyczułem, że to coś nie na miejscu o to pytać. Więc skoro odważyłem się, półgłosem w dodatku, Swen machnął ręką i się roześmiał:

— Co-o-o... Idź i zobacz... Całe wybrzeże w zasiekach, jeżdżą czołgi, a w nocy bez przerwy oświetlają wybrzeże i Wisłę reflektorami ze wszystkich stron.

Oczywiście od razu mnie to przekonało, bo przekonała mnie już pierwsza chwila wejścia na ten teren i do tego schronu. Jadźka i Heńka też to słyszały. I tak samo jak ja. Machnęły ręką. Zresztą to były takie ślepe instynkty. Raz chciało się tu. Raz tam. Na Woli był strach o te rozstrzeliwania i palenia na stosach. Więc człowiek chciał się wydostać jakimś cudem z tego piekła. Ale tu uderzyło do głowy od razu co innego. Nowy nastrój. Od początku. I wiem, tak jak znam siebie i każdego przeciętnego warszawiaka, że natychmiast chciałbym wrócić z powrotem spod tej Warszawy, z tego ocalenia cudownego do tego piekła. Przecież w 39 roku, bo z rodzicami rajzowałem wtedy aż do Zdołbunowa, więc nie byłem od 5 września w Warszawie, nie mogłem odżałować, że nie było mnie tutaj przez cały wrzesień. I jak mi mówili, co było, i łapali się za głowy, i ten 23, 24 i 25 wrzesień — to właśnie o te daty najbardziej mi chodziło. Strasznie żałowałem przez całą okupację, że nie było mnie tu 25 września, podczas tego słynnego bombardowania od ósmej rano do ósmej wieczór. Kiedy to Nanka z Sabiną i Michałem na Ogrodowej róg Wroniej na parterze u Olka w mieszkaniu. (Olek — brat Zosi Romanowskiej, która z żoną Olka 8 września pojechała na Grochów, na Kawczą do siostry i szwagra, i zaraz tam wszyscy czworo zginęli, bo im się zatrzasnęły zamki, szukali kluczy, samoloty nadleciały, i już zjechali do piwnicy, i tylko ocalała ich córka Hania, która mieszkała po Zosi, a jako Zofia Romanowska za to figurowała właśnie nasza Stefa, tak to nas i umarli nawet ratowali wtedy). Więc Nanka przesiedziała — jak opowiadała Sabina — cały ten czas bez ruchu, skulona i trzymająca się za wątrobę. No i teraz miałem to, co chciałem. No i chciałem uciekać. A jakbym uciekł, powtarzam, tobym znów żałował, że nie przeżyłem tego, co miałem przeżyć. Dlatego mi tak szkoda tych umarłych zbombardowanych. Że minęła ich ta frajda przeżycia. Że taka przygoda i wszystko na nic. Inna rzecz, że to na tym właśnie polega. Że można nie przeżyć. Ale dajmy spokój na razie z tymi rozważaniami. I tak będzie ich coraz więcej. Nie dlatego, że mi się teraz ich zachciewa. Ale że one należały do materii życiowej tamtego życia. Wyobrażanie sobie, co może być albo co na pewno będzie za chwilę, zajmowało chyba połowę myślenia. Reszta szła na załatwianie bieżących spraw, różnych, a to jedzeniowych, a to położeniowych się, nakryciowych. Było gorąco i lato, więc z tym nie było specjalnie kłopotu, bo przecież było się bez niczego, tylko w ubranku dosyć zużytym, ze szwurgołami u nogawek, w pantoflach z dziurkami, letnich, wiec sprawy teraźniejsze, bytowe, te od skóry, no i ostatecznie ta groza od Wisły, a jeszcze gorzej od nieba. Resztę dopychały wspomnienia. Trudno mówić „wspomnienia" w ścisłym sensie. Bo i te z przedednia. I sprzed godziny. I te z Woli, i ze świeżej Mostowej. To wszystko się międliło. W kółko. Razem z tymi właśnie możliwościami, co może być. Na tle tego, co się działo. No i oczywiście musiała być i luka na gadanie. I to jeszcze jaka duża. Z tym, że gadanie było właśnie na te tematy. Głównie.

I jeszcze dowiedziałem się — czego. Że Celinka — Swen strasznie śmiał się przy tym — chodzi do pracy na Miodową codziennie. Do Ośrodka Zdrowia. No bo jej Ośrodek Zdrowia był na Parysowie. Chodziła z koleżanką, którą tu spotkała, do tutejszego, Swen nie chodził. Zresztą:

— No i tak miały chodzić codziennie urzędować, aż dziś poszły i Ośrodka już nie było! — I tu Swen zaśmiewał się i pokładał. A ja z nim. I Celinka z nami.

— Długo się naurzędowały.

Chodziliśmy przez te pierwsze dni na róg Mostowej i Starej, a raczej za róg, na samą Starą, w prawo od Mostowej, na obiady, darmowe, do sióstr. Nie pamiętam, jakie i które to były. Stara szła od Mostowej po skarpie, z tym, że więcej wyżej niż niżej, i to coraz wyżej, do Nowego Miasta, do samego Rynku. Te zakonnice od naszych stołowań się były naprzeciwko tyłów Dominikanów. Chociaż ogrody Dominikanów szły aż do Rybaków. Czyli ich obszar przecięty ulicą Starą, i chyba tymi zakonnicami, zlatywał po skarpie do końca, na sam dół, do samych Rybaków, oddzielony od Rybaków starym, zupełnie starożytnym murem, białym, z bramą, nad którą była wyrzeźbiona, ale z metalu (więc jak prawdziwa) monstrancja, symbol świętego Jacka Odrowąża, naszego polskiego świętego średniowiecznego, staromiejskiego, dominikanina, patrona kościoła Dominikanów, czyli Świętego Jacka właśnie. Tego u wylotu Długiej, któremu tak się dopalał na zielono hełm dzwonnicy. Więc ten mur (biały, gruby i biały!), jak się szło od Mostowej Rybakami lewą stroną od skarpy do Swena, to zaczynał się nie tak długo za rogiem, za kamienicą, z podwórka, zaraz była ta brama z monstrancją w takim załomie chodnika, tyle że nie z płyt, a z kocich łbów, taki trójkącik jak ten naprzeciwko właśnie, ten za Prochownią, tam gdzie się bawiły raniutko te dzieci na trawce, bo i tu rosła trawka na pewno, nawet chyba pamiętam, że pod tą monstrancją dominikańską rosła taka trawka warkoczowa, taka w listki na kładących się łodygach, i chyba rumianek, taki zwyczajny, niski, taki, co lubi rosnąć między kocimi łbami. Ogród, bo to był ogród od warzyw, owoców, od żywienia dominikanów i ich wychowanków i podopiecznych, bo mieli, ciągnął się i wzdłuż, i wszerz i był widoczny, jak idzie pod górę od dołu. A dalej w stronę Kościelnej graniczył i z kamienicami od Rybaków, i z ogrodem, też takim na skarpie i od żywienia — sakramentek. Zresztą będzie o tym jeszcze dużo. I dokładniej. Bo właśnie te tereny będą ważne.

Z różnych powodów. Więc na tej Starej u tych zakonnic stało się w ogonku po wspomniane zupki; wcale nie pogardliwie tu mówię „zupki", bo to był wtedy naprawdę luksus i dobra wola, żeby dawać zupy, i to gęstej i dobrej. Stawało się z garami od ulicy na takich schodkach do czerwonego ich budyneczku. Tego naprzeciw białych Dominikanów. Klasztoru. Masywnego, baroku, już wysoko nad skarpą, na jej wierzchu prawie. (A że białe u nich wszystko — bo taki sobie kolor upodobali. Bo noszą habity też białe, wprawdzie z czarnym, a nawet polscy dominikanie przepasują się czerwoną grubą szarfą w pasie, taki mają przywilej, przez to, że zamordowali polskich dominikanów Tatarzy w Sandomierzu kiedyś, co może na ogół mało obchodzić, dopóki nie zobaczy się gablotki w Sandomierzu, w kościele, z czaszkami odkopanymi niedawno tych dominikanów, połupanymi przez tatarskie toporki, a nawet w jednej czaszce taki toporek ciągle siedzi — jak się wbił, tak się nie wyjął). Tym bardziej ta białość zostaje w pamięci, że to był upał, sierpień, no i ten dym albo i nieraz białe niebo i od dymu, i od skwaru, i tak Prochownia była biała, i Sakramentki były białe, znaczy — ich wysoki kościół widoczny też od dołu, z niebieską kopułą, więc znowu związany z niebem nawzajem. No i na dodatek byli Paulini (paulini są tylko w Polsce teraz w XX wieku). Paulini chodzą całkiem na biało — co prawda ich kościół był bez nich, bo car w XIX wieku zniósł i paulinów, i dominikanów, i benonitów, którzy byli na Nowym Mieście za Sakramentkami, a ich kościół zamienił na fabrykę noży Bieńkowskiego (to znaczy pozwolił na to, i tak to zostało do powstania, o czym później, bo też ważne w akcji). Ale jacyś przedstawiciele tych zakonów byli na pewno. I byli księża od Świętego Jacka i od Paulinów, którzy mieli kościół naprzeciwko Dominikanów, tak że front wychodził na Nowomiejską i na wlot w Nowomiejską Mostowej — tak jak Dominikanie naprzeciwko nawzajem byli wylotem, jak już powiedziałem, Długiej. Z tym, że Paulini mieli dwie wieże, barokowe, które nie paliły się, ocalały, mieli schodki dwustronne do głównych drzwi. Na tle całej tej żółtości, takiej, jak to bywa z tymi żółtościami tynkowymi, stała Matka Boska między latarniami. I wszystko to było widać od dołu, od rogu Mostowej i Rybaków, i ta Matka Boska stała u zakończenia wspinania się długo, długo pod górę, chociaż stromo, wiele kocich łbów. Przy okazji przypomnę, że Mostowa ma swój dalszy ciąg do Wisły. Tylko nazywa się inaczej. Boleść. Lewy bok ulicy Boleść, licząc od skarpy, to była przede wszystkim Prochownia z boku. Boleść szła do wybrzeża, tak jak zresztą idzie do tej pory, szła i wtedy, i w ogóle od wieków, i nawet kiedyś była ważna, kiedy most — jeszcze taki niewysoki, łyżwowy — był nie od Bednarskiej, ale właśnie od Mostowej. I właśnie, jak się nim przeszło na Pragę, to oprócz drzew, które były w powstanie już ogromne, a dawniej może małe, więc oprócz drzew zaraz dalej było centrum Pragi. Z ratuszem. Od tego ulica Ratuszowa w tym miejscu, jakby przeciągnąć Mostową przez Wisłę. I kościół Matki Boskiej Loretańskiej. Barokowy. Tak zwany kościół w kościele. Dużo tu może mówię o tych zabytkach. Ale były ważne. Bo z nami ginęły. Pragę było widać. Skarpa z tym wszystkim, co piszę, była nad nami. A że świętości — to też nie od rzeczy. Stare Miasto było i siedzibą AL. I zagęszczeniem świętości i duchowieństwa. A piszę o tym z sympatią. Bo o tym duchowieństwie można dużo dobrego powiedzieć. Przecież właśnie od tych zupek się zaczęło. To moje aż zdziwienie. Że nie tylko nie odmawiają, ale same po prostu namawiają. Żeby jeść, to co one dają. To stawanie w ogonku odbywało się szybko. Samo stanie było niedługie. Nie niecierpliwiło. Tak jak wszystko wtedy. Nie niecierpliwiło. Zresztą stawało się w towarzystwie. Rodzinnym, przyjacielskim czy świeżo założonym. Od razu były wspólne gadania ze sobą. Wszyscy znajomi. Przyjaciele. I było nawet przyjemnie. Jak pamiętam. Tylko że te samoloty. To się uciekało gdzieś w cień. A potem znów stawało do tych schodków. Z tymi menażkami. Bo pamiętam, że coś się miało, co dzwoniło i było lekkie. I chyba zjadało się na miejscu, od razu na tych kocich łbach, w rynsztoku. Ile to czasu trwało? Chyba też nie tak długo. To codzienne chodzenie. To znaczy te bidne zakonnice gotowały i gotowały. Tylko mówię o tym, że nagle potem było z nimi tak jak z tym urzędem na Miodowej. I jak ze wszystkim. Gdzieś tak w każdym razie około 13 sierpnia z zupkami był koniec. I w ogóle stanie na Starej ulicy, na widoku, na skarpie, w ogóle na dworze, było raczej niemożliwe. I teraz sobie przypominam, że to właśnie z okazji iścia na tą zupkę w jakieś chyba popołudnie zobaczyłem tego wspinającego się szybciutko, z ogonkiem ludzi w szyku bojowym za nim, Teika. Więc chyba raz to było z okazji sklepu. A drugi raz z okazji zupki. A Chłodna to chyba złudzenie.

To wszystko zresztą zupełnie jest tak jakby jednym złudzeniem. Strasznie oklepane powiedzenie. Ale tylko to mi pasuje. Do tego, co wtedy się odczuwało. Bo nie trzeba było być aż poetą, żeby troiło się w głowie. A jeżeli mało piszę o wrażeniach. I zwyczajnym językiem wszystko. Tak jakby nigdy nic. Albo nie wchodzę w siebie prawie, czyli jestem jakby od wierzchu. To tylko dlatego, że inaczej się nie da. Że zresztą tak to siebie się czuło. I w ogóle to jest jedyny sposób, zresztą nie sztucznie wykombinowany, ale jedyny właśnie naturalny. Przekazania tego wszystkiego. Przez dwadzieścia lat nie mogłem o tym pisać. Chociaż tak chciałem. I gadałem. O powstaniu. Tylu ludziom. Różnym. Po ileś razy. I ciągle myślałem, że mam to powstanie opisać, ale jakoś przecież o p i s a ć. A nie wiedziałem przecież, że właśnie te gadania przez dwadzieścia lat — bo gadam o tym przez dwadzieścia lat — bo to jest największe przeżycie mojego życia, takie zamknięte — że właśnie te gadania, ten to sposób nadaje się jako jedyny do opisania powstania.

Wróćmy do akcji. Około 13 sierpnia. Spadły bomby. Na Stare Miasto. Oczywiście, że na tą Miodową wcześniej. Ale w tych dniach Miodowej jeszcze się tak wyraźnie nie włączało do Starego Miasta, dopóki nie była tak bardzo i zupełnie odcięta od reszty Warszawy razem ze Starym Miastem, tak jak i cała ulica Długa, i aż nawet Bielańska i Przejazd — to wszystko było Stare Miasto. Inaczej się o tym nie mówiło. I chyba nawet rzutuje do dzisiaj ta sprawa. Że to jest Stare Miasto do tego miejsca. Dam potem inne przykłady na takie topograficzne przepojęciowania. Bomby tak samo spadły i na Muranów. Ten od Bonifraterskiej do Wisły. To znaczy — ten od Starego Miasta, ściślej — od Nowego. I też to się zaczęło nazywać: Stare Miasto. I do dziś zostało nim. Czyli Nowym Miastem. I tutaj ja tych rzeczy nie plączę, bo Nowe Miasto jest częścią Starego Miasta. No więc na Muranów spadły bomby, na Zakroczymską, i trafiły w jakiś tam ogromny zbiornik z benzyną. Był jakiś potworny wybuch. Ileś ludzi zginęło. Z tym, że to liczyło się jako wypadek muranowski. Dla nas. Pamiętam, że na Stare Miasto pierwsze bomby walnęły w sam róg Mostowej i Nowomiejskiej. Tam gdzie dziś — zdaje mi się — jest bar mleczny „Nowomiejski". Między murami a Mostową. Dzisiejszymi murami. Bo wtedy po tej stronie Mostowej i Nowomiejskiej od Wisły nie było murów. Tylko urywały się na Nowomiejskiej. Nie było Barbakanu przecież. Bo był wmurowany w Gdańską Piwnicę. W taką kamienicę o tej nazwie. Więc gdzieś walnęły bomby, w ten dom naprzeciw sklepu albo w ten, w którym był sklep, ten jedyny, w którym kupiliśmy pierwszego dnia coś tam. I wtedy zrozumiałem, że to już się zaczęło. Że nie ma na co liczyć dłużej. Ani na pół dnia spokoju. Że moje wakacje staromiejskie już się skończyły. Co było do przewidzenia od początku. Od wejścia. Ale to, że to się stało już — to była różnica. Że to już nie przeczucie. A że już to jest. I jak przyszliśmy tam na Starą, to nagle była tylko kupa czerwonych cegieł, pyłu i same schodki. Może już wtedy poleciały i pierwsze bomby na Sakramentki. Może zaczęły się już palić. Bo się paliły do końca. Kolejno, co miały. Dominikanom też chyba coś się dostało.

Po Wiśle krążyła kanonierka i waliła. A na tamtym brzegu Niemcy siedzieli podobno na tych wielkich drzewach z lornetkami. Mówiło się, że wszystko widzą i słyszą.

Po Wybrzeżu miotały się czołgi i nieraz zapuszczały się w Kościelną, do pierwszej barykady. Dokładnie nie wiem, jak z tymi czołgami było. Bo weszło już wtedy w modę powiedzenie, którym straszyło się:

— Cicho! Czołg za ścianą.

I cały schron powtarzał:

— Cicho... czołg za ścianą...

Nawet ten pan z czerwoną opaską lubił to mówić głośno.

Swen śmiał się strasznie z tego. Ale ten czołg za ścianą nieraz chyba naprawdę był. Bo kiedyś — patrzę — a tu wysoko w takim czerwonym okieneczku piwniczki powstaniec z butelką z benzyną, przykucnięty, skulony, czeka. Tylko to chyba było później.

Co było w tych pierwszych czterech, pięciu dniach Rybaków? jeszcze?

Wyprawa po dynie. Była chyba już wtedy. Na to podwórze. To znaczy, że w ciągu dwóch–trzech dni tak się zmieniło, że wylecenie kłusem na podwórko, zerwanie dwóch dyń i wlecenie do wnęki schodów było już wielkim ryzykiem. Dynie (czy banie) pokroiliśmy natychmiast w plastry i zjedliśmy całą tak zwaną rodziną. Z jedzeniem zaczęło być źle. Teraz — przy tym pozatrzaskiwaniu się dzielnic w fortece, na ile mogło starczyć? A jeszcze to, że jak kopać, jak tu walą pociski i bomby? Na razie Stare Miasto z częścią Muranowa ze Stawkami, to znaczy z magazynami na Stawkach, żyło z tych magazynów. Wciąż były walki o utrzymanie tego w naszych rękach. Tak jak i elektrowni na Powiślu. Wodociągi straciliśmy szybciej. To była pierwsza katastrofa: brak wody. Druga, trochę później: straciliśmy elektrownię — brak światła. Trzecia — lokalna dla Starego Miasta: utrata Stawek, czyli głód. Wtedy ratowały ludzi, jak mogły, jeszcze sakramentki. Ale o tym potem.

A jak było w ogóle? Wola — jak już wiadomo — odpadła. Mokotów się trzymał. Żoliborz też. Czerniaków. Powiśle. Większość Śródmieścia. To wszystko było nasze. Oczywiście nie dosłownie cały Mokotów czy cały Żoliborz, czy Czerniaków. Na tym polegało, że nie całe. Że łączność wierzchem była coraz trudniejsza. Wkrótce doszły do nas pierwsze wieści, że z Czerniakowem, z Żoliborzem, z Mokotowem jest łączność, ale tylko kanałami. Z tym, że na Czerniaków — tak mówili — trzeba iść przez pewną część drogi na klęczkach. Połączenie z Żoliborzem utrudnia burzowiec (chyba na Krasińskiego), do tego hitlerowcy odkrywali nieraz włazy i rzucali w dół granaty albo (co wiem już z filmów) zakładali cały wylot drutem kolczastym, a na tych drutach wisiały granaty.

Mimo to łączność bez przerwy była. (Na wierzchu też ginęli. Co za różnica!). Łącznikami były przeważnie dziewczyny albo mali chłopcy. Z Powiślem było połączenie wierzchem jeszcze długo. To znaczy Śródmieścia z Powiślem. I ze Śródmieściem na razie my mieliśmy połączenie wierzchem. Co prawda mocno problematyczne. I chyba dużo kosztujące.

Co robiło się w schronie?

Gadało. Leżało. Czasem szedłem przez korytarz do piwnicy środkowej, tej u wylotu ze słońcem z góry, i tam siedziałem, pisałem. Dużo było modlitw, w których brało się udział. Byłem wtedy na jakiś sposób jeszcze wierzący. (Niektórzy sceptycznie albo ironicznie na pewno na to patrzą. Albo i szyderczo to wspominają, co mnie drażni, chociaż nic nie mówię, bo mam z tym powiązanie po prostu uczuciowe). Czekało się na gazetki. Przychodziły kilka razy dziennie. Bo było dużo drukarni. Akowskich. Alowska. Palowska. Nie wiem, czy KB miał swoją. Wychodziły i te prawicowe („Warszawianka" na przykład). Nie rozróżnialiśmy wtedy tak, jak trzeba. Wydawało się, że polskie to polskie. Zresztą na Starym Mieście tych faszyzujących raczej nie było. Tu było AK i AL. Uznawały się nawzajem. I ludzie uznawali obydwie. Po początkowych pewnych, jak sobie przypominam, uprzedzonkach po prostu przywykli. I była zgoda.

Co do zajęć jeszcze. Zaczęliśmy chodzić na spacery. Ze Swenem. Spacer polegał na tym, że braliśmy się pod ręce i chodziliśmy przez wszystkie piwnice naszych bloków po kolei. Na końcu ciągu naszego bloku B był tunel. Długi. Obetonowany. Pod podwórzem. Pod tymi kartoflami i baniami. I tym tunelem szliśmy nieraz na obchód drugiego ciągu schronów — pod blokiem A. Dla ścisłości trzeba dodać (potem nie tylko będzie chodziło o ścisłość, ale i o życie w tej topografii), że do naszego bloku B przylegały jeszcze dodatkowe dwa bloki boczne, mniejsze, które właściwie były razem z naszym jedną całością, tyle że któryś z nich miał swoje własne trójkątne podwórko. Więc i tam się chodziło. Spacery trwały długo. Bo w każdej piwnicy było dużo ludzi. W korytarzach i w korytarzykach też. A jeszcze były po drodze małe piwniczki. Bez drzwi. Takie otwarte przegródki. W jednej z nich mieliśmy nowych znajomych. Młode małżeństwo. Chodziło się do nich na ploty i na słuchanie świerszcza. Bo siedział tam w ścianie. Świerszczy zresztą było więcej. Ale ten był najgłośniejszy.

W jednej z piwnic dalszych, tych dużych, odnaleźliśmy znajomego, Leonarda. Siedział zwykle na jakichś tobołkach, chyba nie swoich. Bo był sam. A może na cegiełkach? Szczuplutki. W okularach. I miał ze sobą biały płaszcz. Racja. Leonardek mieszkał na Rybakach. Chyba pod 23. W czteropiętrowej kamienicy po stronie Rybaków tej nie naszej. Tej od skarpy. O tym domu, który na razie jeszcze stał (więc albo Leonard przyszedł tu wcześniej jako w miejsce bezpieczniejsze, byliśmy przecież z żelbetu, albo ja uprzedzam tutaj co najmniej o tydzień różne fakty), o tym domu Leonarda będę jeszcze pisał. Jako o kamienicy, dwupoziomowej, przez którą przechodził szlak nowomiejski, najpierw jeden z dwóch na całej Starówce, a potem jedyny do końca. Leonard na pewno nieraz zaglądał do nas. Ale częściej pamiętam go w tej piwnicy jego. W silnym oświetleniu żarówkowym. Może to wtedy to wydawało się takie silne. Bo tyle było ciemności. Pod ziemią. Na tle czerwonych ścian. Bo tam były strasznie czerwone ściany. Zresztą takie same jak u nas. Tylko chyba oni nie mieli tam betonowych filarów. Leonard w ostatnich spotykaniach się był bardzo smutny chyba. Niezdecydowany. Gdzie iść. Kiedy już jego dom nie istniał. Zastanawiał się, tak jak i my, czy nie iść do Sakramentek na górę. Kiedyś nareszcie powiedział nam, że tam pójdzie. Chyba. Za następnym spacerem już go nie zastaliśmy. Potem już nie było go jak spotkać. Tylko po wojnie już i po powrocie do Warszawy dowiedzieliśmy się, że tak zrobił. Że poszedł do Sakramentek. I tam go zasypało z resztą ludzi. Potem, w jakimś 46 roku, ktoś znowu powiedział, że był przysypany u Sakramentek, ale że znalazł dojście do okienka, wygrzebał się i że podobno stamtąd wyszedł. Ale potem znów ktoś chyba jeszcze mówił, że to pewnie nieprawda. Tym bardziej że Leonarda ani my, ani nikt w ogóle więcej od powstania nie spotkał. Ani o nim żywym po powstaniu nawet nie usłyszał.

W tunelu zagnieździli się ludzie, choć tu było najwięcej ruchu i przy okazji — przeciągu. Strasznego przeciągu o każdej porze dnia i nocy, bez względu na upał. Tak, że robiło się w końcu zimno. Kiedyś przy miotaniu się po piwnicach, w okresie strasznego bombardowania naszych bloków, pognało nas na ślepym i głupim instynkcie w stronę bloku A. Przez tunel. Oczywiście. Z całą rodziną i wszystkimi tobołami. Bo zresztą przedtem na jakimś tam spacerze odnaleźliśmy moją daleką kuzynkę — ciotkę Trocińską, bratową cioci Józi. Ja bym jej nie poznał może. Ale ona mnie pociągnęła za rękaw i ucieszyła się. Mieszkała przecież w okupację w bloku A. Więc była tam pod własnym domem. I po uprzykrzeniu sobie swoich pierwszych schronów sprowadziła się do tunelu. Była sama. Miała tylko jakieś tam rzeczy. Pamiętam, że mieszkała przy samych drzwiach, tych od bloku A. Namawiała nas, żebyśmy się tam przenieśli. Wróciliśmy szybko ze Swenem do swojego punktu rodzinnego, do piwnicy pierwotnej. I wieczorem, chyba późnym, prawie w nocy, cała rodzina z nami na czele, bardzo chętnie, przetaszczyła się do tunelu, pod ścianę koło tych samych drzwi co Trocińska. Ludzi jeszcze wtedy było mało w tunelu. Tylko te przeciągi, trzaskania drzwiami i przelatywania z tobołami i bez tobołów, szybkie i jeszcze szybsze, bo o powolności w powstanie to mówić co chyba nie ma. Chyba jeszcze tej samej nocy koło nas pod ścianami ułożyło się o wiele więcej osób. Rano tunel był już zagęszczony. Przesiedzieliśmy tam pewnie nie dłużej niż półtorej doby. Może i to nie. Wystraszyło nas nie to, że ludzie. Tylko przeciągi. W ciągu pierwszej nocy już zmarzliśmy. I chyba druga noc nas wygoniła. I to na początku. Nie było się znów tak za bardzo czym przykrywać. Po co zresztą takie beznadziejne luksusy, kiedy było lato? I zdychało się wszędzie z gorąca i z pożarów? Znów wybiegłem naprzód.

W piwnicach bloku A poznaliśmy jednego inżyniera. Potem, kiedy Swen już prowadził modlitwy przy naszym ołtarzu, napisaliśmy, we dwóch do spółki, aktualną litanię.

Pamiętam z tej litanii:

Od bomb i samolotów — wybaw nas, Panie,
Od czołgów i goliatów — wybaw nas, Panie,
Od pocisków i granatów — wybaw nas, Panie,
Od miotaczy min — wybaw nas, Panie,
Od pożarów i spalenia żywcem — wybaw nas, Panie,
Od rozstrzelania — wybaw nas, Panie,
Od zasypania — wybaw nas, Panie...

Litania była dosyć długa. Odmówiliśmy ją jednego wieczora. Na głos. Strasznie to chwyciło. Zaczęły ją odmawiać i inne piwnice. Pamiętam, że odpisaliśmy ją inżynierowi. Na drugi wieczór ten inżynier spotyka nas i mówi:

— Wiecie, panowie, że waszą litanię odmawia w tej chwili półtora tysiąca ludzi w moim bloku.

Bo było nas pod tym jednym adresem co najmniej trzy tysiące. Samych powstańców było trzysta pięćdziesiąt czy trzysta. Zresztą ich przybywało. Tak samo jak i cywilów. Z innych zbombardowanych domów. Tak jak ten Leonard.

Odmawianie modlitwy przez Swena wynikło nie tyle z jego pobożności, co z aktorstwa. Przedtem te modlitwy były nieco monotonne. Ze Swenem zrobiło się od razu ciekawie. I sensowniej. Swen, oprócz aktorstwa, miał wyczucie życiowości, czyli najświeższych potrzeb. Po którejś modlitwie wieczorowej, chyba tego dnia, kiedy w tym małym schronie koło wejścia bili się siekierami (nic sobie zresztą nie zrobili), Swen zwrócił się do wszystkich, od ołtarza:

— Proszę państwa, przysięgnijmy sobie, że nie będziemy się kłócili.

— Przysięgamy... — powtórzył pokornie cały tłum.

I nawet to pomagało. Przynajmniej na pewien czas. A potem znowu Swen to powtórzył. I schron znów pokornie przyrzekł sobie. I znów pomogło na ileś. Więc jednak nie takie gołosłowne.

Wracam teraz do kolejności zdarzeń. Do zaprzyjaźnionej pary tramwajarzy. Z nimi wiąże się data 12 sierpień.

12 sierpnia z naszych piwnic, jak to zwykle w dzień, po coś tam, po jedzenie, nie wiem, po wodę, na jakąś akcję ratowniczą, barykadową może, wyszło trochę osób; a między nimi i tramwajarz. Przywykło się na razie do pocisków. Do bombardowania. Z Pragi. Z tej kanonierki na Wiśle. I z pociągu pancernego od torów Dworca Gdańskiego. Nie były jeszcze te wszystkie działania takie częste jak trochę później. Zresztą właśnie dzień 12 sierpnia był przełomowy. Po południu, kiedy ich nie było, całe Stare Miasto poderwało się od nagłego kilkakrotnego huku z podmuchami. Było to zupełnie coś nowego, jakby tajfun. Zdawało nam się zupełnie, że pozrywało górne piętra na całej dolnej Starówce. Mówili zresztą, że pozrywało wszystkie dachy. Nieznana broń. A na rodzaje broni miało się wyczulenie. Ludzie wylecieli sprawdzić. Wrócili z tą wieścią o dachach. I że to coś w ogóle bardzo złego. Jakieś „V". Wybuchła panika. Co to? Ale na niedługo. Bo niedługo powtórzyło się to samo. Do tej pory noce były spokojniejsze. Samolotów w nocy nie było. Były nagłe ataki artylerii. I różność dodatkowa. Taka jak czołgi. Ale od tej pory ta nowa broń — miotacze min — zaczęła nas prześladować dodatkowo, szczególnie w nocy, coraz częściej: ileś razy na noc.

Były i miotacze ognia. Nie wiedzieliśmy, jak one wyglądają. Te i te. Słychać było tylko najpierw trzy albo sześć skrzypów-zgrzytów, a potem zaraz tyle samo wybuchów z podmuchami. Na te skrzypy mówiło się, że:

— Szafę nakręcają.

I zaraz powstał nawet, i wyczytaliśmy go w gazetce, humorystyczny wierszyk o nakręcaniu szafy.

Miotacze — to też była właściwa nazwa. Bo te podmuchy miotały murami i nami.

Ale wróćmy do tramwajarki. Czekała na tramwajarza do wieczora. Nie wrócił. W nocy nie spała. Płakała. Rano nie wrócił. Pocieszaliśmy ją. I chyba po iluś godzinach przestaliśmy ją pocieszać. Bo nie było już co. W tej chwili wydaje mi się nie takie pewne, czy to był 12-ty. Ale chyba tak. W niepewność wprowadza mnie tylko jedno. Tego dnia następnego był 13-ty. Słynny dzień wybuchu goliata na Długiej. A jednak chyba mam rację. Przed goliatem jeszcze, czyli 13-go rano czy może w południe, tramwajarka zwróciła się do nas:

— Możecie mi, panowie, pomóc go szukać po szpitalach?

— Oczywiście!

I we troje, ona, Swen i ja, wylecieliśmy na miasto.

A może to było jednak 14-go? Bo 13-go to była niedziela. Ale nie. Niedziele tylko dwie i jedno święto, właśnie 15 sierpnia, jako niedziele i święto. Niedziele niczym się nie różniły. Bo jak? Kto zresztą ze świadków osobistych kojarzy czy kojarzył kiedykolwiek wybuch goliata z niedzielą? To jest chyba dowód.

A to, że mały kawałek czasu wydawał się wielki, to nic dziwnego. Każdego dnia się mówiło:

— Już dwunasty dzień powstania.

— Już trzynasty dzień powstania.

I wydawało się, że już całe lata tego za nami, i co przed nami?, że nic innego nie było i nie będzie, tylko powstanie. Którego nie można było dłużej wytrzymać. Każdego dnia nie można było dłużej. Potem każdej nocy. Potem każdych dwóch godzin. Potem każdych piętnastu minut. Tak. Liczyło się czas bez przerwy. Nasłuchiwało się z powietrza albo macało ziemię, czy drży teraz, czy nie, gdzie oni są? ten wschodni front? gdzieś za Wisłą, ale gdzie? w Wiśniewie? w Piekiełku? Słuchało się radia albo tych, co słuchali radia, czyli co na Zachodzie. Tam też (od czerwca) szedł front. Wyzwalane były miasta francuskie. Belgijskie. A my co? Były zrzuty. Broni. Przylatywali niejeden raz. Najpierw ci z Zachodu. Alianci. Przeważnie w tych samolotach Polacy. Przeważnie czy wyłącznie. Raz cała chmara samolotów lecących ze zrzutami dla nas gdzieś od Anglii czy Afryki trafiła na zimny pas powietrza nad Alpami (chyba). Wszystkim zamarzły motory. I wszystkie tam od razu runęły. Raz na naszych oczach w nocy spadł samolot Unii Południowej Afrykańskiej. Na Pragę. Inny spadł na Miodową. U wylotu na plac Krasińskich. Na samą barykadę, na której i tak był już tramwaj. Lotników wydobyli. Właśnie miałem się z nimi spotkać — tego 13 sierpnia — przypadkiem. To byli Polacy. Też.

Na Długiej, między wylotem Kilińskiego a kościołem Garnizonowym, po stronie tej od Wisły oczywiście, były po piwnicach nowe szpitale. Wtedy właśnie założone. Głównie z okazji goliata. Jak mam relację od znajomej nauczycielki ostatnią, która tam była, 13 sierpnia, w tą nieuświadomioną niedzielę tak pod wieczór, chyba po zachodzie słońca, ze Świętojerskiej we Freta wykręcił puszczony przez Niemców goliat. Taki mały czołg. Raczej tank. Że puszczony, to z początku się nie wiedziało. Był raczej niby opuszczony. Czyli podpuszczony. I zdobyty przez Polaków. Natychmiast tłumy rzuciły się na wiwaty. Prowadziły zdobycz. I szły koło niej. Z Freta potem wykręcili w Długą. I gdzieś koło Kilińskiego (wylotu), kiedy euforia dochodziła do szczytu, a balkony były oblepione ludźmi, nastąpiła katastrofa. Po prostu wybuchnął mechanizm zegarowy. Na balkonach zostało sporo postaci przechylonych przez żelazne sztachetki. Najwięcej trupów, kawałków nóg, rąk, wnętrzności, ubrań było na tych skwerach na środku. Natychmiast na noc zrobiło się te nowe szpitale. Moja znajoma nauczycielka miała dwóch braci, którzy brali udział w akcji. Jeden — doroślejszy — zginął w potyczce. Drugi, chłopczyk, przy czymś tam pomagał. Latał. Tak było i wtedy. One, to znaczy moja znajoma z matką (bo uciekły z Woli), siedziały w piwnicy, kiedy młodszy brat był na Długiej. Wyleciała jego siostra, ta moja znajoma. Szukała. Po wybuchu. Bo mówili jej, ktoś, że ten mały tu był. I na tym skwerku, bez trawy wtedy, na gołej ziemi znalazła jego kawałek nogi z bucikiem. Ktoś jednak mówił, że ten jej braciszek żyje i pewnie jest w tym szpitalu nowym. Chciała wejść. Ale nie puszczali. Bo dopiero się urządzali. Na drugi dzień szpitale były już zbombardowane. Irena P., kiedy ją spotkałem jeszcze w czasie powstania chyba tam na Starówce, mówiła (bo też tam była zaraz wtedy), że łopatami zbierali wnętrzności.

Kiedy wylecieliśmy z tramwajarką na Rybaki, sprawdziliśmy najpierw szpital na rogu Rybaków i Boleści. W tej Prochowni. Bo tam był szpital, na parterze. Tramwajarza tam nie było. Powiedzieli nam, że jeżeli ranny nie wojskowy, to najprędzej gdzieś na Długiej.

Rybaki wyglądały już inaczej niż na początku. Co ileś kroków barykady z ziemi, szyn, bruku i płyt; z wąziutkim przesmykiem przy murze. Mury starego zajazdu i dwie muszlowe bramy poobijane z tynku, podziobane. Domy już zaczynały zatracać swoje normalne ciągi. Wysokości. Linie fasad.

Od rogu Boleści wróciliśmy kawałek w naszą stronę (Kościelnej), bo tu zaraz w załomie był mur, którym się kończyły opadające z góry, przecięte wspomnianą Starą, ogrody dominikanów. W tym murze, omówionym już kilka stron temu, była omówiona też już brama, chyba ta właśnie z monstrancją, która rozpoczynała szlak, ten staromiejski, przejście z dolnego Starego Miasta na górne. Po wleceniu w bramę z monstrancją skręcało się natychmiast w lewo. Dolatywało do śmietnika pod murem poprzecznym. Wlatywało się na podstawiony stołek. Ze stołka na śmietnik. Ze śmietnika (starego typu skrzynia z klapą) w dziurę w murze. I było się na trochę wyższym poziomie, czyli na dnie podwórka, z którego po desce wlatywało się w okno, z okna w czyjeś mieszkanie, z tego mieszkania przez dziurę w ścianie w coś drugiego ciemnego, co było z dołu parterem, a w środku piwnicą. Tam wpadało się na oślep w tłum siedzących, leżących, nawet rannych. Którzy krzyczeli:

— O Jezu!... nie deptać... O Jezu!...

Stamtąd zakrętami po ciemku na coś jeszcze wyżej, na podwórko. Z tego podwórka w bramę. Na Mostową. Tu się przelatywało w poprzek ulicy, za barykadą chyłkiem. Po kocich łbach. Zawsze stąd było widać w szparze wylotu kawał niebieskiego nieba i Wisłę. Ulica jest spadzista. A ta barykada liczyła się jako widokowo-frontowa. I często leżeli na niej i strzelali na Wybrzeże i na Pragę powstańcy. Może nawet do tych legendarnych drzew z Niemcami z lornetkami. Po drugiej stronie Mostowej (wtedy były tam domy) wpadło się w bramę dolnego podwórza Gdańskiej Piwnicy. A może to nie była jeszcze Gdańska Piwnica, tylko jej sąsiedztwo. Nieco niższe. Bo wydaje mi się, że najstarszy w Warszawie szpital, Świętego Łazarza (pamiętam jego wypalone mury, jeszcze stały, przylepione do murów obronnych, kiedy je odsłaniano po wojnie; zabytek rozebrano), stał chyba właśnie naprzeciw wejścia z Mostowej, przy tym pierwszym, niższym podwórzu. O ile to były dwa podwórza. I że za parkanem albo murem, w każdym razie za otwartą na oścież drewnianą bramą, było drugie podobne podwórze. Z kocimi łbami, też. I ono dopiero miało Gdańską Piwnicę. Gdańska Piwnica była słynną od zawsze kamienicą. Mieszkała w niej moja Babcia. Mój Ojciec całymi miesiącami jako małe dziecko około 1905 roku tam przebywał. Gdańska Piwnica miała cztery piętra od tego podwórza z kocimi łbami i zawsze z szarymi kotami siedzącymi na nich, czyli miała cztery piętra od dołu, a dwa od góry, od Freta, czyli od frontu. Schody były drewniane. Też z kotami. Pamiętam to jeszcze sprzed wojny. Tylko że wtedy nie wiedziało się ani o zabytkowości św. Łazarza (przebudowywanego zresztą, nadbudowywanego, przerabianego, tak jak większość takich rzeczy w Warszawie, trudno było rozpoznać znamiona zabytku), ani nie wiedziało się o tym, że Gdańska Piwnica oprócz swojej frymuśności jest pasożytem na Barbakanie. Więc wpadało się na klatkę schodową. Na drugie piętro. I po przeleceniu sieni okazywało się, że to jest parter Freta. I w ogóle — brama i już ulica. Góra Starego Miasta. Na tym szlaku, w Gdańskiej Piwnicy i u jej wylotu na Freta, na rogu Długiej, Nowomiejskiej, Mostowej, mijało się wciąż w tłoku, szybko dużo ludzi. Chodziło się raz-dwa. Szukało. Załatwiało. I leciało. Długa była wciąż tą najważniejszą i urzędową.

Któryś z domów, czy Gdańska Piwnica, czy ten z łaźniami przy Mostowej — miał front wykładany kremowo-szarymi kafelkami. Modnymi w XIX wieku. Przecież podobne trochę były na Katedrze. Kolor kamienic jednak już zaczynał przechodzić w siwo-spalony. Róg Mostowej i Freta był w gruzach. Może nawet i dwa rogi. Bo na pewno, z niedawnych relacji wiem, że pierwsza bomba strzaskała dom na prawo od Mostowej — stojąc twarzą do Wisły; a za to w oczach do dziś mam róg lewy. Właśnie ten sklepowy. Kupa rudych cegieł. Gruzy były zresztą tu niejedne. Ale to był wszystko dopiero początek. Co prawda może już wtedy zadusili się, jak bomba wpadła, w piwnicy ludzie w Starym Rynku od mąki. Ale stały jeszcze kościoły, klasztory, Katedra. Ulice stały. Dziwne, aż dzikie, jak wtedy wszędzie było daleko. Nigdy Warszawa — chociaż jest teraz cztery razy większa niż wtedy — nie wydawała się taka skomplikowana i duża, bez końca. Odległości — rozciągnięte. Układy i podziały przetentegowane, przełuskane, wykopane i przełapane w drobną siatuchnę. Teraz to mnie rozczula, że byłem na zbiegu Kruczej–Pięknej–Mokotowskiej, a od placu Politechniki strzelali tamci — i że to się wydawało i czuło daleko. Pewnie, nie widziało się ani tych dział, ani ich. Mimo woli człowiek przesuwał całą topografię frontu. Brzeg praski wydawał się w ogóle jak z innej mapy. Hitlerowcy z lornetkami na wielkich drzewach w zoo i front wschodni na Żeraniu — mitem, który się co prawda objawiał, ale jako druga i trzecia rzeczywistość. Co znaczą jednak — bo to jest chyba głównym powodem — przedziały i odległości psychiczne. Przecież o to samo chodziło w powstaniu żydowskim.

Wpadaliśmy do tych szpitali. Po lewej stronie wszystkie. Dużo ich było. Chyba coś jeszcze kołatało się na parterach. Ale że niebezpiecznie (Miodowa była już fest połupana), więc w podziemiach. A że podziemia to były po prostu schrony, a schrony pod starymi domami to były ordynarne piwnice na węgiel i kartofle, ciasne klitki i klity, więc nic dziwnego, że byliśmy po wszystkich doświadczeniach rąbnięci na nowo. Zdziwieniem. Po korytarzyskach były napisy nad tymi wejściami do klitek na kartofle: sala 5, sala 6. A i w samym korytarzyku, tym od wejścia z podwórza — byli ranni. To też była sala ileś. Jedni leżeli na piwnicowej podłodze. Na czym? Na kocykach, jak były. I na papierkach też. I pod szarymi papierami też. Drudzy siedzieli. Podnosili się wpół. A jeszcze inni, cali obandażowani, z twarzami spalonymi na kolor szafy, w owijakach z gazy. Ręce też mieli w tym. I tak połączone owinięciami z resztą, że wyglądały na tym (czymś) podparte. Bo chodzili w tę i w tę. Jak totemy. Wciąż się mijali. Wracali. Bo ciaśniutko. Prawie dreptali w miejscu. I trzymali ręce — obydwie — symetrycznie (stąd te totemy) — w tych bandażach — do góry. Usta mieli otwarte. Oddychali. Chodzili ze strasznej niecierpliwości. Bo się nie dało usiedzieć. Z tego popalenia się żywcem i życia dalej — ale właśnie życia żywcem. To byli ci lotnicy. Z tego samolotu. Co spadli na wylot Miodowej na barykadę z tramwajem. Coś tam żeśmy ich trochę spytali. Niewiele. Coś odkiwali. Ale to prawie była nie rozmowa. Oni chodzili. Tylko. Z tymi rękami w górze. Z oddychaniem. Ze szparą na nos i na usta między owijakami twarzy. Tramwajarza tu też nie było. Czyli szanse nikły. Tramwajarka płakała. Chyba we troje wróciliśmy. Po jakimś czasie. Bo co?

Wspomniałem już o małej piwniczce koło wejścia na schody, w której była kuchnia i baby gotowały. Na blacie stało zawsze kilka garów, ale ciasno, tak że ledwie się mieściły. Dlatego były kłótnie i nawet ta awantura z siekierami. Raz dwie sąsiadki też się pokłóciły o kolejność. Jedna z nich obraziła się i poszła gotować do swojego mieszkania. Czyli na górę. Od razu walnął pocisk i trafiło ją odłamkiem. Byłem akurat przy schodach, kiedy ją znosili. Zrobiło się zamieszanie. Ktoś krzyknął:

— Nosze!

I już ją na nosze kładli. Nie wiem, czy i ja. Ale i ja zaraz byłem jednym z niosących. Chyba od nóg. Bo dostała odłamkiem właśnie w stopę. I pamiętam, że strasznie krew się lała.

A nie zabandażowali, bo pewnie nie było czym, a poza tym szpital był blisko. W Prochowni.

Po schodach leciały za nami jej dzieci i ryczały. Ona jęczała. Wydostaliśmy się szybko na podwórze. Był jasny dzień. Upał. Waliły pociski. Wylecieliśmy truchtem z tymi noszami na ulicę. Rybaki jak ten garnek. Bum! Bum! Wąziutkie przejście koło naszej barykady, aż trzeba było nosze z babą z nogą z lejącą się krwią wziąć jakoś bokiem i przecisnąć. Dalej ten zajazd. Mur. Waliło w ten mur i w te dwie wnęki. Co koło której się szło, to bum! I tak do rogu. Do Prochowni.

Tam stawiamy nosze. W środku — na parterze (nie wiem, czy w piwnicy brakło miejsca?). Pamiętam szare światło i nastrój jak z Amicisa czy z Saragossy w *Popiołach*. Jeden tłok, nędza i szarzyzna.

— Chwileczkę, obywatelu — chyba tak się do mnie zwrócono — tu trzeba przenieść tylko z łóżka (łóżka?) na (na coś tam) rannego porucznika bez obydwóch nóg.

— Dobrze — czekam zaszokowany. Ale nie. Za ileś minut zwalniają mnie:

— Nie trzeba. Jest już ktoś inny.

A waliło. Po tym garnku. Po tych Rybakach. Wracam. Waliło. O matko, jak waliło! Ale doszedłem. Cało.

A jednak kuchnia (czy może było ich więcej, nie pamiętam) była nieraz wolniejsza. Bo Mama Swena stawiała swój garnek. To znaczy jedzenie dla nas wszystkich. Albo nieraz my ze Swenem piekliśmy na blasze placki. Z ciemnej mąki.

Jadło się wtedy dwa razy dziennie. Nie było więc źle. Dostawało się czasem może coś i z ogólnego przydziału. Ale któregoś dnia wybuchła panika:

— Straciliśmy magazyny na Stawkach!

Właśnie z magazynu na Stawkach dostaliśmy raz kartofle w płatkach. O kartoflach w ogóle nawet się nie marzyło. Przez całe powstanie. Była to więc nadzwyczajna okazja.

Innego dnia Swen mi zwierzył, że Mama mu zwierzyła, że mąki nie jest już tak dużo. Oprócz mąki były jeszcze i suchary, których sporo Mama Swena w cudownym przewidywaniu zdążyła ususzyć. Ale to „dużo", na sześć osób, to wcale nie tak dużo. Jeszcze jedno, co było, to kawa zbożowa. No, ale to tylko coś do picia. Oczywiście nieosłodzone nawet sacharyną.

Więc? Co tu poradzić? Coś trzeba. I wyjście się znalazło. Raz, jak żeśmy wracali od ołtarzyka, kiwnęła na nas jedna dobra kobicina „mieszkająca" pod filarem po drugiej stronie naszego schronu:

— Jakby tak panowie odważyli się na górę do mojego mieszkania po mąkę, bo mam tam, ale sama boję się iść, to przynieście mnie trochę, a resztę weźcie, panowie, dla siebie, ile tylko chcecie...

Ani pierwszego dnia, ani drugiego nie mieliśmy jeszcze odwagi. To nie 7, 8 sierpień. Byliśmy raz na górze, nie pamiętam, czy na samym początku, czy trochę później, w każdym razie jeszcze w tych dniach z pewnymi porami spokoju. Poszliśmy w tajemnicy. Na drugie piętro. Po co? Chyba po suchary. Bo musiał być jakiś ważny powód. Drzwi wtedy jeszcze były. Bo pamiętam otwieranie, wchodzenie. I kanapę. Zieloną. Na tej kanapie wysiedzieliśmy się nieraz, gapiąc się za okno prosto na Wisłę, w dzień i w nocy. Mieliśmy tu z Teikiem, z Haliną i Ireną i z Zymem zebrania naszego kółka literackiego. Nawet raz napisałem opowiadanie o nas i o tej kanapie. I określiłem ją, że „wyświechtana". Swen jakoś się na mnie o to rozżalił. Z czego sam później się śmiał.

Kiedyś pierwszy raz przyszedłem do Swena i oczywiście, jak to większość ludzi chodzących do przyjaciół czy nawet z wizytami, zostałem na noc. Siedziałem na parapecie okiennym. Patrzałem bokiem na Wisłę. Coś gadałem do Swena. A Swen w pewnym momencie otworzył kanapę, oparł jej siedzenie o oparcie i klęcząc schylony, długo czegoś w niej szukał. Byłem zdziwiony, że on taki rozproszony. Ale on mi później wyjaśnił, że szukał dla mnie koszuli do spania i że był to dla niego kłopot. Scena się powtórzyła. Właśnie teraz. Swen klęczał przed otwartą kanapą i czegoś w niej szukał. Ja stałem przy drzwiach (okno — to groza) i nie widziałem, czego on szuka. (Suchary, jeżeli wtedy wchodziły w rachubę, mieliśmy już przyszykowane). Swen wydobył chyba łyżki. Nie jestem pewien. Wiedziałem potem co, bo mi mówił. Ale nie pamiętam.

Przypuszczalnie na trzeci dzień, po drugiej jeszcze namowie tej pani spod filara, namówiliśmy się ze Swenem i poszliśmy na górę. Strach był. Może waliły pociski, ale dalsze. Poszliśmy chyba najpierw po drodze zajrzeć do mieszkania Swena. Sytuacja bardzo się zmieniła. Nie było mowy o otwieraniu drzwi. Ani o drzwiach. Korytarz i mieszkanie nie były już przedzielone. Nawet ścianą. Wszystko było pomieszane, ażurowe od pocisków. Spojrzałem w stronę kanapy. Było jej kawałek widać. Cała przywalona kawałkiem muru. Do mieszkania tej pani dolecieliśmy szybko. Piorunem wzięliśmy mąkę. Ile się dało. I prędko na dół!

Byłem szczęśliwy, że widmo głodu oddalone. Dla Mamy Swena, Swena, mnie, Ciotki Uff. ze Zbyszkiem i Celinki. No i sprawa honoru. Przestałem być darmozjadem.

Mam kłopot znów z kolejnością pewnych faktów, które działy się między 12 a 18 sierpniem. Wiem, że dla moich czytelników nie jest ważne, co kiedy dokładnie. Ale niech się nie dziwią. Dla mnie to jest ważne — ta dokładność dat i miejsc (jak już chyba zaznaczyłem), to jest moje trzymanie się kupy konstrukcyjnej. Uświadomiłem też sobie, że może beztrosko wychodzi u mnie zadzierzgiwanie i gubienie, mimowolne, moich różnych postaci dalszych, jeszcze dalszych, a nieraz bliższodalszych. Ale to tak było. Tak się gdzieś nagle gubili, jak się znajdowali. Byli bliscy przez ileś tam. Potem byli bliscy inni. Nagle się ich gubiło, a ważni byli nowi. To było ogólne. Sprawa poczucia stadnego. Wszystko jedno, w jakim stadzie, byleby w stadzie. Wszyscy się wciąż wiercili, jak to bywa w takich (bądź co bądź) godzinach śmierci, nie mogli znaleźć miejsca. Ci z tej piwnicy szli do tej obok, a ci z tej obok do tej. Tak jak ci z dołu Starego Miasta szli na górę, a z góry pod skarpę, na dół. Bo gdzie indziej lepiej. I nawet jak komu przyszło do głowy, że wszędzie jest jednakowo, to też nie pomogło.

Wróćmy do powstania. Sierpniowego. Jak wtedy myśleliśmy. Że zostanie nazwane na wieki. W całej Polsce. Ale Polska już w Młocinach, już we Włochach była nie-Warszawą, żyła swoim życiem. Dla Polski Warszawa przede wszystkim paliła się. To robiło wrażenie. Ojciec Romy Oliwowej wtedy pod Siedlcami wszedł na drzewo, zszedł i powiedział:

— Oho, Warszawa się pali.

Lotnicy przylatujący w nocy na pomoc ze zrzutami nad Warszawę nie mieli trudności z trafieniem. Tam, gdzie było czerwono, to Warszawa.

Więc — wracając do Polski — to Polska nie była Warszawą. I powstanie zostało powstaniem warszawskim. Wróćmy więc do powstania warszawskiego. Któregoś dnia czy wieczora... to trudno ustalić; w schronie paliło się pełno karbidówek, trochę świeczek, karbidu było dużo — wszędzie — na Chłodnej, po chodniku, widziałem, jak ludzie toczyli z chrobotem i tym zapachem (karbidu) spod pachy całe blaszanki, takie karbowane beczułki. Więc trudno było rozróżnić, a już w pamięci na pewno, w tym wiecznym wieczorze schronu, co było dniem, a co nie... Takiego jednego więc niby-wieczora weszli, jak to bywało co i raz, nagle, ludzie, wszyscy zwykle tak, bez niczego, tym razem z Woli. Nie prosto z Woli, ale po zatrzymaniu się po drodze w innych schronach, pewnie zbombardowanych albo pewnie wydających im się gorszymi niż nasze. Zaprzyjaźniliśmy się wtedy z jedną grubą kobitą z grubymi nogami i rękami (była w letniej sukni tylko, kwiecistej, z krótkimi rękawami) z Towarowej róg Wolskiej. Uciekła stamtąd. Na jej oczach ustawiali pod ścianę, zwłaszcza mężczyzn, rozstrzeliwali, podpalali. Ona, jak i sporo innych, jakoś w tym zamieszaniu, paleniu, krzyku i huku zwiała. W naszym ceglanym dużym schronie z ołtarzykiem przez tyle dni już się dopchało. Więc nie miała gdzie spać. Prycze były zatłoczone kompletnie. Znalazła sobie luźne drzwi, takie z filongami, może od piwnicznych ubikacji, i gdzieś blisko nas, o ileś prycz za Ad-skimi, bliżej ołtarza i przy samym przejściu, przespała się pierwszą noc na drzwiach (położonych) i jak wstała, to miała całe te swoje grube ręce i łydki w rowach od filongów.

Był tłok. Miejsca coraz mniej. Domów też. Obszar reduty Stare Miasto pomaleńku się zaczynał zmniejszać; tak że czasem przesuwano i barykady, i okopy. Bo okopy były normalne. Rowy. Do latania i strzelania. Ciągnące się. Kręcone. Jak na froncie.

No i — coraz więcej bombardowań. Artyleria, kanonierka z Wisły, pancerniaki z kolei obwodowej, pociski najróżniejszych kalibrów jednym słowem. To swoją drogą. Ale samoloty. Ta groza. Dzienna. A dnie były długie. Samoloty przylatywały. Czyli zniżały się nad dachy. I wtedy, jak już było słychać, że są... drrrrr... i zlatują nad nasze dachy, naszych bloków albo nad najbliższe, to wiadomo było, że i bomby. I zaraz od tego świdrowania z góry na dół samolotowego odłączało się wycie bomby; chwilę się czekało, ale króciutką. Ta chwila to było samo trafienie. A dalej huk, czyli wybuch. I dalej — łomot, trzask, rozsypywanie się czegoś, czyli skutki trafienia. Na niejakie szczęście strasznie dużo było niewypałów. Mówiło się, że to Czesi. Że u nich się te bomby robiło i oni specjalnie nie dokręcali. Więc jak od samolotu odłączało się to wycie, lecenie bomby, trafienie i cisza, to zaczynało się w pierwszych dniach po cichu, potem razem ze Swenem, potem całym chórem rodzinnym na głos liczyć:

— Raz, dwa, trzy, cztery, pięć, sześć, siedem, osiem, dziewięć, dziesięć, jedenaście... dwa-na-ście... (tu już spoglądanie na siebie) trzy-na-ściee... — i ten ruch ręką, niedowierzania, odpędzania, westchnienie:

— Niewypał.

Ale niedługo zlatywały samoloty, świdrowały, to odłączanie się bomb, wycie, cisza — i:

— Raz, dwa, trzy, cztery, pięć, sześć, siedem, osiem, dziewięć, dziesięć, jedenaście... — i tu nieraz potrafiło nagle — jak grzmotnąć!

Przeważnie wybuchało przy ośmiu, dziewięciu. No tak. Ale samoloty znów zlatywały i:

— Raz, dwa, trzy, cztery, pięć, sześć, siedem...

Trzask!

W nas? Nie... Ale już wycie.

— Raz, dwa, trzy, cztery, pięć, sześć, siedem, osiem, dziewięć...

Trzask!

Nie, obok, chyba — no bo jesteśmy. Innego dowodu nie było. I już lecą, wyją...

— Raz, dwa, trzy, cztery, pięć, sześć, siedem, osiem, dziewięć, dziesięć...

Trzask!

Ale już następne:

— Raz, dwa, trzy, cztery, pięć, sześć, siedem, osiem, dziewięć, dzie-sięć, jedenaście... dwa-naścieee... trzy-na...ście...

O...

Potem mogła być nagle przerwa. Pół godziny. Godzinę. I...

— Raz, dwa, trzy, cztery, pięć, sześć, siedem, osiem, dziewięć, dziesięć...

sss — i zaraz

— raz, dwa, trzy, cztery, pięć, sześć, siedem, osiem, dziewięć, dziesięć, jedenaście, dwanaście... trzy-naa-ście... ...o...

i już zlatywały nowe

— raz, dwa, trzy, cztery, pięć, sześć... o rany!...

i znów za trochę

— o już są

— o Jezu

i

— raz, dwa, trzy, cztery, pięć, sześć, siedem, osiem, dziewięć, dziesięć, jedenaście, dwa-na-ście... trzy-naa-ście... o!

To był dzień. A w nocy. Leżymy. Potokiem. Potokami. Piwnicami. I nagle:

trzszach... trzszach... trzszach... tszach... tszach... tszach...

Podmuchy, ogień i rwanie murami — po sześć razy, przeważnie.

Ale jak te mury chodziły... raz patrzę — a one chodzą chyba na metr w tą i w tą... i w tą... i w tą... rozlatujemy się?!... niee — pohuśtały się... trochę mniej, coraz mniej, i ustawiły... tak jak stały. Przecierałem oczy ze zdumienia.

Po każdej takiej szafie ludzie chwilę

— ru-ru-ru... — i kładli się od razu, tak jak stali, i od razu spaliśmy.

I znów:

wh...sz...wh rzsz...wh...sz — ognie, podmuchy, latające mury (czerwone), ludzie z dziećmi na rękach hurmem rzucają się w stronę beczki, w wąskie przejście do tamtych piwnic, a ci z tamtych piwnic rzucają się w nasz schron.

Wszyscy naraz.

Zderzają się, obijają o siebie. Wracają. Szafa ucicha. Rzucają się na prycze. Śpią. Dopóki znów. Za godzinę. Za dwie. Za pół:

wższch...wższch...wżch...

I znów z tymi dziećmi na rękach, buch, w przejście, tamci do nas, zderzenie, cisza, oklapniecie, tak jak stoją, w ubraniach, w płaszczach... z dziećmi, chrapią...

O, nie. Noce od 12 sierpnia nie były dobre. Pomijam pociski. Czołgi. Podejścia. To — te szafy.

Po mąkę... wyprawa. Była raz. Udana. Daliśmy tej kobicie. I ona miała. I myśmy mieli. Ale zaraz Swenowi przyszło do głowy niegłupio, że na — ile nas było? — Mama, on, ja, Celinka, Ciotka Uff. i Zbyszek — sześć! no więc, że na sześć osób po dwa razy dziennie, nawet po razie, nawet przy reszcie sucharów, bo jeszcze były, to nie tak dużo tej mąki. I powiedział:

— Chodźmy na górę.

Poszedłem za nim. Pierwszy raz było też źle. Coś waliło. W nasz blok. W tej części. Ale jakoś. Trzymałem się. A teraz coś mniej. Na pierwszym piętrze krzyczę do Swena:

— Wracamy!

On:

— Nie!

Nagle trzask. Pocisk w ścianę obok.

Swen leci wyżej.

Krzyczę:

— Wracamy! Swen! Swen!

On nic.

Ja krzyczę (pociski walą) i już wychodzę:

— Ja schodzę! Nie chodź!

Nie pomogło. Pociski biły w schody. W te nasze. Ja zwiałem. Stchórzyłem. Swen za moment wrócił zziajany i uśmiechnięty z nową mąką.

Tym bardziej mi to zaimponowało, że Swen miał zabandażowane kolano, bo coś mu było w kolano, i nie chodził potem (bo z początku to tak) na akcje. Inni — bez mienia powodu, bez tłumaczeń, przykucali, przycupywali prawie za beczkę, za filary, pod prycze. I nie szli.

A były całe grupy, co chodziły. Na każde zawołanie. Do rannych. Do odsypywań. Do barykad. Przesuwań. Umocnień. Okopów. Gaszeń. Itd.

Mówiłem już o tych proponowanych przy ołtarzyku przez Swena postanowieniach poprawy i o biciu się w piersi całego schronu z powtarzaniem „przyrzekamy". Nie zawsze to się udawało, ale potem znów było bicie się w piersi i zgody z przepraszaniami.

Raz, kiedy cały nasz czerwony schron jeszcze chrapał i tylko pipiły się świeczuchny od ołtarza, nagle z lewej strony blisko ściany za filarami wybucha kłótnia.

— Co pani, zwariowała?

Bo któraś miała dziecko, a któraś inna czy wzięła jej nocnik od tego dziecka i z tego nocnika posypywała chlor po przejściu tym między lewą stroną schronu a lewą ścianą... czy szło o nocnik, ale bez chloru, a mnie utkwiła akurat postać tej idącej i coś rozsypującej, właśnie chyba chlor, i szło chyba o ostry zapach... mniejsza o to.

Albo poszło o bekę. Tą nie tak daleko od nas, przy korytarzyku wyjściowym.

— Śmierdzi. Coo! Zmienić!

— Oo... co... cholera!

Wreszcie nadeszła chwila, że postanowiono coś z beczką. Za bardzo śmierdziała już na pół schronu.

— Zmienić.

— Zmienić, zmienić.

— Ale jak? Kto?

— Metodą potokową.

— Tak, tak.

— Metodą potokową! Proszę państwa, proszę się ustawić i podajemy sobie brudną wodę... jedno drugiemu... i tak dalej i dalej...

Tak jak cegły na Chłodnej na barykady.

I poszło. Do dna. Najpierw ta stara woda śmierdząca. Potem nowa. Najpierw przez korytarzyk do ubikacji (potok ludzi). Potem od ubikacji przez korytarzyk do beczki. Podawało. Jedno drugiemu. Wyleli. Nalali. Zmienili.

Dni się tak nie rozróżniało za bardzo. Ale to jedno święto — 15 sierpnia (wypadało we wtorek) — nagle postanowiono obejść, uczcić. Na przekór. Od rana.

To święto (teraz zniesione) kościelne było jednocześnie rocznicą tak zwanego cudu nad Wisłą. Którego wcale nie było. Oprócz metafory nic się nie zdarzyło. Ale metafora w ciągu lat udosłowniła się. Ale to chodziło o przedwojenność. Tym razem czekało się na cud nad Wisłą. Też z nimi. Po drugiej stronie. I za Żeraniem. Ale żeby przyszli.

— Żeby już weszli.

— Żeby już przyszli.

— Żeby już byli.

Słuchało się frontu. Macało ziemię. Szli. Czasem ustawali.

Czekanie na Rosjan było niezbyt w zgodzie z polityką AK. Które swoją drogą też czekało. I też jak na zbawienie. Więc to czekanie z tą polityką nieporozumiewania się nawet (wtedy jeszcze) też było swoistą harmonią. Ludzką.

— Piętnasty dzień powstania — mówiło się rano 15 sierpnia.

— Piętnasty dzień powstania...

— Piętnasty dzień.

Wydaje mi się, że uprzedziłem wobec tej daty pewne fakty, to rozhulanie się piekła. Ale przypominam sobie, że 15 sierpnia było już po wielu strasznościach — tu — na Starówce. Że ten poranek, nie pamiętam, jak zaczęty, oczywiście upalny, zadymiony, coś się tam paliło, to znaczy dużo i dymu, i żywego ognia... Więc ten poranek, a raczej przedpołudnie, to było kilka godzin wypoczynku, spokoju i świąteczności po całych już kataklizmach.

Miała być na parterze w wielkiej sali z filarami uroczysta suma z udziałem pięciuset (chyba) powstańców, którzy tu u nas już kwaterowali, i całej ludności bloków A, B, C i D. Przygotowywano świece, naczynia; skądciś dywan chyba, może i jeszcze coś dla ozdoby — co? nie pamiętam. Pamiętam, żeśmy się zaczęli schodzić. Że był upał, spokój. Że tłum cywilów i tłum powstańców w poniemieckich tygryskach, kawałkach munduru, z karabinami i z hełmami w ręku, zdobytymi na hitlerowcach. Że tłum był wreszcie ogromny, że światła się zapaliły, że ksiądz wszedł w zielonym, a może białym ornacie. I suma się zaczęła.

Nikt nie brał pod uwagę możliwości zamieszania, popsucia się szyków. Ani że prawie nikt się nie golił dwa tygodnie. Upał się zwiększał, suma trwała. Ludzie stali. I spokój. Był i był. Na końcu ksiądz zaczął prawie równo z powstańcami i tłumem:

Boże, coś Polskę...

Odśpiewało się. Rozeszli się. Wszyscy. Po swoich piwnicach. Wojsko po swoich kwaterach. Czyli po stanowiskach na parterze, w okienkach, u wylotu, u barykad, i reszta z cywilami po schronach. I wtedy chyba zaraz przyleciały samoloty. Zleciały na nasze dachy. I zaczęły się bomby za bombami. Chyba się wtedy nie liczyło nawet. Tyle ich naraz. Wszystkie w nasze bloki. Ludzie wiedzieli, że Niemcy wiedzą, że tu jest kupa powstańców. Ale co? Mieć pretensje? (Nieraz były pretensje cywilów do wojskowych i na odwrót, ale tego dnia tu nie było). Nie wiem, czy to wtedy któryś z karabinu strzelał (nieraz to robili) do lotników. I jednego trafił. Samolot spadł. Ale spadła i bomba na nas. Na naszą piwnicę. Huk. Ciemno. Wstrząs. I — dziwne, ale stoimy, zbici w kupę, jak staliśmy. Więc nie na nas? Potem były czołgi. Atak. Waliły. Potem artyleria. I dopiero — po paru godzinach — w słońcu, w upale — wychyliliśmy się ze Swenem na podwórko i zobaczyliśmy, że za ścianą naszego schronu jest dół i wydobywają coś białego. I to nie jedno. A wiadomo, że jak zamiast domu i piwnicy — dół (otwarty) i wydobywają coś białego, i coś jeszcze białego leży, to naginęło sporo ludzi. Ano, przebiło do piwnic. Najbliższych sąsiadów. A my się nie połapaliśmy.

Od tej pory dalsze piekło Starówki ruszyło już nieprzerwanie. I chyba już bez przerwy co dzień i co noc paliły się Sakramentki. Po kolei — wszystkie ich zabudowania, te na skarpie i te nad skarpą.

— Sakramentki się palą — mówiło się już odtąd codziennie.

A Sakramentki się paliły. I latały w welonach. Białych. I biły świnie i krowy. Codziennie. I rozdawały ludziom. I przyjmowały, i opatrywały u siebie ludzi. Coraz większe gromady. Tysiące. Te sakramentki, które przez ileśset lat, od Marysieńki, śpiewały za kratami i przez kraty przyjmowały komunię, nagle stały się działaczkami, społeczniczkami, bohaterską instytucją, oparciem dla Nowego Miasta. Żywiły i część wojska. Wojsko rozdawało część swego cywilom. Tylko popełniano w kółko codziennie jeden i ten sam błąd. Były upały. I nie rozdawało się mięsa z dopiero co zarżniętych świń i krów, tylko to z wczoraj czy z przedwczoraj. A to z wczoraj czy z przedwczoraj było już zaśmierdziałe. I jak wojsko to gotowało, bo wojsko to gotowało, w środkowych schronach, w kotłach, kubłach, to smród szedł na całe piwnice. Raz spróbowaliśmy i my jeść. Aleśmy ze Swenem nie mogli tknąć. Śmierdziało nie do zniesienia. Chociaż byliśmy już bardzo wygłodniali.

W tym smrodzie pamiętam leżących pokotem po nocnej akcji powstańców z łączniczkami i sanitariuszkami pod jednymi kocami. Niektóre kobiciny troszeczkę się gorszyły, ale tylko tak, na zaszemraniu i spojrzeniu. Więcej się chyba dziwiły. Jak można w takiej sytuacji myśleć o czymś takim. Reszta była na to idealnie obojętna.

Z powstańcami były na ogół dobre stosunki. Chociaż pamiętam jakąś przykrą scenę na Freta przed Dominikanami. Jakieś baby wymyślały jakimś przypadkowym powstańcom. O to, co oni w ogóle narobili. W innym miejscu (ale to już tylko ze słyszenia) powstańcy wymyślali babom. Bo jak Niemcy ogłosili, że można wychodzić z białymi płachtami czy chusteczkami do poddania się na wiadukt żoliborski, ileś tam bab podobno wybrało się. Wiadomości były o tym różne. Zresztą pewnie niejedno było takie wyjście. Czy raczej próby. Jedno chyba było szczęśliwe (dla tych z białymi chustkami). Innym razem podobno Niemcy strzelali. I może to wtedy baby w przerażeniu cofnęły się. Do najbliższego domu. Powstańcy zatrzasnęli przed nimi bramę, obrażeni. Potem chyba wymyślali, ale wpuszczali. Ale wtedy niektóre się obraziły. I poszły do innego domu.

Sprawa kluczy do mieszkania naszego (mojego z Mamą i Stefą) na Chłodnej 40 wciąż mnie prześladowała. Jak one wróciły na górę — jak wychodziły do Niemców — jak nie miały kluczy? I w ogóle co z Mamą? Ciotką Józią i Stefą? Klucze miałem ze sobą. A może ciotka Limpcia i babka Frania (ciotka Mamy i jej córka) coś wiedzą? Mieszkają Bielańska 16 w oficynie, w suterynie, koło pałacu Radziwiłłów. W ich podwórzu. Z całą rodziną. Na pewno tam są. Co szkodzi w ogóle widzieć się z nimi? A może uda się dotrzeć dalej Lesznem do Żelaznej? Mówią, że Leszno jednak w naszych rękach — ciągle. Że można kilometr wzdłuż Leszna przejść połączonymi, przekutymi piwnicami. W każdym razie — wybrać się. I wybrałem się. Swen nie chciał. I Mama Swena:

— Nie chodź.

Ale ja się uparłem.

Wyruszyłem.

Rybaki. Znany szlak staromiejski. Po stoku na śmietnik, w dziurę w murze. Podwóruchno. Wlecenie na balkonik. Czyjeś mieszkanie. Podwóruchno. Wlecenie przez długą dechę w okno czyjegoś mieszkania. Tam siedzą. Baby. Ludzie. Dziura. Wlezienie na ciemno w leżących.

— O Jezu... — To ci ranni.

Z piwnicy w podwórko, w bramę, przeskok, w poprzek Mostowej, barykady, ze strzelającymi na leżąco na Pragę z tych kaemów powstańcami. Otwarta drewniana brama. Podwórze w kocich łbach. Bure. Duże. W dole Gdańska Piwnica. Kocia Kamienica. Tu — drugie piętro. Tam — parter. Freta. I Długa. Na wprost prawie... Długą przeleciałem szybko. Było nie tak najgorzej. Może się coś paliło. Obejrzałem wtedy tą barykadę u wylotu Miodowej. Z tramwajem i samolotem. I wleciałem w Długą. Ten jej dalszy, krzywy, węższo-nierówny bieg. Tam co i raz barykada. I troszeczkę groźnie. Uprzedzali. Bo u wylotu Długiej w Przejazd, naprzeciwko słynnego z wybuchu powstania listopadowego Arsenału, stał siedmiopiętrowy dom, obsadzony przez hitlerowców. I mieli pod obstrzałem całą okolicę. A już Długą — specjalnie. Długa przed Arsenałem miała w prawo wlot Nalewek, a w lewo, prawie naprzeciw, koniec Bielańskiej. Przed tym skrzyżowaniem — barykada. Leciało się prawą stroną, licząc od Wisły, bo bezpieczniejsza (większa osłona). I pod barykadą przelatywało się w poprzek Długiej. Wpadało w bramę i podwórko domu, który graniczył prawie albo bezpośrednio z Bielańską 16. Tam, gdzie ciotka Limpcia, a właściwie Olimpcia, a właściwie Olimpia. Z mężem Stachem, z Ryśkiem (moim kuzynem) i z bratem swoim, Ceńkiem, i z babką Franią moją, czyli swoją matką, która ją zwała Olemka. Sieniami od Długiej dostałem się na ich podwórze. Dziwne, długie. W kocich łbach. Ciągnące się spomiędzy boku Bielańskiej (tej tuż za Tłomackiem) a bokiem pałacu Radziwiłłowskiego (tego, co dziś stoi na wyspie Wuzetu); skręcające pomiędzy sztachetową bramę wjazdową i kamienicę z frontu, Bielańska 16, a front pałacu, z podjazdem, półokrągłym, na trzech filarach; dalej podwórze skręcało znów, obchodziło pałac z drugiego boku, a naprzeciw miało długą, długą oficynę. I na koniec tej oficyny, już pod mur ogrodowy na tyłach pałacu — właśnie tam szybko szedłem, chyba leciałem, doleciałem i zajrzałem do ich okna.

— Ciotka! — krzyknąłem — ciociu! Rysiek!

Ciotka Limpcia gotowała zupę (krupnik), Rysiek wyleciał na schody, był zaraz chyba i Limpci mąż, mój wujo, bidny Stach, pewnie brat Stacha Józiek też był. Zawołali na mnie. Zleciałem. Do nich. (Nie potrzebowali schronu innego).

— A babcia Frania? – zapytałem się.

— O — ciotka Limpcia mieszała gęsty krupnik, była pogodna. — Babcia siedzi w pałacu... W korytarzu, tam pełno, mają światło... idź do niej, jak chcesz, o, jak cię zobaczy...

— A z moją Mamą, nic nie wiecie? Została na Chłodnej. Ja mam klucze. Chciałem dojść do Chłodnej.

— Nic nie wiemy. Gdzie chcesz dojść?

— No, Lesznem spróbować, tam.

— Ooo... szkoda mówić. Jak? Nie dojdziesz. Co myślisz? Daleko dojdziesz? Do Żelaznej? I że Chłodna 40 nie ma Niemców?

— Ano tak — pogodziłem się.

— Idź do babci z Ryśkiem, on cię zaprowadzi, a ja przez ten czas dogotuję krupnik. Chcesz? Dużo dostaniesz.

— Tak, chcę...

— No to idźcie, ale babcia się rozpłacze...

Idziemy do pałacu. Wchodzimy. Przez ten zajazd. W półokrągłe, idące w tę i we w tę, rokokowe, szerokie korytarze, balowe kiedyś; teraz pstrzy się tu światło żarówki... i ludzi, ludzi. I gadania, szumu, ruuu... ruu..., a gratów pod sufit. Po obydwu stronach — jeden stos gratów w górę koło drugiego — i ludzie, na tym, pod tym, niżej, siedzą, leżą, gadają... i zakręt, i zakręt — i tak idziemy, idziemy wciąż skrętem.

Aż tu Rysiek pokazuje:

— O!

Patrzę — siedzi.

Siedzi. Babcia Frania.

— Babciu. Babciu.

Obraca się na stołku, patrzy, z czerwonymi oczami. I łapie mnie za szyję, i całować, i w płacz.

— Co z twoją matką, co z tobą, bój się Boga, tak się martwię o was. Co z Kazią?

Mówię, co (Kazia — moja Mama).

Posiedzieliśmy. Wróciliśmy. Dostałem zupy. Gęstej. Pysznej, dużej kaszy. Pełno. Pełną, ogromną michę. Zjadłem.

— Chcesz jeszcze?

— Jeżeli można.

Dostałem drugą. Taką samą. Co za szczęście było wtedy z tymi dwiema michami — do syta. Posiedziałem. Trzeba było wracać. Ale właśnie zaczął się paskudny obstrzał Długiej. Z tego siedmiopiętrowca z Przejazdu.

— Jak ty wrócisz? Jak przejdziesz?

— Pod barykadą.

Jakoś z każdą minutą robił się gorszy. Wyleciałem. W bramie Długiej, właściwie w sieni tej przy barykadzie — widzę, że ludzie co i raz hop! plecy w dół i lecą w poprzek. Chwilę zbierałem odwagę. Ale widzę: łączniczka — leci — i nic sobie nie robi, to ja lu! schylam się, przelatuję — pewnie, że tylko tak. I już lecę drugą stroną Długiej. W głąb, w głąb. Koło wypalenizny. Pod Czterema Wiatrami. Aż po skręt i załom. Tam, skąd widać już plac Krasińskich, dalej — Długą. Tak że aż i Dominikanów z wieżą i szafą. Gotycką. Pseudo. Bo tak mi się widziała (na szafę) przybudówka z kruchtami. Od przodu. Nieistniejąca już. Tam, w lewo, jest uliczka — za tym załomem Długiej — maleńka, ślepa, na Ogród Krasińskich od tyłu. Barokowa ją się nazwało. Formalnie. Przed wojną. Okolica dumna z nowego czegoś. Ale zrozumieli, że „Barakowa" (tak mówili). (Przyznam się, że i ja do 1946 roku myślałem, że Barakowa).

Raptem — bombowce. I już kucają na dachy, sypią bomby. Już ich nie ma. Już są. Dalsze. Bliższe. Już wlatują w Barokową. My też. One na oślep. My też. My to ja. Z drugim. Jak ja. My. W dwóch. Tu. Tylko. Ni stąd, ni siąd. Bo już. Są! Wpadliśmy. Do jednoczegoś piętrowego... Co (?) puste, lata, latamy po (?) dole, sali (?), czymś (?), hali (?), co już się zmienia, huczy, brzęka, lecimy, cegły lecą, bombowce paskudzą. Cegła przysłowiowa. Jedna. A tu tyle: pac! pac! My z podniesionymi kołnierzami. Co za głupi instynkt? Skaczemy. Pac-pac! Byle nie dać się. Trafowi. Wszystko ważne. Bo leci. Ukosami. Z rozpędów. Pomiędzy murkami. Sszszu — brzrzum. Osypy. Tynki. Coś. Rynnowo. Czekać? Nie. Ale byle nie stać. Sszszum. Ta góra fruwa, może usiąść... My skoki na ileś, naraz pac! Nic. Uniki. Same... Jak trzeba, w moim mniemaniu.

(Z Leszna. Z 1930 roku. Klocki. Na szparach, Nanka obiera kartofle. Ja się dziwię, jak może trafić kulka, przecież ją zobaczę i odskoczę. Nanka na to, że to się nie da. Tu się coś z tego dało).

Po nalocie. Facet w swoją. Ja w swoją. Wtedy. Biegiem. Długa. Plac. Długa. Mostowa. W dół. Przejścia. Dół. Rybaki. Kocie łby. My. Czyli — o! jest! — Swen spłakany. Łapie mnie. Matka Swena mówi:

— Co tu on nie wyprawiał — cały czas, że ty już nie wrócisz, że coś się stało.

— Eee — macham ręką.

Tak chciałem. A tak przeoczyłem. To nie aż takie ważne. Niby. Ale dla mnie... I pałacu Radziwiłłowskiego. Ważne. I dla tego muru. Z ogrodem. Takim, jak i teraz on jest. Bo raz, że z tyłu pałacu (tył Wuzetu, spadek na tunel ten już); dwa, że rozmiar ten. Pewnie. I taka trawa. I te figury. Jasne, że muru dziś nie ma, cały w tym dowcip, że nie mur, a i po tej, i po tej tramwaje, on w środku. Te figury właśnie. Był spokój, przerwa. Cichacz. Przynajmniej z grubsza. I przynajmniej tu. I w międzyczasie gotowania przez ciotkę Limpcię krupniku. Zresztą, jak się potem okazało, to była zupa grochowa. Rysiek mi przypomniał. Po wojnie (ale parowała ta zupa z okienka, z dołu; i pachniała — miała czym). Rysiek i ja. Do tego ogrodu. Nie bywał otwarty. Pogoda, upał. Wiadomo, dzień. To niebo. Upał — niebieskie. Trawa — zielona. I one. Te figury. Bo pamiętam, że po wojnie nie były; potem były; potem ze słupków, i tak na trawie stały, stały, na trawie, w trawie. Potem — chyba na słupkach znów, i teraz? pomyliło mi się — jak stoją. A jak wtedy stały? Też. Niby na słupkach. A właściwie nie. Bez. Czy wszystkie? Bo ja wiem. A jednak coś się kurzyło. Zakurzyło (wtedy). Strzeliło. Tak. Oho. Już wiem. W Bank Polski. Ten z banknotów. Sprzed wojny. Obok. Więc się zaczęło. Ścichapęk. Raz. Drugi. Echo. Puk. Pudłowe. Bo nieraz to jak te dechy. I coś chyba spadło. Z tego towarzystwa figur. I tyle.

W czasie okupacji dzieci polskie, żydowskie, staruszki, staruszkowie, Cyganie, wariaci (niby) i w ogóle różni, osobno, grupami, od rana do wieczora wchodzili na podwórze na naszą Chłodną i śpiewali. Najczęściej:

> Dnia pierwszego września
> roku paa-miętnego

napadł wróg na Polskę
z nieba wysokiego.

Najwięcej się uwziął
na naa-szą Warszawę,
oj, Warszawo biedna,
tyś jest miasto krwawe.

Byłaś kiedyś piękna,
wielka i wspaa-niała.
Teraz z ciebie kupa
gruzów pozostała.

Tak się wydawało po 1939 roku, po tym Wrześniu. Kiedy jednego dnia — 23-go (chyba) — na Warszawę spadło 18 tysięcy pocisków. 25 września — no, to był ten dzień decydujący — od rana do nocy — dwanaście godzin — bombardowanie całej Warszawy. Na drugi dzień dopalanie się, bo przecież pożary. Szalały. Pociski. Ale już coś było przesądzone. Rokowania. Ludzie 25 września nie wytrzymali. 27-go wyleźli z piwnic ci, co ocaleli.

Tak. Potem. Potem wywózki. Pawiaki. Nie tak od pierwszego tygodnia obozy. To narastało. Potem zaczęło się getto. I ta ściana na placu Krasińskich, w Wielki Wtorek — 20 kwietnia — drugiego dnia powstania w getcie. Niemiec strzelał spod Garnizonowego przy Miodowej, z armaty, w getto, w Bonifraterską. Tam spadali ludzie. Z murów takich wielkich, ślepych, z okienkami. I z tych okienek. A tu zebrało się publiki — łobuzerki — i bili brawo temu Niemcowi. A on po iluś tam walnięciach zdjął hełm, bo słońce, spocił się, zmęczył — ten bohater — w tym tłumku życzliwych — i ocierał się z potu.

A potem — była słynna późna i piękna Wielkanoc 1943. Aryjczycy — tak zwani jeszcze wtedy my — po kościołach — odświętni — a tam — to piekło — to wiadome, tylko bez nadziei. I bez świadka. No, byli tacy, co pomagali. Byli życzliwi. Czy — obojętni. Ale... dajmy spokój. Na samą Wielkanoc była kulminacja pożaru. Na niebie — ogień.

Trochę to zaczęło działać. Na tych i owych. Ale na placu Krasińskich był taki lunapark. Karuzele. Huśtawki. Niemcy wtedy uruchomili go z wielką werwą. No i trochę naszej publiczki kręciło się i na tych huśtawkach, i młynkach — po pięćdziesiąt, po sześćdziesiąt, a i po sto razy z rzędu. W tym dymie gęstym. Bo szedł. I szedł. Z Bonifraterskiej. I Nowolipek. Z Dzielnej. Świętojerskiej. Przejazdu. Powstanie w getcie przecież trwało i trwało. Pierwsze jaskółki. W maju ujrzałem wtedy w tych dymach i usłyszałem, jak piszczały. Gdzieś 10-go, pamiętam. To już dwa dni po zbiorowym samobójstwie żydowskiego dowództwa. W bunkrze na Miłej. Niemcy ich wykryli.

A co do tych huśtawek, to usłyszałem potem, że niektórzy specjalnie huśtali się, żeby obserwować, co się dzieje w getcie.

Tak teraz my byliśmy tymi odciętymi, niepodziwianymi. Przynajmniej z nadzieją frontu. Niemcy byli przegrani. Formalnie. Od czerwca ofensywa szła na zachodzie. I na wschodzie, od dłużej. Tylko tyle, że powstańcy źle obliczyli siły Niemców. Za Wisłą. Myśleli wtedy, przed wybuchem, że została resztka. A okazało się, że zostało ileś (dziewięć?) dywizji. Tak. I nic nie pomogło, że przegrywali. Tu byli silni.

Pierwszy sierpień, dzień krwawy,
powstał naród Warszawy...
. . . .
. . . . amie
Niemcy już w każdej bramie,
tatatata tatata tata...

Tu nie pamiętam słów. Chodzi mi o tą piosenkę o powstaniu, naiwną, ale... I dalej tak:

Jakaż rozpacz się w sercu rozpina,
walczyć nie ma czym.
Idzie na czołg z butelką dziewczyna,
by odpłacić im
za zburzoną, spaloną stolicę
i za...

Jeszcze sprawa frontu. Wciąż mieliśmy nadzieję. Tylko już były te odcięcia, podziały: na Żoliborz, na Mokotów, Powiśle, Śródmieście, Stare Miasto.

Bugaj idzie od Mostu pod Zamkiem, pod Starym Miastem do Mostowej. Od Mostowej aż do Mennicy (Wytwórni), czyli Sanguszki, szły Rybaki.

Chodziło o utrzymanie Mennicy. (Teik tam był. I tam były całe noce i dnie walki o każdy pokój, korytarz). I o remizę na Sierakowskiej, pod Dworcem Gdańskim. Żeby przebić się przez wiadukt, kolej, na Żoliborz. Akcje były uzgadniane z (Żoliborza i Starówki) dwóch stron.

Nie pomogło. Traciliśmy „ziemię niczyją", getto. Traciliśmy remizę, kawałek Muranowa po Muranowie. Broniło się jeszcze Mennicy. To była najsłynniejsza reduta w tej naszej reducie Stare Miasto.

Tak. Jeszcze co do tego wytrzymywania. Uporu. Co tu dużo mówić: przymusowego. Wiadomo niby, że tam hitlerowcy, za Wisłą, tuż-tuż Rosjanie, tu powstańcy, tam na zachodzie Amerykanie, Anglicy. Alianci. Ale to była po prostu rozkręcona, rozpędzona do nieprzytomności machina. Te fronty. I to powstanie. Tu. Do czego się odwołać? Do tej puchy na Wybrzeżu, na wiadukcie, z zasiekami? Do tej abstrakcji? Bo to była pucha i abstrakcja. Dalej — wiadomo — trupie czachy, hełmy — raus! raus! — krzyki, darcie się. Hitlerowcy, groza, baliśmy się, żeby z czołgu którego nie wyskoczyli, nie napadli, nie zaczęli rzucać granatów do piwnic. Bo tak było. Wszędzie. Zawsze sobie wyobrażałem te rumory, tupoty, rausy, „Hände hoch" i trzask! granatem, wiązką, w wejście. Błysk. Rozprysk.

Trzask. I że może trafi coś. A może filar zasłoni. Baliśmy się zwłaszcza w spacerach po tych schronach, od jednego do drugiego, żeby nagle nie zobaczyć na ścianie cieni dużych, powiększonych, na ukos, tych hełmów.

Więc to był ten strach, groza. I nie chciało się ani nagłego wejścia ich, ani niewiadomego wyjścia z sytuacji, ani żadnego kontaktu. Z nimi. Ich się zresztą nie widziało, nie widywało. Tym groźniejsza ta abstrakcja. A wiadukt. Bo znów podobno ogłaszali, oni, żeby wychodzić, i ileś tam kobiet z białymi chustkami wyszło i coś tam na tym wiadukcie było niedobrego. Podobno z niejednymi. A samoloty, pociski — to to były typowe objawy machiny. Kiedy i gdzie tu — poza tym — w tym huku, kotle, potrzasku — coś decydować, o sobie! wychodzić z czym? do kogo? jak? którędy? kiedy?

Ludwik z rozczuleniem śmiechu do łez opowiada 1939 rok, bombardowanie, piekło, tłok, już się nie da wytrzymać i tu w tych bombach

wiu

wiuuu

wijuuuuu

nagle baby wołają, któraś najpierw, na tobołach, wpadła na:

— poddajmy się

i inne

— poddajmy się

i cały schron

— właśnie! poddajmy się

ale tu nic, tylko

wiuuu

wijuuu

wijuuu

to baby, tłum, schron dalej

— no, poddajmy się — —

No i tyle.

Wróćmy do powstania. Akcji. Nocy. Freta. Świętego Jacka. Czyli Dominikanie. 17 sierpnia. Właśnie jest świętego Jacka.

No i świętego Mirona. Ale w kalendarzu było tylko w 1922 roku „Mirona B.M." (Biskupa Męczennika) — bo z kalendarza Nanka mnie wybrała jako Mirona. A tak to było zawsze: „Jacka, Julianny".

I kościoła Świętego Mirona Biskupa Męczennika bizantyjskiego (bo Jacek to polski, Odrowąż) nie było. Więc coś mnie poniosło, żeby na tą okazję wyjść i poleźć na górę. Tam. Niby. I polazłem. W nieco możliwszej chwili. I może te kulki to wtedy latały po Freta. Czy nie wtedy? A ja zbierałem z rozwalonej księgarni latające luźne kartki *Psychologii* Titchenera. Kulki wiuwały mi koło ucha lewego, prawego i tak się schylam siedemnaście razy, bo tyle nazbierałem podwójnych stron. Na lekturę do piwnicy. I była. 17 sierpnia — to wiem — wszedłem do kościoła Świętego Jacka. Stanąłem. Patrzę. Pusto. I już huki. Od pocisków. A kościoły, szczególnie te duże, są fatalne. Echo po nich niesie. Jak rzadko w czym. Więc huki i huki. Z tymi echami. Ale coś za bardzo. Już gdzieś echa za ścianą. Już walnęło obok. Już kościół się trzęsie. Kurzy. Nagle bryzg, jak się zaperzyło, jak przeleciało przez ścianę, w środek prezbiterium. I tyle że w górny gzyms, od razu dziura na wylot, osypka konsol, suchy smak w gębie. Wyleciałem. Bo co. A tu nagle słychać nakręcanie szafy:

kha... kha... kha
kha... kha... kha
kha... kha... kha

l już z tłumem jestem w bramie. Pan z teczką. Drzwi od apteki. Już z tłumem na schodach. Już nami zaczyna miotać, dmuchać. A że wlecieliśmy zamiast do dołu — na piętro, tym więcej strachu, kulenia się; nie wiadomo, co miotanie się własne, a co nami. Szafy (miotacze min) miały to do siebie, że nie tylko wyrywały, wychapywały po cztery piętra, wysoko, ale ogłupiały.

No to takie były te imieniny. Bo zaraz wróciłem. Na zacierki. Chyba mi jednak winszowała Mama Swena. Kręciła te zacierki. Jak wszystkie kobiety. Piwnice. Bez przerwy. Albo różańce. To i to — drobione. Podobna technika.

Chodziło się chyba sporo. Więcej, niż pamiętam. Nie to, że wszyscy. Swen mniej. Chociaż chodził. A Mama, Ciotka Uff., Zbyszek — wcale. Celinka, jak poszła pierwszego dnia do tego obwodu na Miodową, do tej pracy, a jakże, tak potem już nie. Nigdzie.

Więc dzięki lataniom poznaliśmy ze Swenem i drugi szlak na górę. Nowomiejski. Rybaki 23 (dom Leonarda, tego w okularach i w płaszczu, co stamtąd uciekł do nas, bo u nas beton). Od frontu. Do oficyny. Na drugie piętro. Przez podwórko z kocimi łbami. Do oficyny na wprost. Na drugie piętro. Było cztery. Wszystkich pięter. Więc na drugim piętrze przelatywało się przez sień, jak w Gdańskiej Piwnicy, i było się na parterze na skarpie. Coś w rodzaju dziedzińca, ogrodów. Do tego wiszących (tyły Sakramentek, ale i jeszcze coś). (Zresztą wyglądy i drzew, i budowanych rzeczy, czyli zwalanych, czyli zapylanych, były zmienione, i do tego wciąż dalej zmieniane). Więc — coś wiszące — bo leciało się pomostem — nad przepaściami skarpy Nowego Miasta. I z pomostu do dawnego (teraz czynnego znów) kościoła Świętego Benona, baroku, zmienionego za caratu na fabrykę noży Bieńkowskiego. W środku pamiętam i halowość, i kościelność, i wlecenie na galerię. Czyli chór. Coraz gorzej ten fabryko-kościół wyglądał, coraz połupańszy, w chudszych cegiełkach, suchszych, bo suchość, wszystko w tych łupaniach, paleniach i upałach było suche. A nic się nie gasiło, bo nie dawali, bo rozwalali znów, przepalali, więc bez celu, bo w kółko. Za Benonem-Bieńkowskim, już od góry, od Rynku Nowego Miasta, pamiętam suchą, długą, drzazgowatą i coraz bielszą (?) dechę, która tylko pod nogami łubudu. No wreszcie wlatywało się w te żelazne kraty, tą bramę kutą, co jest i dziś i kończy ten sam zasakramentkowy, dobenonowy zaułek. Tym zaułkiem wylatywało się już na sam Rynek Nowego Miasta. W najszerszym miejscu. Czyli po prawej. Za Sakramentkami ku odnodze na Pannę Marię i Kościelną (która znów zlatywała po drewnianych schodkach w dół, cięła Rybaki i szła aż do tych zasieków, do Wybrzeża. Do czołgu za ścianą). Miało się widok na cały Rynek. Zwężenie. W trójkąt. W lejek. U Freta róg Koźlej.

Dużo się chodziło, bo raz wtedy, kiedyś, ze Swenem, obaj poszliśmy, chyba specjalnie, do Katedry. Odwiedzić. Jeszcze raz. Zobaczyć się z nią. Dotknąć. To było potrzebne. U nas. Z tą Katedrą. Nic nie pamiętam z drogi. Tej i z powrotem. Na pewno biegłem. Chyłkiem. Szlak staromiejski. Dziura, piwnica, leżący, ranni:

— O Jezu...

Galeryjka. Balia. To prywatne coś. Baby. W murze. Do Dominikanów. Chyba. Mig: Mostowa — barykada — leżący — strzelający — widok — Praga (inne miasto?). Gdańska Piwnica. Stare mury. Czerwone. Rynek.

No, i wejście do Katedry.

Popołudnie. Upał. Jednak spokojniej. I ten tłok w środku. I to zapylenie. Podeszliśmy. Prezbiterium. I nie tłok od ludzi. A rzeźb, postaci, figur, świętych, biskupów, pozłacańców, infuł... Tłok... Tłum. Światłocień. Upał. Ale nieostry światłocień. Reszta ćmawa. Tam — na przodzie, w głębi, w dole (od drzwi) zapylenie. Podeszliśmy. Prezbiterium miało stalle. Po tej i po tej. No i ołtarz. I te katedralności. Fotele, trony, nalepy, narzuty, narośle. Stalle miały ciasno łeb w łeb — rzeźby, postacie. Ale wtedy to były i te dodane. Jak się okazało. Mało tego: zebrane, u drzwi, na posadzkach, zdaje się, po prostu oberwane, ocalałe, schronione się tu, zebrane w tłok, z różnych miejsc, już rąbniętych. Odpust wisiał w powietrzu. Zbiór. Czy obiór. Sąd, ostateczność. Jak się okazało. I to raz-dwa, w dwa, trzy dni.

Gazetka, zawsze biegiem. Ktoś wpada. Daje. Te łapią. Ta przełapuje. Te dalej. Te do ołtarza. Za świece. Tu Swen. Już ma. W rękach, w środku. Już otoczenie. Oblepienie!... Bomba. Ta dosłowna. Jako wiadomość:

— „Dziś o godzinie... została zbombardowana doszczętnie Katedra".

— O o o...

Pamiętam. To — o o o — szło przez wszystkie prycze, filary, sienie, schody.

— O o o...

Jak jeszcze stała, choć podszarpywana, mówiło się, że tam się tłukli ci z tymi. Że barykady z konfesjonałów i z cukru (w worach).

To tak jak z tą Mennicą. Ci tu — ci tu. Albo — gmach PAST-y — potem, w Śródmieściu. Szło plastrami. Piętro — ci. Piętro — ci. I to wszystko uparte, długie. Dni. Noce. A i tygodnie. Albo to, że w kościele Świętego Krzyża powstańcy na kościele. Niemcy na organach. Coś, że rzucali piszczałkami. Wyrywali. Czy że huczały. Same, piszczały, dmuchały. Albo te sprawy kanałów. Że na Żoliborzu to można wpaść w burzowiec, do Wisły. Porywa co i raz — tych, co idą. A na Mokotów trzeba nisko, garbić się. A z Czerniakowa idzie się chwilami prawie na klęczkach. W dodatku tam nawrzucali i gazów, i granaty. I zasieki we włazach. Zatyki.

To były te — nie mity — bo przecież żywe prawdy. Jak Bracka 18. Wpadli. Wyrżnęli. Wycofali się.

Światło. Jeszcze raz. Światło i woda.

Ze światłem i wodą będzie mi się nieraz jeszcze myliło. Światło i woda były jeszcze bardzo długo. Ale przecież zdarzały się co i raz uszkodzenia. Wtedy szły w ruch karbidówki.

Wspomniałem już o wychodkach, które były obok tej piwnicy od schodów. Wejściowej. Właściwie jeden wychodek. Taki duży. Z ilomaś ubikacjami do kucań. Właśnie tam pamiętam żarówki pod sufitem. Czyli to, że jeszcze były. I świeciły. I to, że drzwi poszły. No, choćby ta gruba z Towarowej, co spała na drzwiach od wychodka. Więc kabiny do kucań wszystkie bez drzwi. Pamiętam zawiasy. Wszędzie. Wychodki zawsze wszystkie były zajęte. Więc czekało się na swoją kolejkę. I rajcowało. To, że drzwi nie było, a tylko zawiasy, to nic. Nikt na nikogo nie zwracał uwagi. Ani się nie wstydził.

Niecierpliwości też nie było, bo niby komu dokąd miało się śpieszyć? Rajcowało się. Z tymi obok. Co czekali. Co robili kupę. Co już. Co jeszcze. Co dla towarzystwa. Co tak. Co siusiu. Co po drodze.

Jednego razu na przykład — to pamiętam — w nocy pod tymi żarówkami ja byłem przykucnięty w swojej kabinie bez drzwi, a obok była jedna starsza pani w białym płaszczu. Przez cały czas gadaliśmy ze sobą po sąsiedzku.

Zaczęło się źle. To nie to, że dopiero wtedy. (Bo ileś razy zaczynało się źle). Ale samopoczucie. Osaczenia. Tym razem narastające do niemożliwości. Oczywiście przyzwyczajenie, opanowanie, coraz większy sposób na sposób.

— Zdrowaś, Mario, łaskiś pełna, Pan z Tobą...

— Święta Mario, Matko Boża, módl się za nami grzesznymi teraz i w godzinę śmierci naszej, amen.

Pamiętam jaskrawą tożsamość „teraz" i „w godzinę śmierci", ile razy ją odczuwałem przy odmawianiach, a wciąż się odmawiało, słyszało, tu, obok, tu drugi raz, na spacerze, u tych obok, i obok dalej, i jak przejść dalej, i jak iść, jak coś tylko głośniej waliło, to to jak fala:

— Zdrowaś, Mario, łaskiś pełna...

— Teraz i w godzinę śmierci naszej, amen.

I odmawianie. To mało. Śpiewanie. To dopiero.

Pod Twoją obroonę
uuciekamy się...

Wychodziło się z piwnicy —

o Paaani

Do drugiej piwnicy —

Orędowniczko naasza,

Pośredniczko naasza,
Pocieszycielko nasza

Przechodzi się dalej —

O Paani

— bo to już inni — ci dopiero zaczęli.
Za zakrętem już są przy

Z Synem Twoim nas poojednaj

Nagle głośniej, bomby i

Najświętsze Serce Jezusa,
zmiłuj się nad nami,
Najświętsze Serce Jezusa,
zmiłuj się nad nami,
Najświętsze Serce Jezusa,
zmiłuj się nad nami.

Od ołtarzyka, klęczą:

— Za wszystkich tych, którzy zginą tej nocy, i za wszystkich zmarłych: Ojcze nasz... w niebie... Twoje... Twoje... ...Twoja... ...ziemi...

Walenie, latają ściany.

— I odpuść nam nasze winy, jako i my odpuszczamy naszym winowajcom...

Ta rzeczywistość — marniuchno — dymi — oczy wciąż trzeba wtykać w kołnierzyk — albo zatykać rękami — pył, gruzik, siwo, czerwono, sucho i gorąco w nosie, w zębach i na języku, oddychanie tym, upał, wszystko gryzie, pocenie się

Oooo Paaani oo Paani...

I nagle („Najświętsze Serce Jezusa”) liczenie
— raz dwa trzy cztery pięć (jest)

Oo Paaani

— O o
— Raz dwa trzy cztery pięć sześć siedem... (jest)

zmiłuj się nad nami

Coś się wali — —

Pocieszycielko nasza

— raz dwa trzy cztery pięć sześć siedem... osiem dziewięć dziesięć...

Niepokój się zaczął, to trzeba było spokoju. Śpiewanie. Błaganie. Stanie. Już bez ciskań się. Różańce. Zacierki. Jedzenie pod framugą. Bo się brało ze sobą. Bo co? Jak zasypie, to co? A jak nie, a tam zasypie michę, to szkoda, więc branie ze sobą i się je, bo się chce. Do żarcia też się sypie. Ale co robić. Trzeszczy. Suche. Się je. Trudno. Chyba że jak dużo. To się odtego, łyżką. I się je.

Zaczął się za to niepokój na temat, gdzie przebywać. W ogóle. U wszystkich. My też. Zaczęliśmy mieć potrzebę zmiany miejsca. Na razie małej. Potem to urosło. Pierwsza zmiana to był właśnie tunel. Ale w tunelu — jak już wspomniałem — było straszne trzaskanie drzwiami, od ludzkiego latania, od szaf, z tego przeciągi, wianie, z tego zimno. No i to, że po początkowym luzie znów tłok, bo się naszło takich amatorów jak my, z betami, a tam wąsko, do tego przejściowo, bo przypominam, że tunel łączył dwa bloki. I że szedł pod podwórzem. I wyobraziliśmy sobie, że bomba może przebić (kto wie, może bardzo cienką) warstwę ziemi i betonowy sufit. Więc wróciło się szybko do dużego czerwonego schronu, tego z kaplicą.

Mówiłem już chyba, że oprócz bloków A i B były jeszcze bloki dwa mniejsze. Bo pora tu ustalić. C i D. Szły bokiem — Kościelnej, od Rybaków do Wybrzeża Gdańskiego. Jakieś w nich trójkątne podwóreczko. A poza tym między blokiem B (tym naszym) a tamtymi C i D nie było luzu. Przyrastały do siebie. Tak że od piwnic tośmy nie rozróżniali. Były przejścia, piwnice, piwnice-przejścia-ciągi, piwnice duże, czyli schrony, i w którymś miejscu zejście po schodkach z betonu w piwnicę piwnic. Kotłownia. Drzwiczki. Podpodziemne pomieszczenie, żelaza, drągomierze, kotły, rury. I jeszcze dodatkowe obniżenie się, dół i tam taka kotłowniana sadzawka; a gdzieś obok właz do miejscowego kanału. Który był bardzo przez nas oglądany, brany pod uwagę, przymierzany do możliwości, obradzony, otoczony, nami, ludźmi, szczególnie mężczyźni, bo najwięcej my się baliśmy, a jeszcze młodzi do tego. Bo pierwsze — co rozwalali — to młodych.

Więc gdzieś tam w okolicy tego poplątania była odnoga w betonie, wszystko w betonie, szaro, twardo, sucho, szorstko, z tym, że jak w pralni harmider, latania, bety. Ta odnoga miała drzwi do tunelu. Wspomnianego. Tunel szedł sobie — długi, kichowaty, szary, żarówkowy. Aż do tych drzwi od bloku A. Przy których wtedy usadowiła się z betami na ścianie Trocińska. A potem my. I inni.

Wróciliśmy do naszego dużego schronu i zaraz myśleliśmy, do której innej piwnicy się przenieść. Czy? I kiedy? Jakie były tak zwane powody bezpośrednie i niezależne od tego, że się znało prawo wiercenia się i miało stosunek do siebie i względności przeprowadzań się? Czy bezpiecznościowe? Że jednak? Że ta piwnica ciut wystaje, ma za mało filarów? Czy jak? Tak. Coś z tego. Bo ta następna właśnie była, nie wiem, czy głębsza, ale więcej ofilarowana, betonowa, cała szara, szarociemna, bardzo stropowa, mniejsza, tak, jednak niżej stropy, i to był ważny powód. Była pod blokiem C czy D. Bliżej Kościelnej. No, ale ta stara, duża, wyższa, miała za ścianą Wybrzeże. Prawda. Pragę. Wisłę. Kanonierki. Cerkiew z niebieskimi hełmami (teraz złocone, ale poczerniałe). Te drzewa z zoo z hitlerowcami z lornetkami na gałęziach. Florian (święty) pseudogotyk, stał jeszcze wtedy. Moderne w kant wysokie wierzchy greckiego PKP z propylejami od Targowej (dotąd). Więc to było. A racja. „Czołg za ścianą... ćśś...” Żarty żartami. Ale to Wybrzeże było ich. Miało zasieki. Na nas. (My na nich barykady). Wisła. I reflektory. Lewe. Prawe. I po asfalcie, i po wodzie, i po niebie, i znów po asfalcie, po wodzie, po niebie — raz, dwa, trzy, i w kółko, raz, dwa, trzy, te z lewej raz, dwa, trzy — te z prawej od Kierbedzia, i znów te lewe od mostu kolejowego, młyn, młyn. (I prawda, że całość panoramy była w dwóch mostach. Dwie żelazne kraty przez Wisłę. Jeszcze stały. O! Służyły im. Prawy, Kierbedzia, ten co szedł od cerkwi, i lewy, kolejowy, obwodowy, co szedł od lewego końca zoo, ocierał się o Golędzinów — za Golędzinowem Żerań — do Cytadeli tu... Kolej szła nim wierzchem. Dwoma wierzchami. Bo to był taki dwumost. Na osobnych filarach. W samych kratach-klatach pod kolejami szły drugie — na takich belach szuru-buru, co skakały i kurzyły, bo drewno, fury...). No nic. Ileś jeszcze w schronie czerwonym, pierwotnym, tym pra, na prapryczach, z widokiem na pipiące świece ołtarzyka — potem tunel, wiania i przeciągi, obliczenia, powrót na prapryczce, ale już bliżej środka, czyli i ołtarza — i którego, to nie pamiętam, przeprowadzka. W drugi schron. Szary. Filarowy. Ciemniej, ciszej, ludzi mniej, w ogóle mało — na razie. Prycze? Chyba od razu tam były — tak — czy to system taki, że to jako gotowe? Coś z tego — chyba. Więc zaraz... 17 sierpnia... świętego Jacka i Mirona. Freta. Szafa. Ryms. W zacierki. Mama robiła zacierki.

W tunelu byliśmy po 18-ym, po 19-ym. Czyli 20 sierpnia najwcześniej była przeprowadzka. 26 sierpnia była wyprowadzka. A 23-go (bo chyba tak!) był dzień pamiętny. A siedzieliśmy tam kilka dobrych dni. Chyba na pewno jeszcze na dwa, trzy dni przed 23-im. Bo w pamięci to wygląda na kilka dobrych dni, te dwa dni. Prawie na tydzień. I nie tylko w pamięci. Bo i wtedy. Czas wtedy, w tym przednajgorszym okresie Rybaków, zaczął się liczyć jeszcze inaczej, szybciej. Schodził niby wolniej. Ale to tylko czasem. A i tak pozór. Zagęściło się.

Więc — dwudziesty dzień powstania. Jesteśmy w nowym schronie, pod filarami. W czasach wojny zawsze chyba jest nawrót do matriarchatu. A jeszcze ta wojna. A jeszcze to zejście w dół, pod Warszawę (w to mrowisko schronowe), to powstanie. To był nawrót — wybuch. Matriarchatu. Piwnicznego? Jaskiniowego? Co za różnica. Kupy ludzi. Rządzą matki. Siedzenie pod ziemią. Kryj się! Nie wychylaj się! Niebezpieczeństwo śmiertelne. Wciąż. Nawet jak się nie wychylać. I te radzenia sobie. Dobrze, że były wynalezione karbidy i karbidówki, i świece. No i te odarte kury z pierza, na pierzyny. Broń trochę lepsza od jaskiniowej. Ale niewiele. I niewiele tej broni. Dla wybranych. Zapasy żarcia. Z tym, że malały, do niknięcia. Bo i jakie to zapasy były. Zwierzyna? Tej nie było. Bo ta duża zjedzona już. A ta mała? Ktoś czasem miał coś swojego ulubionego, wziął to z sobą na dół i z tym siedział. Zwierzem. Ale rzadko. Szczególnie na Starówce. Albo mniej tu było w ogóle. Albo nie wzięli. Pod ziemię. Albo wzięli i poginęły im. Co nie uciekło, nie odfrunęło, nie spaliło się, nie padło, nie zdechło, to zostało upolowane. Koty znikły. Psy znikły. O fruwających mowy nie ma. Jedno co, to ten świerszcz w ścianie po ciemku. A potem we wrześniu — wszy.

Więc schron pod filarami. Najpierw normalny tłok. Czyli luźno. Jedna para. Ją pamiętam. Młoda. Jak energicznie potrząsała karbidówką. Z Zakroczymskiej.

— Trzy razy gruzy bombardowali...

Zdziwiłem się strasznie. Bo zaczęła się rozmowa właśnie od tego, że mówiłem, że gruzów chyba tak specjalnie nie bombardują. Więc teraz nie chciało mi się wierzyć. A to tylko dlatego, że zaczęło się liczyć na gruzy jako na miejsce bezpieczniejsze. A tu masz ci los.

— Oczywiście, że gruzy bombardują. I to specjalnie.

Tu właśnie mylą się te sprawy ze światłem. Bo niby było. A pamiętam ją, jak często potrząsała karbidówką. Była krótko ostrzyżona. Wciąż w ruchu. Na siedząco też w ruchu. Kiedy tylko karbidówka przygasła, łapała ją, i chrobot! chro-bot! I „psss" — płomień znów był duży.

Poza tym w schronie pod filarami nic nowego. Świta. Upał. Pali się. Sakramentki. Bo jeszcze wciąż się paliły. Prawie cały czas. I stąd dym leci. Z wysoka. Znad skarpy. I z dołu. I tam coś. I tam. I zaraz:

— Już są — bo już było słychać zlatujące na nas samoloty. Zaraz, pewnie pierwszego dnia, pod filarami, pamiętam, w szarym świetle z okienka ławkę pod ścianą. Zaczęli się schodzić ze zbombardowanych domów. Obdarci. Głodni. Z czymś w ręku ledwie albo bez niczego.

— Jestem taka głodna — mówi jedna młoda.

— Ma pani — przerywa jedzenie zupy na tej właśnie ławce jeden starszy pan; a jak już zaczęła jeść, to powiedział: — Ja nic nie jadłem przez dwa dni, ale wytrzymam.

W nocy szalały pociski i szafy. A jednak noce były lepsze. Bo bez bomb. W nocy najwięcej było akcji. Takich dla cywilów. Na ochotnika. Tylko w nocy dało się teraz przesunąć barykadę. Bo właśnie o to chodziło. Raz. Pamiętam. Widocznie straciliśmy kawałek terenu. A może tylko taktyka. Bo trzeba było przenieść barykadę o ileś metrów. W naszą stronę. Na Rybakach. Już niedaleko przed Wytwórnią. Zbiórka. Ochotników. O pierwszej czy o drugiej. Sporo nas. Dwudziestu paru chyba. Łopaty. Kilofy. Łomy. Wszystko rozdane. Ruszamy. Cieplunio. Nawet w tym momencie cicho. Aż gwiazdy, wydaje mi się. Ale gdzie tam gwiazdy! Na pewno zasłonięte dymami. Prowadzi nas porucznik. Porucznik? Czyżby? Tak mi się powiedziało. Porucznik w czasie powstania to była figura. Więc to był chyba ktoś taki jak kapral. Czy osoba cywilno-dyżurno-półwojskowa w ogóle. (Nie chcę tu wchodzić w sprawy organizacji wojskowej, ale warto przypomnieć, że wszystkich powstańców było w Warszawie pięćdziesiąt pięć tysięcy).

Więc szliśmy. Nasz blok, ten B z tym C i D, sztachety naprzeciw, skarpa z Sakramentkami i murem. Barykada. Przecięcie Rybaków z Kościelną. Znów barykada. Różne rowy. Od Wybrzeża składy, ale i coś mieszkalnego. Rybaki całe krzywe, załomy, nierówność szerokości. Kocie łby. Na lewo skarpa, nad murkami, murami, gruzami. (Racja — gruzy!...) Na skarpie, na górze za kopułą Sakramentek, Panna Maria. Gotycka. Z osobną wieżą. Z boku zawiewa Wisła. Zresztą te młyny reflektorowe. Pod nogami coraz to inaczej. Nagle sucha trawa. Albo zwały ziemi. Czy kupy czegoś nieokreślonego. Potem pamiętam na pewno już tylko te kocie łby. I to, że było widać troszeczkę niskie zabudowania na Rybakach. I tą barykadę. Którą trzeba było właśnie cofnąć. No i nagle ta cisza. Która była i była. Tak, że aż zaczęliśmy się bardzo bać.

— Cśśś... bo Niemcy...

— Ćśśś... bo usłyszą jeszcze...

Dochodzimy do celu. Wszystko idzie w ruch. Za barykadą był jeszcze kawałek Rybaków. I wylot. Chyba zniżająca się jezdnia. Przeprowadzanie się z barykadą było dosłowne. Płyta po płycie. Każdy kawał bruczku. Szyna po szynie. (Chyba tych narzędzi, które wymieniłem, nie rozdawali do tego; pomyliłem to z inną akcją nocną). Noc nie była za długa. W każdej chwili mogło wybuchnąć nie wiadomo co. Cisza coraz bardziej robiła się podejrzana. Więc tempo. Tempo. Ruch. A dużo rzeczy ciężkich i brzęczących. Dużo — to pamiętam — blachy. A blacha robi echo. Dużo uwijania się, ludzi, dźwigania kłusem i latania po następne, i znów. To wciąż wszyscy, jedni po drugich, w tym lataniu z dźwiganiem i mijaniem się, w tym chybciku, tylko siebie ciszyli:

— Ćśśśśś...

A przecież przy tylu ludziach i rzeczach coś musiało się gubić. Bo jeszcze ten pośpiech. Więc układanie podobne do rzucania. Tyle że podobnego do przykładania. Ale tyle tego!

— Ćśśśśś...

Lataliśmy z tym od starej barykady (coraz mniejszej, znikającej) w głąb Rybaków, do nowej barykady, coraz większej. Mijając kamienice od Wisły. A drewniak od skarpy. I chyba od skarpy też kamienicę. Naraz ktoś — chyba nie ja? — upuścił blachę. Na te kocie łby. Huk. Brzęk. Potworne echo. W tej chwili wszystko, i to tło z kompletnej ciszy, i to ciepło (sierpniowe) wydało nam się tak podejrzane, że zamarliśmy. I nie wiem, czy to naprawdę to. Ale zaraz zaleciał nad nas ogień. Taki żywy. Z wyciem. I trzasnął gdzieś. Blisko. To pocisk.

Potem drugi. Z wyciem. Jak kometa. I prask! Od mostu Kierbedzia. I trzeci: ogień — wycie — prask! Ogień — wycie — prask! — z naprzeciwka, od Gdańskiego, nagle. I drugi od Gdańskiego. I nowy od Kierbedzia. I od Gdańskiego. I od Kierbedzia. I prask! prask! Naraz. W dwa ognie nas wzięli. Dosłowne. Barykadę prawie skończyliśmy i tak. A i tak, jakby nie, toby nie dało rady długo. Chyba i od trzeciej strony. Zaczęli. Z Wisły czy z zoo. Wiem, że tylko te ognie z różnych stron. Mijanki. Krzyżówki. Czerwone.

Nie od razu się spostrzegłem. Co robić? I co inni? Jakoś zaczęli znikać. Trzeba zniknąć. Ale jak? Gdzie wpaść? Wpadam pod mur. Żadna osłona. Wpadam w bramę tej kamienicy od Wisły. Właśnie była od Wisły. Od całej Pragi. Nie wiem, czy miała podwórze. Czy jak to się zwało. Wiem, że nic nie miała. Tylko Wisłę, Pragę, pociski i huki z echem. Ktoś jeszcze koło mnie. Ile tam można było być, stać? Raz, dwa, w minutę wyskoczyłem. I pod mur. I do bruku. Patrzę... to znaczy raczej czuję: nagle zbawienie — okieneczko do piwniczki. Jak kot spłaszczyłem się. Siup. W dół. Ktoś za mną. Też jak kot. I jeszcze ktoś. Ze środka zawiało ciepełkiem. I gadaniną:

— Ru-ru-ru — wpadłem w zbitą kupę ludzką, w ciasnotkę, chłop przy chłopie. Bo to ci — my, od barykady. Z czymś, z łopatami (właśnie, pamiętam łopaty)... Ale jak tu było ciasno. A żadnego nic innego, wyjścia, dziury, zapasiku zakamarkowego. Tylko kocie okienko w górze i to miejsconko. Ciepełko.

Tyle bycia, co smrodku i strachu. I zbijania się w kocią zaradność. Prawie miejsca na pięć worków kartofli. Ktoś co i raz jeszcze doszlusowywał, z okienka. Z naszych, z tej resztki. Szus! i jest. I coraz ciaśniej. Że ani nogi, ani ręki ruszyć. Więc się nie ruszyło. Zresztą i tak szczęście — być tu. A za to co tam, o ten skok kota z ulicy. Co się działo. Brysk! W naszą barykadę. Coś się roztego. Brysk. W bruk! Tu zaraz. Brysk w drewniak! Płomienie. Wysokie. Przez chwilę. I już się zniżały. Drewniak się dopalał.

Ileśmy tam siedzieli? I długo, i jednak nie do rana. Za ciemka jeszcze zaczęło się uspokajać. Szybko. I ustało. Wylecieliśmy. Narzędzia w garść. Co nie — pozbierać. Co jeszcze, nie pamiętam. Tylko że szybko. Kocie łby. To niebo. Sierpień. Pod pachą coś (łopata?). Kościelna. Róg. Przy barykadzie... tej tu... cisza — tylko para — on i ona — powstaniec i powstańczyni — siedzą z boku barykady — na dyżurze. I rajcują. Jakby nic innego nie było, nie miało być. Tylko ciepło. Siedzi się. Barykada jak bok mebla. I rajce. To, że byłem szczęśliwy, że wracałem, to też pamiętam.

Rano — od początku: słońce, upał, dymy, samoloty, bombardowanie, pali się. Ciągle przypominam. Jeżeli kto chce sobie wyobrazić trzy niszczenia Warszawy, wrzesień 1939, powstanie w getcie od 19 kwietnia gdzieś do 20 maja, i powstanie warszawskie 1944, to wszystkie były właśnie w tych słońcach, upałach, paleniach, samolotach. Upały, to słońce i niebieskie niebo zmaglowane z pożarami, dymem, hukiem, zasypaniem, to jeszcze dodawało temu, w co i tak trudno było wierzyć, chociaż było, czegoś egzotycznego. Czyli dodatkowego trojenia się w głowie.

Więc — od rana to. To już były te dni, kiedy co godzinę, co pół godziny coś się zawalało koło nas, bliżej, dalej, wyżej, zasypywało. Część się ratowała, jak mogła. Jedni drugich, jak mogli, odgrzebywali. Co pewien czas do naszych schronów wchodzili nowi ludzie. Osypani jeszcze tynkiem, z tobołkami, bez tobołków, bez niczego, z dziećmi, z rodzinami, samotni.

Wchodzili. Wlatywali. Przyjmowało się wszystkich. To było oczywiste. Coraz ciaśniejsze ławko-prycze. Szare światło z okienka. Jeszcze luźno. Potem wchodzą, coraz nowi i nowi. Po ileś razy na dzień. Już zbombardowane Rybaki 23, to przejście. Już Mostowa ileś. Już Kościelna ileś. Już Rybaki za Kościelną. Już Boleść.

W pewnej chwili weszły właśnie te cztery pokolenia zbombardowanych. Lusia Romanowska z Mareczkiem, jej matka — pani Rymińska, i ciotka pani Rymińskiej — ciocia Zosia, w czarnym kapeluszu, w czarnym płaszczu, z ciemną laską.

— Dzień dobry... czy można...

— Tak. Prosimy. Oczywiście. Skąd jesteście? Tu jest miejsce. Proszę.

— Z Kościelnej 2. Teraz nas zbombardowali. Dobrze, że żyjemy.

Zrobiliśmy im miejsce blisko siebie. My — cała szóstka — z kuchenką z trzech cegieł pod filarem. One usiadły na ławie chyba. Mareczek miał ze trzy–cztery lata. Ciocia Zosia przyszła do Lusi w goście akurat 1 sierpnia. Lusia była literatką. Od razu żeśmy się zaprzyjaźnili. Zaczęły się gadania, gadania. Tylko że nowe bomby. Nowe:

— Raz, dwa, trzy, cztery...

Nowi zasypani. I ci ocaleni, co wchodzili:

— Można?

— Tak, skąd jesteście?

Siadali. Opowiadali.

Cały nasz schron pod filarami żył ze sobą w wielkiej przyjaźni. Nie było tutaj ani jednej kłótni, sprzeczki. Zresztą i w tamtych schronach też nie było źle. Schrony były coraz lepsze dla siebie. I było coraz gorzej.

Nie pamiętam daty. 23 czy 24 sierpnia? Po południu. Tego dnia dużo razy staliśmy. Był jakiś instynkt, żeby podczas bombardowania stać. Nie siedzieć. Może nie wysiedziałoby się. A może to, że przy filarach, bo stawaliśmy dokoła filarów. Przy filarach niby ten jeden procencik szansy więcej.

W ostatecznych sytuacjach. Tak jak mój Ojciec — jak raz — w tym samym czasie — wpadł do piwnicy gdzieś między Marszałkowską a Zielną, rąbnęło obok, przebiło piwnicę i zaczęło ukosem ich zasypywać. Wszyscy wtedy stali w miejscu i tylko trzymali sobie rękami głowy. Żeby jeszcze — jak cegła nawet spadnie — to jeszcze dać sobie szansę. I jakoś ocaleli. Ci. Tych obok zaraz zaczęli jacyś inni odgrzebywać.

Więc to było popołudnie. Staliśmy pod filarami już chyba dosyć długo. Bo samoloty zlatywały jedne za drugimi. I waliły. I następne. I bomby. Nie wiedzieliśmy, co się dzieje w naszych blokach. W co już tam trafili. Co przebite. Chyba to wtedy zasypało w bloku A, od Rybaków. Wiem, że nie było ani śpiewów — wtedy. Ani liczenia „raz, dwa". Mama Swena oparta głową o filar, koło mnie, modliła się po cichu. Albo tak, że prawie się nie widziało. Światło wtedy się paliło — to pamiętam. Tak, to na pewno wtedy przebiło blok A. Bo samoloty wciąż zlatywały. Z wyciem. Potem to wycie bomby. Jednej, drugiej. I waliło się. Coś się obrywało. Coraz bliżej. To wtedy — prawie w nasz schron — przy ostatnim filarze chyba, pod żarówką — stanęła nagle kobiecina w jasnym, takim zwykłym płaszczu. Nie znał jej nikt. I nagle w tej ciszy zaczęła mówić:

— Ludzie, módlmy się, przetrwamy. Ludzie, módlmy się do świętego Krzysztofa — wyjęła szybko z torebki obrazek. Znów coś osypało się. I znów wj-j-j-u-u.

Podniosła obrazek do góry.

— Ludzie, święty Krzysztof nas z tej toni wyprowadzi.

Nowe samoloty.

Kobieta w płaszczu zaczęła mówić, monotonnie, ale tak, że dochodziło do mnie każde słowo, z całym sensem:

> Kto się w opiekę odda Panu swemu,
> a całym sercem szczerze ufa Jemu,
> śmiele rzec może: mam obrońcę Boga,
> nie przyjdzie na mnie żadna straszna trwoga.

Swen ukucnął. Obok mnie. Pod filarem. Wycie. I wtedy usłyszeliśmy, że trafiło w nas. Huk. Zgasło światło. Coś drgnęło. Zaczęło się trząść nad nami. I sklepienie drugiego piętra oberwało się na pierwsze.

On ciebie z łowczych obierzy wyzuje
i w zaraźliwym powietrzu ratuje,
w cieniu swych skrzydeł zachowa cię wiecznie,
pod jego pióry uleżysz bezpiecznie.

Coś szumiało. Osypywało się jeszcze.
Tylko cały czas kobieta w płaszczu mówiła:

Aniołom swoim każe cię pilnować,
gdziekolwiek stąpniesz, będą cię piastować...

Nad nami coś się posypało.
Chwila przerwy.

Na rękach nosić, abyś idąc drogą
na ostry krzemień nie ugodził nogą...

Chyba w tym miejscu urwała.
Znów zaczął się dygot. Osuwanie się z szumem. Coraz większym. Swen ściskał mnie ręką za kolano. Ja wciskałem w siebie oczy i wtulałem w kołnierz głowę: „Więc już? to już? tak, trudno, tylko czy ściśnie od głowy? do nóg? spłaszczy? i żeby tylko prędko". Dwa sklepienia razem runęły z pierwszego piętra na parter, więc teraz my. Swen wciskał głowę gdzieś pod moje kolano. Matka Swena stała bez zmiany. Było cichutko. Była kompletna cisza. Tylko coś szumiało, osypywało się, jeszcze osypało się, osypało...
Było czarno, z tym, że się kłębiło.
Nagle... zrozumieliśmy, że nas nie zmiażdży. I dopiero wtedy ludzie zaczęli się krztusić, dusić, kasłać, ktoś krzyknął:

— Drzwi! są drzwi?!

— Drzwi! zobaczcie! czy nas nie zasypało? drzwi!

— Zapałki! kto ma zapałki?

— Drzwi?! chyba zasypało! okienko zasypało! zapałki!

Zbyszek, kaszląc, zapalił pierwszy zapałkę:

— Nic nie widać...

Drugą, podchodzi:

— Nie, chyba nie ma drzwi — zasypało! Nie! są! są! otwierają się... w porządku, w porządku...

Zbombardowany blok A od strony Rybaków oglądaliśmy chyba dopiero na drugi dzień. Ze Swenem. Tego, co było po zbombardowaniu nad nami, nikt nie szedł oglądać. Na drugi dzień też nie. Nikt nie był ciekaw. Aż mnie to dziwiło. Ze światłem było chyba niewyraźnie, choć pewnie jeszcze było. Tam, gdzie nie były przerwane przewody. Ale pamiętam wyraźnie, jak na ten drugi dzień powiedzieli, że na parterze czynne są prysznice. Z zimną wodą. Trudno było wymagać ciepłej. Swen jednak nie miał chęci na zimną wodę. Ja też jestem zmarźlak. Ale było gorąco. I poza tym uważałem, że te czynne prysznice — po takim czymś — są może ostatnią okazją do wykąpania się — w jakiejś spokojnej porze — po nalotach — na drugi dzień — pod wieczór — bo przecież te prysznice były gdzieś nad nami, a pod nami — wiadomo co? — więc jak to właściwie wygląda?

Okrążyłem korytarz, schody, wyjście i stanąłem przed naszym parterem od podwórza, tego drugiego. Nawet wszedłem na ten parter. Bo dało się. Przecież te prysznice tam naprawdę były. I były czynne. Nawet chyba i kabiny. I można było — bo nikt tak się do tych myć nie pchał — swobodnie rozebrać się do naga i pokąpać. A jak wyglądała reszta? Reszta — to były te dwa sklepienia oberwane, zlepione w jeden betonowy grzyb, który zlepiał się dalej z resztą parteru — nasz schron był właśnie tam, gdzie się kończyła jama z prysznicami, a zaczynało oklapywanie grzyba i przyrastanie do parteru.

Tego właśnie dnia, drugiego po zbombardowaniu i po dalszych bombardowaniach od rana do wieczora, po mojej kąpieli, wieczorem, jak się uspokoiło, przynajmniej od bomb, przybiegł do nas ksiądz. Nie tylko do nas. Bo i do innych schronów. I nie pierwszy ksiądz. I nie pierwszy raz. Przybiegł, żeby każdemu schronowi udzielić tak zwanych ostatnich sakramentów. Przybiegł tak, jak stał. Nie miał ze sobą nic. Żadnych sakramentów, żadnych komunikantów (opłatków), naczyń. Nic. Po prostu na Starym Mieście było już tak źle, że nawet nie było opłatków do komunii. Wszystko było już wyczerpane albo przysypane. Piszę o tym, bo to też jest jedno z tych ważnych wspomnień. Wiadomo, jak zawsze, w najgorsze czasy, kościoły są zaopatrzone w te opłatki do komunii i jak o to dbają. To jest rzecz, której nigdy nie braknie! Kiedyś na lekcji religii uczyłem się o „komunii świętej z pragnienia". Wtedy, kiedy opłatków nie ma, a chce się przyjąć.

Pamiętam, że paliło się wtedy światło elektryczne — i czy to była nasza piwnica, czy obok. Było w niej pełno ludzi. Chyba nasza. Bo ksiądz miał blisko głowy żarówkę i strop. Było ogromne przygnębienie. I skupienie. Ksiądz powiedział:

— Teraz odmówimy wszyscy razem na głos *Spowiedź powszechną*. „Spowiadam się Panu Bogu Wszechmogącemu w Trójcy Świętej Jedynemu, żem zgrzeszył myślą, mową i uczynkiem — moja wina, moja wina, moja bardzo wielka wina".

— A teraz — powiedział ksiądz po tamtym odmówieniu chórem — przyjmiemy wszyscy komunię świętą z pragnienia. — Tu krótka modlitwa. Cisza. Wszyscy pochylili głowy. I już.

Ksiądz przeszedł do następnej piwnicy.

Czy na noc, czy rano przenieśliśmy się do dużego schronu, do tego starego. Jeszcze raz. W tamtej piwnicy, pod filarami, było nam za bardzo strasznie. Ale i tu — w tej starej — było strasznie. Oglądaliśmy już przedtem te wejścia, zejścia w nasz kanalik. Ale — dokąd on prowadził? Myśleliśmy o kanałach prawdziwych. Do Śródmieścia. Ale podobno tłumy czekały na wejście. A na wejście trzeba było mieć przepustki. A do przepustek były tłumy.

Baliśmy się wejścia Niemców. Baliśmy się tych cieni hełmów. Przeważnie pod wieczór. Czy w nocy. Patrzyliśmy ze Swenem nieraz na sufit: czy już nie schodzą, w każdej chwili mogli wylecieć zza czołgów. Czołgi teraz naprawdę podjeżdżały. I od Wybrzeża. I od Kościelnej. Powstańcy rozmieszczali się tylko po okienkach. I schyleni we framudze czekali nieraz godzinami. Z granatem. Albo z butelką.

Myślałem wtedy o tych filarach. Że w razie jak zaczną schodzić (Niemcy) i rzucać granaty, to te filary zawsze jakaś ochrona. Na pierwszy rzut przynajmniej. Później — nie wiadomo co — każą wychodzić — rozbierać barykady — pognają przed czołgami — bo wciąż to robili. Przecież Róża Ad. z Basią została tu i była gnana przed czołgiem. Podobno przedtem, w tej piwnicy jeszcze, mówiła do Basi:

— Nie płacz, i tak nie przeżyjemy.

Więc wciąż człowiek, razem z innymi ludźmi, kombinował: co teraz zrobić? Ciotkę Uff. i Mamę Swena już kilka razy gnali, żeby stąd wyjść. I dwa razy już się zbierali. Na górne Stare Miasto. Tylko za obydwoma razami ja gdzieś byłem. Po coś. Raz na akcji — pamiętam. I dwa razy — jednak — czekali na mnie — a jak przychodziłem, to był taki obstrzał, nalot albo w ogóle jakieś piekło, że odkładało się to wyjście. Ale chyba 25 sierpnia byliśmy już bardzo naszykowani. I mieliśmy dosyć Rybaków. Wisły. Tych bloków. My. Lusia z Mareczkiem i matką. Bo ciocia Zosia powiedziała, żebyśmy szli, ona tu zostanie. I Ad. się wybierali z nami. Była sprawa: gdzie iść?

— Do Sakramentek.

Ustalaliśmy na zmianę:

— Do Sakramentek.

— Do Sakramentek.

Sakramentki prawie się w całości już spaliły. Ale sam kościół jeszcze stał. Nie wiem, w jakim stanie. Wydaje mi się, nadrąbany. Ale że w zasadzie stał. Czy z kopułą? Nie pamiętam. W tych czasach mówienie o czymś, że „stoi", mogło być tak względne, że po prostu nie wiem. Ale gdzie, jak nie do nich? Na całym obszarze naszej dzielnicy zostały jeszcze — tak jak mówili wszyscy — tylko dwa adresy: Hipoteczna 5 i Krzywa Latarnia (Podwale), więc braliśmy pod uwagę te dwa ocalałe domy. Ale skoro tylko te dwa stały, to jaki tam tłok.

Lusia mówiła:

— Najlepiej byłoby na Hipoteczną 5. Mam tam znajomą.

Ale znowu — dodatkowa przeszkoda — Hipoteczna 5 była daleko.

No, ale — tu zostać — niemożliwe. Bloki są na wykończeniu. I lada moment Niemcy tu wejdą. Jak nic.

— A w gruzach?

— Właśnie! W gruzach.

To też już padało nie pierwszy raz, ten pomysł.

— Kiedy gruzy też bombardują.

— Może jednak nie tak bombardują jak tu, nie celują.

— Tak, ale za to w gruzach jak przebije, to już klapa, bo albo jedno sklepienie, albo wcale...

No i tak w kółko. Zawsze coś się nie zgadzało. Ale myśmy czuli, że musimy stąd wyjść.

Dzień 25 sierpnia na pewno był straszny, skoro chyba już wieczorem ustaliliśmy, że o świcie wychodzimy. Bo przejście na Nowe Miasto i na Stare Miasto już spalone, zbombardowane. I do Sakramentek trzeba się wdrapywać po skarpie. Czyli po otwartej „patelni". Pod obstrzał.

W nocy wpadli powstańcy.

— Kto pójdzie kopać okopy?

Wstało iluś. Ja też.

— Tylko wracaj przed dniem — mówił Swen.

Dali nam po łopacie, kilofie. I biegiem na ulicę. Po cichu. Ciepło. Tylko wiem, że Rybaki, czyli tak zwane ulice, bo i Kościelna, i skrzyżowanie — bardzo się już wtedy odmieniły.

W ogóle były niepodobne ani do siebie, ani do ulicy. Ani do skrzyżowania.

Zapanowały inne układy.

Góry. Rowy. Barykado-ściany. Gruzo-barykady. Coś raczej w poprzek. I na głęboko.

Mówię o zmianach na tak zwany niuch, dotyk: od dreptania, wyciągania rąk i wpadania kaszy gruzowej i dymu w dech; w ogóle coś w sylwecie — bo przecież to noc.

Jak się unosiło tamto całe górne, znaczy: po górze, góra i to, co na górze: Nowe Miasto Starego Miasta? Może lepiej: jak wisiało? samo w sobie i nad sobą? przepalane żywymi ogniami? dymione? pylone? bite? huczne? tłuczone?

Sakramentki się paliły od góry do dołu, od lewa do prawej. I tłukły. Jeszcze w lewo — Dominikany, też się tłukły, kotłowały, piekły. Też do dołu. Mostowa? Chyba szkoda mówić. Nie widziałem (noc, te zmiany, tempo przekopków, bo jużeśmy przekopywali okopki). I z takiego oddalenia. Na pewno szarpanka. No pewnie. Racja. Że nie było już adresu. Domu. Znaczy. To, co niżej szło, i w naszym dolnym mieście — nie do pozbierania — co tu zbierać — nawracać na układ, jaki był — jak nic już nie było. Twierdza — bloki, te od nas, twarde, szarpane i po ciemku. Mennicę, czyli Wytwórnię, to się jeszcze widywało. I teraz. I stąd. Duże. Szare. Fortecowe. Fortepianowe — takie rozstawne, podparte ukosem i bum! dźwiękowe. Były jeszcze tłuczki, skorupy, między nią a Panną Marią. O! Panna Maria — ta nad Kościelną. Na wysokości. Czerwona. To na rozum. Nie na noc. Co do cegły. Bo pożar. To nie pamiętam, czy wtedy. Gotycka. Z wieżą. Stara. Zrośnięta. I z nią my. I te pra-my. Straszne. Że tu też nawalało. Jeszcze jak nawalało. Waliło. Zwalało. Nazwalało. To to.

Nic. Robotęśmy w miejskiej, twardej ziemi, z przewodami, gdzie tknąć, i to ile, odwalili. Blisko. I wio! No, pewnie, że to trwało troszeńkę.

Aleśmy tymi rowkami skakali, szli chyłkiem, wracali. Łopaty, kilofy — zwrot. Szybko. Mój labirynt. Mój schron. Moi na nogach, z tobołami.

— Idziemy?
— Idziemy.

Każdy coś bierze. Ruszamy całą kupą. Bo i Ad-scy. Lusia z panią Rymińską i Mareczkiem. Pożegnanie. Przykre. Z ciocią Zosią. Świtało. I właśnie o to chodziło, żeby wyjść, zanim zacznie się dzień. A jednak coś się zabałaganiło. Czy za długo coś się pakowało, czy tamci wcześniej zaczęli. Bo już był obstrzał. U samego wyjścia był jeszcze krótki namysł, czy przeczekać chwilę. Ale większość chyba pokrzykiwała, że nie ma co. Bo z każdą chwilą będzie gorzej. Zresztą zaczęli niektórzy już wylatywać, jednocześnie zaczęły walić pociski, i od razu zaczął się bałagan. Na Rybakach było już widno. Kilka postaci leciało zgiętych pod tobołami. Ja miałem na plecach pełno sucharów w kocu. Szliśmy do tej bramy Dominikanów z monstrancją, żeby klasztornymi ogrodami dostać się po skarpie na górę, bo Rybaki 23 były już zawalone.

Po chwili ciszy zaczęło znów walić. Popłoch. Pan Ad. z podwiniętymi spodniami leciał na samym przedzie z teczką. Pani Róża Ad. z Basią na ręku leciała za nim i wołała, żeby poczekał, ale znów walnął pocisk i pan Ad. zwiększył trucht. Wobec tego pani Róża z Basią wróciła się. Za panem Ad. leciała teraz Lusia z Mareczkiem, też coraz szybciej. Jej matka (pani Rymińska) chciała za nimi nadążyć, ale nie mogła. Już wymijali ją Ciotka Uff. ze Zbyszkiem. Pani Rymińska wołała:

— Poczekaj... poczekaj...

Minęła ją reszta naszych, a ona wciąż wołała:

— Poczekaj!

Zrobiło mi się głupio i wróciłem się. Tych ileś kroków. Zacząłem ją podprowadzać. Pod rękę. Bo pełno było pod nogami gruzów. I się potykała. Jak szliśmy za wolno, a tamci za prędko, to najpierw podciągałem ją. Żeby szybciej. Potem podlatywałem do tamtych. Żeby wolniej. Ale był już obstrzał. Rozhukał się. Na dobre. I niewiele pomagało wołać. Więc znów wracałem po panią Rymińską. I znów wylatywałem.

Żeby zachować niby jakąś łączność. Pan Ad. był coraz dalej. I wyżej. Na skarpie. Leciał po tych gruzach. Spodnie zawinięte. Potem po tej trawie. Z cegłami. Z tynkiem. Kurczył się. I leciał. Kiedy tak naprawdę dokładnie wróciła się Róża z Basią na ręku — nie mogę już ustalić. Odwracałem się, oglądałem. Podlatywałem. Nawoływałem. Widocznie ten instynkt stadny (we mnie). Poza tym — ja latałem w ogóle. Dużo. Po ulicach. A oni nie. I oni się bali. Bo nie przywykli. Do tych pocisków i kulek. A to naprawdę sprawa przyzwyczajenia.

Więc Róża z Basią odpadły. A cała reszta — coraz więcej chyba rozciągnięta — szła — już za tą bramą z monstrancją, ogrodami klasztornymi, coraz wyżej, ukosem. Po trawie. Ziemi. Kawałkiem czegoś. Czasem drzewo. To dobrze. Na oko. Jako osłonka. Bo szliśmy na Nowe Miasto. I było coraz gorzej. Czym więcej na prawo. I czym wyżej. Szli jeszcze jacyś inni ludzie. Dużo. Zresztą szli z góry na dół też. Mijali nas. Szła jeszcze z nami ta gruba kobita. Z Towarowej. Co spała na tych drzwiach od ubikacji. Coś miała przywiązane do pleców. Pod szyję. Chyba. Bo szła od niesienia czegoś schylona.

Zaczęło hukać i od Żerania. Od tamtych. Zza Wisły. Front. I to hukanie narastało. I to niemieckie. Też. I kulki. Koło nas. Coraz gęściej. Czyli chyba w nas (miały być). Robiło się gorąco. Biło w oczy. Bo już to słońce. Pani Rymińska jakoś weszła w tempo. Nie wiem, ile czasu szliśmy. Pod górę. Ukosem. Zaczęliśmy się drapać pod Sakramentki. Znaczy: pod Benona-Bieńkowskiego. Który był już w gruzach, też, ale jakoś jeszcze niby stał. Ale byliśmy dopiero pod nim. Już nad Rybakami, nad kamienicą numer 23 w gruzach hen w dole. Ale do Benona jeszcze było wysoko. Wleźliśmy na najgorszy obszar. Najtrudniejszy do iścia. Spadzisty. I najwięcej obstrzeliwany. Łapaliśmy się chyba za gałęzie, za trawy, żeby robić krok wyżej. I wyżej. Za byle co. Bo kulki wiu! i wiu! W te gałęzie. W te trawki. W nas jakoś nie. Ale to nie było takie pewne. Więc gałązki i trawki były szare. I tryskały. Coraz. Kulkami. Pociski też. No i ten front. Grzmot za grzmotem.

W tym wdrapywaniu się po trawkach coś mi się rozluźnia na szyi, zsuwa z pleców, i... leci koc z sucharami, spada... niżej... suchary się rozpryskują, gdzie się da. Natychmiast zaczynam łapać te najbliższe. I do koca. Równo z rozpaczą. Jedna garść. Druga. Trzecia. Ale reszta — i niżej, i w trawie, i z osobna. Moi już od iluś tam sekund drą się na mnie, prawie pchają, nie dają.

— Zostaw to, zostaw to!

— Widzisz, co się dzieje!

— Miron, Mirek, Miron!

Ja nic. Przecież głód. Każda garść sucharów to życie na dzień.

— Miron! Zostaw to!

— Miron!

— Miron! Chodź!

Wołali wszyscy. Ciotka Uff. Zbyszek. Swen. Celina. Swen bardzo krzyczał.

— Miron! Miron!

Mam te głosy do dziś. W uszach, jak żywe. Czekają. Trochę idą. Prawie wracają. Stają nade mną. Z tymi tobołkami. Garbaci. Bo wciąż bzyka i bzyka. I wali. A tu każdy suchar. A tu ile ich w trawie. Trawa gęsta. Zbieram, piorunem. Ale...

— Miron! Miron!

Ci, co byli niżej, podeszli już nade mnie. Jacyś inni ludzie. Nadchodzą. Podchodzą. Łapią. Kiwają. Garbią się. A tu w nas bije i bije. Już nie tak dużo. Jeszcze ten. Jeszcze ten. Z trawy trudno wydłubywać. Wyrywam. Te suchary.

— Już, już — wołam — już, już!

— Mirek! Mirek! — najdłużej pamiętam głos Matki Swena. Krzyk. I jej schylenie się ciągle. Z takim kocem jak ja. Z sucharami.

— Już-już! — bo już.

— Już! — i wiążę, i na plecy, i podlatuję.

Szybko. Szybko. Bo źle. I wpadamy w ruiny fabryki-kościoła. Benona-Bieńkowskiego. Deski. Łubudu. Tup-tup-tup.

Resztki sali. Chyba jeszcze były. Front Benona. Od góry. Dechy. Kupa gruzu. Gruziku. Wapna. Tynku. Trzciny. Drzazg. Cegieł. Gzymsów. W ogóle. Co tylko. Już na skarpie. Już nie na tej patelni-pochylni. Może trafić. Ale co za Benonem, to za Benonem. Zresztą dochodzimy już do tych, co i dziś są, żelaznych sztachet. Bramy. Przez bramę. W uliczkę. Tę ulicunię od Benona na Rynek Nowomiejski. I już — po prawej Przyrynek, Panna Maria, ta — ceglana, stara. Po lewej Sakramentki. Ludzi pełno. Z tobołami. Z garbami. Z czymś pod pachą. Z koszykiem. Z byle czym. Albo bez. Tu pamiętam, że pan Ad. chyba w tych podwiniętych nogawkach gdzieś popodskakiwał, po gruzikach, odpadach i odpadkach domów. I tak go gubię w pamięci. Rynek w trójkąt. My u podstawy. Jakoś się namyślamy. Gorąco. Jasno. Dym. Huczy. Front. Ludzie.

U szyi leja rynkowego zebrane w kupę skupienia tłoku z ludzi; gruzów; te pomieszane już, wiszące, sterczące, lecące — bo coraz jeszcze coś leci, zlatuje (przecież wciąż się dalej jeszcze zmienia!) — te Freta, Koźla, Franciszkany. Rozłupane kamienice. Nadbudówki. Po ileś pięter. Rozłupane na piony. W ukosy. Puste. W wióry. W wisiory. Z wapna, trzcin, desek, cegieł. Strasznie dużo tego. Było. Z tego była cała Warszawa. Prawie. Te pięciopiętrowe też: trzcina, wapno, cegła, dechy. Czyli drzazgi. Rozsypki. Suche to. Trzeszczało. Jak trafiało w to, to to tryskało. Dom po domu. Wisiały z dziur po balkonach albo z niczego już po nich — gzymsy podstawkowe — konsole z blachy. Huśtały się. Brzęczały. Tłukły. Cienkie, puste w środku, te, co się myślało, że to gzyms — mur-marmur. W ogóle — Warszawa zdradzała się ze wszystkich swoich sekretów. Już się zdradziła — nie ma co ukrywać. Już się sypnęła. Wkopała. I te sto lat wkopała. I te dwieście. I te trzysta. I te więcej. Wszystko się wydało. Od góry do dołu. Od książąt mazowieckich. Do nas. I z powrotem. Staś, Sobieski, Sasy, Wazy. Wazy, Sasy, Sobieski, Staś, Fukier. Sobiescy, Marysieńka, Sakramentki.

Skręciliśmy. My. Wszyscy nasi. I ta w pręgi od drzwi. I różni. Co szli, podchodzili, odchodzili. Front się rozegrał. Jak ta ziemia. I na całe gruzy i niebo. Niebieskie. Zadymione. Czerwone. Szarpane. Gruzowe. Pylone. Słońce. Kurz w zębach. Z wapnem. W nosie siwo, dym i czarno. Gruzy pachną. Silnie. A spalone — jak! A huk jak pachnie z tą posypką. Przez uszy do nosa. Nos ma jeden katar z oczami. Płacz techniczny. Przesłona. Dosłownie. Reszta — ręce pracują. Trochę jak u ślepych. Nogi w czymś. Plecy mają wprawę. Całość zlepiona, spocona, zmachana, coś się mówi na tle. Myśli też. To samo, szybciej. Wejście. Z ludźmi. Pod czymś. Patrzą. W dziurę. Szparę. Schodki. W coś ciemne, wilgotne, z tłokiem. I nie wiem dlaczego, ale ta klapa, czy to była klapa? — to wejście (zejście) pod Sakramentki? Czy w ogóle coś z desek? I pod tym głęboko te chmary. To gniazdo. Swen tupie, krzyczy, zapiera się.

— Ja tam nie wejdę. Ja tam nie pójdę. Chodźmy. Do Sakramentek nie chodźmy. Do Sakramentek nie wejdę. Do Sakramentek nie wejdę.

Pchamy go. A on swoje:

— Do Sakramentek nie wejdę. Do Sakramentek nie wejdę.

Staje przed nami nagle sakramentka. Od dołu.

— U nas już bardzo ciasno, trzy tysiące osób pod kościołem — rozkłada ręce; ma schylone oczy z głową; mówi szaro-szaro dalej: — Naprawdę, dokąd mogliśmy... przyjmowaliśmy... — zakłopotana urwała.

— Może, a może — my na to.

— No, dokąd mogliśmy...

— Może jednak — znów my, czyli Ciotka, Matka, Zbyszek, ja, Celina, Lusia z Mareczkiem za rękę (po skarpie go niosła, zasłaniała sobą), pani Rymińska. I ta z Towarowej. Ta kobieta. Od rowów od drzwi.

— Może, może jednak...

— Może jakoś...

Prócz Swena, który:

— Nie!

i

— Nie!

— Tu nie! — i tupał na boku.

— No, jak państwo... no sprawdźcie, tłok... i ściany zarysowane... tyle bomb... już trafiło... w nas, w kościół — widzicie. — (Tak, kościół Sakramentek na wierzchu nie bardzo już jednak istniał, tak, tak, już wtedy, a nie miały więcej nic, nic, tylko to, tyle, ile pod kościołem, pod tą klapą). — No wejdźcie, proszę — jak się zmieścicie — proszę, zobaczcie, wejdźcie, proszę — zapraszała pod klapę w dół.

Co tam było?

Byliśmy zakłopotani. Teraz my. Z tobołami z sucharami. Wejść? Nie?

— Nie, tam nie zejdę, tam nie wejdę, nie, nie. — Swen zdecydował, nie dopuścił.

To gdzie teraz?

— To gdzie teraz?

— Do Panny Marii?

— No, czy tam są? tam przysypało, o! jak wygląda! — Wyglądała strasznie, Panna Maria. Tak, tak. Przypominam sobie teraz wszystko. Jak to było już wtedy.

— A może siedzą?

— Może są.

— Chodźmy.

Podeszliśmy pod Pannę Marię. Zupełnie nas odstraszyła. I kościół. I ta ciemna dzwonnica. Jak te zabawy na wsi w sklep, w kakao z cegły, reszta... — ano; taka była Panna Maria.

— I czy tam teraz siedzą?

Siedzieli. A jednak. Pod tym „kakałem" z cegły. Ktoś informował. Ktoś z nas trochę pytał. Zresztą ludzie szli. Wracali. Wlekli się. Rozglądali. Słońce. Upał. Front. Te nasze: kulki, świsty, gwizdy, pociski. Nikt się nigdzie nie mieścił. Tu też siedziało ileś. Dwa tysiące. Bo ja wiem?

Do Franciszkanów? Zburzeni. Pewnie też siedzą. Dwa tysiące. Trzy. Pod gruzami. Wracamy. Jednak Sakramentki.

Jeszcze raz stajemy. Wpatrujemy się. Pod klapę. Ale Swen krzyczy, ciągnie nas.

— Ja nie pójdę. Idźcie! Ale ja nie pójdę. Ja nie pójdę. Do Sakramentek nie. Wszędzie pójdę. W gruzy — tak. Ale do Sakramentek — nie. Do Sakramentek — nie!

Swen zrobił swoje. Odeszliśmy. Idziemy. Grzmi. Ten front. Sypie się. Wciąż. Coś. Włazimy w tą szyję Rynku. Tu gdzieś chyba ta kobieta. Od drzwi. W rowy. Poszła. Odeszła. Się rozeszła. Nie wiem. Bo to wszystko się rozłaziło. Nie trzymało kupy. Mijało. Szło.

Garnizonowy? Dostał. Paulini? Po Paulinach. Katedra? Wiadomo. Jezuici? Obok. To co — to to samo co Katedra. Augustianie? Na Piwnej? Już po nich. Dominikanie. Może Dominikanie. Idziemy Freta. I tak. Kościoły zresztą nie są dobre. Zresztą ich nie ma.

— Krzywa Latarnia — tam właśnie chcemy, albo Hipoteczna 5.

— Chodźmy na Hipoteczną 5 — to Lusia.

— Może w gruzy? Pełno ludzi, przecież mówią, siedzi w gruzach.

— Może?

— Chodźmy pod Krzywą Latarnię.

— Tak, tam nie puszczą.

— Zobaczymy. No to gruzy.

— Wstąpmy do Dominikanów.

— Patrzcie, jeszcze stoją.

Stali. Jako kościół. Klasztor — gorzej.

Wchodzimy. W istną szafę. Pseudogotycką. W kruchtę. W kruchcie w lewo rząd kuchenek. Więcej pokraki niż kuchenki. Za to na wszystkich gary. I wszystkie dymią. Ale jak! Rzędem. Przed każdą stoi, kuca baba. Rozczochrana. Pod siwe światło. I macha pokrywką. Takimi dużymi. Od kotłów.

Wchodzimy. Na wprost. Drzwi. W dół. Bo schody. Kościół w dole. W kościele echo, huk. Tłok. Skręcamy. W nawę. W lewo. Pełno. Ołtarze. A dużo ich. Obijane złotem, srebrem. Baroki. Figury. Roztańczone. Święte gwałtowniki, mistyki. Kręcą się, od ołtarza na boki, w górę, w skosy. Pod ołtarzami, pod każdym (dlaczego akurat?). Na schodkach. Postacie. Żywe. Półleżące. Swojski barok. Też. I też w skosy, w boki, tylko że w dół i w wymiętoszonych ciuchach.

Wychodzimy... Barykady. Nasza Mostowa w dół. Po lewej już po Gdańskiej Piwnicy. Spalona. Po prawej mostek, korytko po fosie. I mury. Te stare. Rekonstrukcje. Cegły. Grubo. I tu ludzie. Pod murami. Rozłożeni. Na trawie. Nad dnem rzeczki. Nieczynnej w dole. Od czterystu lat. Czym bliżej mostku, tym tłoczniej. I to pod gołym niebem tak? Dalej też jednak. Obsiedli. Obleźli. Te mury. Bo one idą, kręcą. Równo z Podwalem. A my idziemy, kręcimy Podwalem. Tym wąskim. Jest. Krzywa Latarnia.

— To tu — mówi Mama.

— Tu?

Ale w bramie (bo to kamienica) stoi starszy pan, łysy, może miał wąsy. Racja: wszyscy wtedy mieli brody, wąsy, włosy.

— Ludzie kochani — mówi — co wy? Wy tu chcecie? Trzy tysiące. Szpilki gdzie nie ma... trzy tysiące. Duszą się. Uduszą się. Ludzie, mowy nie ma. Nawet byście nie weszli.

Nawet żeśmy nie wchodzili. Nie mówili. Nie stali. Już szliśmy dalej.

— Hipoteczna 5, chodźmy — mówi Lusia — a może...

— Gdziee? i puszczą?

— Tam pięć pięter, mam znajomą. A jak nie, to w gruzy...

— Pewnie, że w gruzy.

— Ale gdzie? W które?

— No, poszukamy.

— To już chodźmy w stronę tej Hipotecznej. A nuż.

Idziemy. Z wąskiego Podwala w szerokie. Tyły pałaców. Ludzi. Ludzi. I coś huka. Grzmi. I ten front. I inne. Samoloty.

Już gdzieś... Trzeba się śpieszyć. Na Długą machnęło się ręką. Już tam wtedy był klops. I te szpitale. W piwnicach. I ci popaleni lotnicy. Poprzebijało. Poprzebijało. Przysypane. Wszystko. I Dominikanie mieli za dzień–dwa też to mieć. I ci ludzie. I ci święci. Razem. I do piwnic. I w ogóle.

— Chodźmy w Kapitulną. Do Miodowej. Kapucyńska jest prawie naprzeciw. Byle przejść Miodową. A podobno trudno.

Nie pamiętam, czy weszliśmy w Kapitulną, i tu ktoś mówi, dużo zresztą, bo dużo stoi, wraca, że Miodową się nie da. Zalana. Zagrodzona. Barykadami. Gruzami. Ale to, że obstrzał. Z rogu Koziej, z siedmiopiętrowca. I od Bonifraterskiej. I co jakiś czas czołgi. Od Krakowskiego w Miodową. Dokąd mogą i z powrotem. Walą. Podpalają.

Więc czy Kapitulną. I w prawo, przez zburzone coś tam. Czy z powrotem na Podwale. I tą bramą. Chodkiewiczów. Z kratą. W to samo podwórze, wielkie. Czy że Kapitulna zagrodzona — barykady. I od razu przez te kraty, bramę, w ten dziedziniec, w to gruzowisko, bo wszystko tu, oficyny, boki, front — zburzone, spalone, sterty czegoś, cegieł, desek. Całe góry. Kupy. Przez podwórze. Potykanie się. Może tędy przeskoczymy? Do sieni, do bramy. Z bramy do bramy Paca. Obok Kapucyni. Kapucyńska. A z Kapucyńskiej przebicie jest na tył Hipotecznej. Tam już blisko. Ale gdzie tam: przejść Miodową. Słychać, co się dzieje. Ludzie wracają. Ostrzegają.

— Nie, nie, bo pełno leży zabitych. Kto przelatuje, zaraz leży. I jęczy. Albo trup.

Wchodzimy w wypalony, całkiem wypalony, zawalony — tylko te piony sterczą — front. W sień. Schody w dół. Czarne. W dół jeszcze czarniejszy. I w straszny upał. Po pożarze.

— Tam ktoś jest, na dole, zejdźmy spytać.

— W ogóle tu zejdźmy, zobaczymy.

Schodzimy.

— To Miodowa, tak?

— Miodowa 14.

Na wprost w czymś ciemnym, czarnym na dole kobieta. Schyla się. Coś robi. Koło kogoś. Plecy. Gołe plecy. I rana. Widać. Z daleka. On leży plecami do wierzchu. Na łóżku. Ona mu przykłada waty, gazy. Klitka. Czarno. I szum. W ogóle woda. Wodospad.

— A przejście jest? przez Miodową?

— Co? Przez Miodową? Obstrzał. Gdzie tam.

Słychać, obstrzał i szum.

— A to co?

— Cała ulica zalana. Płynie rzeka.

— I tu leci? spada?

— Tak.

Wodospad dosłowny. Ona moczy opatrunki w tej huczącej wodzie z góry. Luksus!

— A te piwnice w lewo?

— To Izba Rzemieślnicza.

— Tam da się?

— Pewnie. Pusto.

Wchodzimy w lewo. Za filary tego przedpokoju niby zaraz obok, z ocalałym Chrystusem na krzyżu olejno. Jakiś starszy pan, z wąsami, zagląda, schodzi, pyta, odradzają tą Miodową, ale on nic, idzie.

Wchodzimy w dalsze. Za próg. Czyli za to, co zostało, za wypaloną do cegieł framugę.

— Zostańmy tu.

— Zostańmy tu.

Wszyscy naraz godzimy się. Ulga. Pusto. Są gruzy. Coś jest. Nad głowami. Sklepienia. Niecałe. Bliżej ulicy coś chyba brak. Ale mało. I to nic. Okienko jedno czy dwa? Chyba jedno. Tak. Jedno. Filar czy dwa filary. Wszystko w czerniach, popiołach, upale. Już wiem. Filarów więcej. I okienko drugie. Od drugiej strony. Podwórza. Dalej — w lewo — framuga — i coś dalej — jest — takie jak to.

Lusia rozkłada płaszcz za filarem na kupie popiołu i tynku, siada, pierwsza.

— Uuff, Robinson Kruzoe.

Mama Swena siada na skórzanym fotelu.

— Uff... jak dobrze.

Ciotka siada na drugim takim samym fotelu. Bliżej ściany.

— Olaboga... nareszcie.

Zbyszek siada na trzecim. Celina kładzie się na dziecinnym wózku, na środku.

— Oo, dobrze... — Wiszą jej nogi i głowa, bo się nie mieści. Ale szczęśliwa. Jak wszyscy.

My ze Swenem łapiemy trzy cegły. Jest już kuchnia.

— Idziemy po deski, dla nas — mówimy ze Swenem i wychodzimy. Bo jeszcze stoi żelazne łóżko z siatką. Gołą. Ale jak na tym?

— O Jezu! — słychać zza bramy, z Miodowej — o Jezu, ratunku!...

— No tak, to on.

No i polazł, ten z wąsami, i teraz leży, a teraz jak iść. Kto mu pomoże, jak tam zabijają.

Szukamy na podwórzu desek. Wszystkie suche. Trzeszczą. Są. Takie długie. Dwie.

— Dobra.

— Bierzemy.

Niesiemy.

Tamten jęczy. Trudno.

— O Jezu... ratunku... ratunku...

Układamy dechy na ceglanych podpórkach. I od razu się kładziemy obok. Swen na desce. Ja na swojej. Po lewej wysoko okienko. Ja od okienka. Tego od Miodowej.

— O, jak dobrze — mówię.

— Jak dobrze — mówi Swen.

Ranny — po godzinie — po dwóch — cichnie. Ktoś go (?) albo zabrał, albo się wykończył. My. Trudno. Swoje. W dziesięcioro mieszkamy: Miodowa 14, pałac Chodkiewiczów, Izba Rzemieślnicza (front kamienicy od Miodowej, dziedzińcowy od Podwala, bok — Kapitulna).

Naprzeciw Miodowej — pałac Paca — wnęka empire, z płaskorzeźbą, kratą i tym dziedzińczykiem w krąg. Na prawo pałac Prymasowski. Na prawo — po naszej stronie — Bazylianie. Na lewo po naszej — pałac Igelströma, Branickich. Wszystko na dwa fronty: Miodowa — Podwale (wjazd). Na lewo, po nie naszej, za Pacem, tym w kółko, w półkole, mur ciut cofnięty, schodki — taras — figura nad takim czymś: Kapucyni. Z Kapucyńską. Też Sobiescy. Na Krakowskim — Matka Boska na czele rozwidlenia, Zwycięska, sercowa od serc ze złot, wotywna, obwieszona — też Sobieski. Sakramentki — Marysieńka. Senatorska — dla wszystkich królów prosto z elekcji — pierwsze dzięki, buch na kolana.

Na lewo — Żoli bor
Mari mą
Bielany
na prawo Czerniaków
Wilanów

Wszystko — oni. Sakramentki to wiemy. Racja: Kazimierz na Tamce, Szarytki — oni. Antoni na Senatorskiej, w krużganki, na wylocie z elekcji, król tu wpadł na pierwsze dzięki. To też oni. Oni — aleja. Oni — pomnik z wodą w dole. No i co? Czy ja chcę was tym wzruszać? Czy siebie? czy króla? Sobieskich?

Leżymy na dechach. Nieheblowanych. W drzazgi. Swen mówi:

— Daj Boże, żebym miał całe życie takie łóżko.

— Pewnie — przyświadczam, i też z tym dobrym mniemaniem, że nic lepszego nie ma.

Mama Swena robi jedzenie. Ostatnio jemy niedużo. Dwa razy dziennie. I po bardzo niedużo. Chciała nam Mama dogodzić. Zrobiła zacierki na jakiejś resztce octu, którą miała.

— Coś ty, mamo, zrobiła — mówi Swen.

— Rzeczywiście, nie da się chyba jeść — mówię.

Mama, Ciotka próbują.

— No, nie da się.

— Chciałam tak dla odmiany. No i nie wyszło.

Trudno. Wylewa się to. Dostajemy co innego. Może kawę z sucharami. Jedzenie, to płynne, dostawało się w szklanych słoikach. Przynajmniej tu na Miodowej. Pamiętam. Czy były znalezione już na Rybakach. Czy zaraz tu? Na pewno kolorowe. Zielone. Brązowe. I może trochę pogięte. Od pożaru. Nieduże słoiczki.

Całe to szczęście na Miodowej... w popiele, bo strasznie tu się grzęzło w popiele, a z wentylatora sypały się — jak tylko huknęło — kupy sadzy. Więc całe to szczęście było zaraz popsute; i zaraz dalej i w kółko psute bombami.

Z początku nie ruszaliśmy się. No bo gdzie? Jesteśmy w gruzach. Kawałek sklepienia, tego jednego, jest. Albo trafi akurat w nas, albo nie. Jak trafi, to przebije. Tu — już cudów nie ma. Więc siedzimy. Walą. Dokoła. Bliżej. Dalej. W skarpę, w Długą, w Podwale. W Miodową. Nawet nie przerywaliśmy jedzenia. Nauczyliśmy się tu zupełnie jedzenia nie przerywać. Chyba że już bardzo bliskie bomby. To na chwilę człowiek się kulił. Potem odlatywali. Mama modliła się. Zaproponowała różaniec na głos. Odmawialiśmy. Potem z Lusią i Swenem myśleliśmy, co robić. Czy Mama miała karty, czy Lusia. Lusia wpadła chyba na to, żeby grać w brydża? Graliśmy we troje. Ze Zbyszkiem. Ale chyba Zbyszek siedział na fotelu. Te fotele były wygodne. Duże. I dziwnie poprzeginane w przegubie do tyłu. Celinie nie chciało się wstać z wózka. Leżała, czyli wisiała głową, rękami, resztą nóg. I była zadowolona. Pamiętam, że karty były rozłożone na tych naszych deskach. I że dużośmy się nie nagrali. Bo już samoloty. Niby się przerwało. Niby nic. Odleciały. Graliśmy dalej. Znów przeleciały. I te bomby. Znów patrzenie w sufit — tak dla wszystkiego. I gramy dalej.

Potem trzeba było przynieść wody. Dla Mamy. Do gotowania. Dla Ciotki. Dla pani Rymińskiej. Do mycia. Do różności. Woda jest — trzeba brać. Chodziłem z dzbankiem i z kubłem do tej ciemnicy z rannym z żoną i z wodospadem. I tam się nabierało w sekundę. Poleciałem zaraz tam się myć. Prosto potem. I prać koszulę. Mydła nie było. Ale kto tam marzył o mydle? A była czarna. Przyleciała na ten pomysł zaraz Celina. Też prać. Swen coś się chyba dziwił. Że tak pierzemy. A może dziwił się dopiero wieczorem? Bo chyba prało się niejeden raz. A po każdym grubszym zakurzeniu. Czy wybuchu sadzy. Suszyło się w dziesięć minut. Bo gorąco. Właśnie to gorąco. Nie do wytrzymania. I chyba — według powstaniowego zwyczaju — chodziliśmy w różnych strojach; pamiętam, że ta żona rannego siedziała tam w tej ciemnicy pod wodospadem w halce. Kogo wtedy wzruszała halka? Natychmiast się ustaliło, że do pokoju, tego następnego, za tym najbliższym za nami, będzie się chodziło kupę. Bo jednak wychodzenie na podwórze było bardzo ryzykowne. Nawet wychodzenie na schodki, przynajmniej te wyższe. A wychodziło się na schodki. Bo nie można było wytrzymać z gorąca. Oczywiście woda. Moczenie się. Ale trzeba i powietrza. Jak się ściemniło, zaczęliśmy obsiadywać te schodki. Za nisko było za gorąco, tak jak na dole. A od połowy mniej więcej już wlatywały odpryski z pocisków. To zauważyliśmy. Więc wybierało się te środkowe stopnie. Tam, gdzie już można łapnąć łyk powietrza, a gdzie odłamki już nie dolatują.

Poszło się spać. Położenie się spać polegało na usiądnięciu — każdy w swoim fotelu, wózku, na rozłożeniu się na płaszczu na kupce gruzów, jak Lusia z Mareczkiem. Albo, jak my ze Swenem — w tym, w czym się było, a było się w jednym — na dechach. Czyli na tym samym, na czym zajęcie miejsc zaraz, ale to zaraz — i to wszyscy naraz — po wejściu tu na pobyt.

Tą pierwszą noc przespałem nie na deskach koło Swena, ale na żelaznym łóżku z gołą siatką, bo tak sobie stało obok puste i kusiło jak hamak. A że niemożliwe tu było być w ogóle w marynarce, więc tylko ta jedna cienka koszula i już siatka, żelazna, w drobną kratkę. Nie wiem, po ilu godzinach i czy już o świcie, czy wcześniej, wstałem i wróciłem na dechy. Całe plecy miałem w drobną kratkę, w kolczugę. Był jeszcze pomysł, żeby wyjąć i położyć kratę, samą siatę znaczy, na dechach. I na tym obydwaj. Ale nie. Też źle. Co lepszego od desek? Zostało się na deskach.

Pierwsza noc i te następne, i cały chyba czas Miodowej był przy księżycu. Dymy dymami. Pożary pożarami. A tu jakoś — z naszych desek przez okienko — widać było górną część wnęki bramy pałacu Paca. Akurat fryz. W księżycu — bo pogoda to była, chyba że coś z tych dymów przesłoniło — ta wnęka. Szarobura — przypominam sobie. W nocy więc miała kolor przestałych do wyschnięcia zacierek (pamiętajcie, że było wciąż sucho w gębie). I ten fryz. Z postaciami. W pochodzie. Postacie były płaskie, ale dawały cienie. Jednak. Do tego — w półkole. Patrzałem na to godzinami. Zaintrygowany. Zdawało mi się, że Swen mniej. Trochę miałem o to do niego głośną pretensję. Zacierki zacierkami. Wszystko wtedy było suche, mąkowate, zacierkowane, do rozsypki. I w tym wszystkim wodospad. Też! Przypadek, cud — luksus. Wodospad szumiał. Pobrzękiwał. Woda spadała gdzieś niżej, już nie pamiętam jak. Cała Miodowa szumiała. Przecież szła wciąż nią rzeka. Pałac Paca. Bądź co bądź. Tego Paca. Od pałaca. Tego, nie tego. Ale tu — tak sobie wyobrażałem — odbywały się sądy grodzkie za Prusa.

Więc potem ta siatka. W nocy. Świt. Jak zwykle pogoda arcy. Upał. No, a tu i upał, i do tego jak w piecu. — Pięć dni temu dom się spalił — powiedziała żona rannego w plecy, ta w halce, z ciemnicy pod wodospadem. Długo dom stygnie. A w lecie? Co to pięć dni! A ile czasu pożar pachnie! To wiem po 39 roku. Chyba pachniały te wypalenizny do powstania. Tak. Bo te z powstania pachniały znów z pięć lat. I po ośmiu latach jeszcze zalatywały. Tyle że deszcze i to nasiąknięcie, i tyle ludzkich kup, zaschniętych, nowych, wciąż, że trudno mówić, co pachnie. Więc przebudzenie się z kratą na plecach. Próba położenia kraty na dechach. I położenie się na tym. Wreszcie rezygnacja. Łóżko sobie zostało, gdzie stało. Z kolczugą. I puste. Zardzewiałe, żelazne. Przecież się paliło. Jak ocalały fotele? Nie wiem. Bo że ten Chrystus i nieodłupki tynku. W przedpokoju. Ale fotele? Niewyjaśnione. Nie wiem, czy to wtedy, czy na trzeci dzień, ale chyba na ten drugi, tylko nie z rana, bo leżeliśmy, leżeliśmy. Były naloty. Dostaliśmy po kolorowym słoiczku płatków czy krupniku. Chyba resztkę kaszy. Czy przedostatnią kaszę. Więc z tymi naczyniami leżeliśmy pod framugą między naszą salą a tym dużym przedpokojem z Chrystusem na filarze. Bo chyba był na filarze. A może za framugą na ścianie. Bo wszyscyśmy się w jednej framudze nie pomieścili. Ośmioro dorosłych. Bo dziecko przy kolanach. Więc część chyba szła pod filar. Był zaraz. A liczył się tak samo. Jak framuga. Zawsze to coś, co w razie trafienia i oberwania się czegoś, tych resztek, może zostać. Framugi ze ścianami w pionie zostawały. Najczęściej. Też zależały. Ale miały szansę. Filary też. Jakieś. To nie betonowe co prawda. Jak tam na Rybakach. Ale zawsze. Więc jedzenie w tych słoiczkach brało się z sobą w tą framugę i, że było się głodnym, no racja! i to jak! to — to był powód. Się jadło. Patrzało w górę. Czasem potrafiło posypać. Kaszę. Kawę. Dlatego się nie zostawiało. To był drugi powód. W sali tak zwanej zawsze dużo rzeczy się sypało. Z góry, z okienek. Z sufitu. Z niewiadomokąd. Pewnie, że się odgarniało. I jadło. Bo co? Bo i tu posypywało. Ale zawsze mniej.

Więc chyba to tego dnia po coś na chwilę zerwałem się z desek, bo przecież się leżało, jak nie stało się we framudze, i poleciałem na podwórko. Może po filiżanki. Do sąsiedniej klatki schodowej. W tym samym rogu, tylko ze schodów obok. Też spopielone piwnice. I zaraz znalazłem. Bo Mama Swena powiedziała:

— Mirek, ty tak potrafisz wynajdywać. A mnie by się przydały jakieś naczynka. Filiżanki. Bo mamy za mało słoików. Na pewno będą.

I były. Zaraz były. Jak wszedłem. Rozejrzałem się. Pogięte. Przypalone. Ale widać, że porcelana. I że w kwiatki. I że od kompletu. Ze spodeczkami. Ucieszyłem się. Wygrzebałem. Zaniosłem. Mama Swena też się ucieszyła:

— O, jak to dobrze, będzie w czym dawać.

Może to wtedy właśnie pokazali mi:

— O! patrz, odłamek, jeszcze ciepły! Wpadł...

— Teraz?

— Tak, akurat na twoje miejsce, gdzie plecy, jak tylko wyszedłeś.

— No, ledwie się podniosłeś i wyszedłeś, a to pac! przez okno. Miałeś szczęście!

Miałem. Bo więcej nie wpadł. Żaden. Ten sobie obejrzałem. Ano, ciepły. Taka klucha. Tyle że z żelaza.

I może to tego drugiego dnia — zrobiliśmy z Lusią i Swenem konkurs literacki. Pomysł i od razu:

— Robimy?

— Robimy.

— Teraz?

— Teraz.

— Teraz, ale co?

— Temat?

— No ten...

— Dobrze, ten.

— Piszemy...

— Ile czasu?

— Dwie godziny.

— Dobrze.

— Uwaga — powiedział Swen, jak już mieliśmy w ręku ołówki, papierki — zaczynamy.

Konkurs był przerywany. Kilka razy. Lecieliśmy we framugi. Potem się odczytało. Po kolei. Nie pamiętam nic. Pamiętam tylko kartkę Lusi, dużą, od podań, taki arkusz! I jej pochyłe, drobne pismo ołówkiem. I że jej było najkrótsze.

Wentylator się odmykał. Sadze leciały. Raz obsypały Zbyszka. Koszule więc wciąż się prało. I się moczyło, żeby się chłodzić. Różaniec ogólny. Wieczór. Troszkę niby chłodniej. Ale gdzie tam. To lato. W Warszawie. I w tej piwnicy. Więc na schody. Wynaleźliśmy idealny stopień. Środkowy.

Najwięcej tam wysiadywaliśmy. Celina, Swen i ja. Na jednym schodku. Ale pamiętam, że kiedyś na dwóch. To może były dwa idealne?

W nocy — dechy. Księżyc. Szrapnele. Szafy. Właśnie. Miotające się szafy. Bo fryz fryzem, a spokoju to tylko było, co i w dzień. No, tyle że to jednak nie samoloty. I na te nocne bronie to się nikt nie myślał ruszać z miejsca. Leżało się. Słuchało. Patrzyło. Coś się sypnęło. I dalej — dym, dym i księżyc w półkolu na fryzie. Podjeżdżały czołgi od Krakowskiego. Zatrzymywały się koło nas, gdzieś przy Kapitulnej, pewnie pod barykadą. I waliły. I waliły. Miarowo. Głucho. Sucho.

Pyk!

I po każdym pyk! coś się sypało. Nieraz liczyliśmy. Głośno. Raz doliczyliśmy się już na półśnie do 123. I wtedy mnie brzuch od tego huku i pyłu rozbolał.

Wstało się. Słońce. Upał. I tu jak w piecu. Dom nic a nic nie chciał stygnąć. Może ostygnął o jeden, dwa stopnie? Ale czy czterdzieści dwa, czy czterdzieści, to wszystko jedno. A tyle było na pewno. I przewiewu tyle tylko, co od bomb, miotaczy, pocisków, granatów i czołgów. Te za to miały tą złą stronę, że osypywały coś tam zawsze. Albo małego, kruszonego, a za to z popiołochodem, czy jak nazwać, popiołopodrywem. Albo obrywały gzymsy, gzymsiki, konsole, mury, murki, cegły, zlepy cegieł, tynki, kawałki któregoś pionu; popychały kupy gruzu, te nad nami, te od frontu i od bramy. Zdawało się nam, że od pocisków i miotaczy min (tych szaf) ciągle coś się zwalało, sfruwało albo od bramy, albo od frontu. Coraz mniej było tego frontu, tych pionów, tych ażurów, wisiorów. Szafa swoim raz-dwa-trzy, i drugie raz-dwa-trzy, szarpała wszystkim, szarpała, miotała. Nie na darmo ta nazwa: miotacze. Miotaczy ognia z początku się baliśmy. Że mają dostęp do nas. Przez te dziury, ażury. To samo z czołgiem. Że trafi. Którymś wlotem. Albo podpali. To samo granaty. Ale po dwóch dniach przywykło się, że nie doświdrowują się do nas. Byle tylko ci z czołgów nie wpadli. Nagle nie zaczęli nas obrzucać. Drzeć się. Kazać wychodzić. I jednocześnie walić. A potem gnać przed sobą, jako osłonę. Wszystko to na razie by było jakoś. Ale samoloty. Z samolotami nie można było sobie poradzić. Piwnica jako nowość, jako gruzy, już nie bawiła. Może by i bawiła. Co z tego. Jak ciągle — co dwadzieścia, co piętnaście minut — lecą. Ciskają. Znów przelatują. Znów ciskają. Co dwadzieścia minut dziesięć minut stania we framudze. No tak. Pół na pół. Nie pamiętam, co wtedy z frontem. Pamiętam to. Framuga. Mama Swena opiera głowę o początek ściany, pod olejnym Chrystusem. Walili na ślepo. Wszystko jedno im było gdzie, skoro wszystko już poszło. Więc sypały się te same gruzy trzeci raz, czwarty raz. Gruzów ubywało, jako tych resztek ażurowych osłon.

Wstawało się rano, nie do jedzenia przecież, bo zaczęło się jeść już chyba wtedy raz dziennie. Mama nad wieczorem robiła z resztek kaszy zbożową kawę. Na wszystkich. Rozdawała po filiżance każdemu. Oczywiście bez cukru. Już odkąd bez cukru. Od początku chyba. I po trzy suchary. Takie już cienkie, powyginane, niecałe plasterki czarnego chleba. Potem były już tylko po dwa. To była najuroczystsza chwila. I przedtem czy potem — różaniec. Dzień był długi. Chociaż niby się mówi, że koniec sierpnia — dzień krótszy, to gdzie tam. Tyle tego słońca. Upału. I tyle tych bomb. I stań pod framugą. I liczeń.

— Raz, dwa, trzy, cztery, pięć, sześć, siedem, osiem, dziewięć, dziesięć, jede-naście, dwaa-naa-ście... no... niewypał... o...

I zaraz:

— Raz, dwa, trzy, cztery, pięć... — Huk, kotłowanina, coś się obrywa! My? Nie... I znów:

— Raz, dwa, trzy, cztery, pięć, sześć...

Doczytywałem jeszcze Titchenera. Te 36 czy 38 stronic. Z Freta. Czy co pisałem? Może jeszcze i dopisywałem swoje to poemacisko. Bo powiedziałem Swenowi w to drugie czy trzecie popołudnie na Miodowej, w chwili trochę spokojniejszej, że chciałbym mu przeczytać.

— Dobrze, to chodźmy, wiesz, tam do trzeciego pokoju na kupę, i będziesz mi czytał.

— No wiesz — obruszyłem się.

— No, co takiego?

— Nie, na kupie nie.

— Dlaczego?

— Bo nie; to idź, jak wrócisz, to pójdziemy za filar i ci przeczytam.

— No dobrze.

I przeczytałem mu za filarem.

Tymczasem z wodą. Niemiła półspodziewanka. Miodowa płynęła, płynęła, szumiała, księżyc świecił. Ale słońce też. A i te trafione rury się wypompowały widocznie. Przestało szumieć. Jeszcze płynęło coś. Ale wodospad w ciemnicy na trzeci dzień już nie szumiał. Najpierw leciała jeszcze ciurkiem. Potem jako tako. Potem te resztki. Prawie kapania. Cierpliwe stanie nad wiaderkiem. Żeby choć na zapas do jutra. Prania skończone. Po luksusie. Po trzech dniach albo po dwóch i pół byliśmy już bez wody.

Wziąłem wiadro. Wyleciałem na podwórze. Zagraciło się ileś razy więcej różnościami. Za pierwszym razem gdzieś blisko, chyba jeszcze w naszym podwórku, nałapałem wody. Ale to było ostatni raz. Z wodą. W ogóle. W całej naszej dzielnicy.

Wprowadzili się już wtedy do nas. Ludzie. Już mieszkali. W ten wtorek. Przyszli. Zeszli. Tak jak my. Weszli. Zostali.

— Można?

— Można.

Cała rodzina. Duża. Skąd, nie pamiętam. Była z nimi ciotka, stara. Jęczała. I zaraz się położyła na to żelazne łóżko. Na tą siatkę. I już się nie ruszała. Mówiła przez nos. Niewyraźnie. Wciąż się skarżyła. Że ma przepalony cały przełyk od pożaru. W ogóle była poparzona. Te kobity, kilka ich, takie zdrowe, kobylaste, potwierdzały to, wiedziały, widziały. A jednak uciszały. I dodawały, że dodaje:

— Dodaje sobie.

Potem już, jak w nocy jęczała, to na głos do niej:

— Dodaje sobie ciotka.

— Dodaje sobie.

Byli jeszcze i inni ludzie. Po kątach pod ścianami. Bo ich naszło. Też mówili:

— Dodaje sobie.

— Dodaje sobie.

Naszło się i do tego pierwszego przedpokoju. I do tej sali za nami. Kobity z tej rodziny — jak żeśmy tak w swojej części siedzieli jako jedzący już raz dziennie, po dwa suchary — chodziły gotować do przedpokoju z Chrystusem. Tam miały kuchnię. Raz przechodziły i przenosiły kluchy. Świeżo parujące. Białe. Kładzione. Czubata salatera. Z zapachem. Baranie kluski — jak ja jako mały mówiłem. Przechodziły z tym za filarami. Do swojego gniazda. Nie pamiętam już, gdzie miały. W kącie, od podwórza. Nie tyle w kącie, ile pod ścianą. One były tu trzecie. Po tej w halce z rannym w plecy w ciemnicy, już suchej jak pieprz. I po nas. Zresztą, przecież pisałem, że schrony nie były niczyją własnością. Warszawa pod ziemią była do spółki. Swen to wspomina:

— Pamiętasz, jak ta baba przenosiła te kluchy... ppełno...

Baba może by i dała kluch. Komu, jakby poprosił. Ale nikomu nie przyszło do głowy. To i tak nic by nie załatwiło. I po co? I jeszcze po te dwa suchary z popiciem kawy z porcelany przypalonej było. A że baby pokrzykiwały na ciotkę? To i inni też. Zresztą pokrzykiwało się nie tak bardzo znów. Ze środy na czwartek to już dosyć bardzo. I dosyć chórem. I dosyć długo. Aż przestała jęczeć. To trzeba przyznać. Tego rannego na Miodowej, co sam sobie winien, z wąsami, też się zostawiło. W tym strachu o siebie, o wychylenie.

Co było z wiadomościami? Z gazetkami? Chyba jednak docierały. Zdobywało się. Wiedziało się. Że się pogarsza tak zwana ogólna sytuacja. Chciałem powiedzieć, że na Starówce nie miało się już co pogarszać. Ale nieprawda. To pogarszanie właśnie nie miało dna. Okazywało się zawsze, że może być jeszcze gorzej. I jeszcze gorzej.

Czekaliśmy na wysadzenie mostów. Ze specjalnym hukiem. Przez cały czas Rybaków. I było się zdziwionym, że mosty jeszcze stoją. Na Pradze stał czerwony Florian. Z wieżami. I cerkiew. Z niebieską kopułą. Jak ta pogoda. Czekało się na jeszcze jedną symboliczną, złą a przesądzoną nowinę. Na koniec Zygmunta Wazy na kolumnie. Bo stał jeszcze wciąż. Długo stał. Aż doszło do nas. Z gazetki. Że zwalili go.

Nie uchronili nas nasi królowie. Ani myśmy nie uchronili naszych królów. Tego, co po nich. Wszystkiego. Wszystkiego.

O moja Piwno! Od Augustianów! Od nieszporów! Psalmów. I Siedmiu Boleści. Chodziłem kiedyś do Augustianów na nieszpory. Był tłok. Kadzili. Były palmy. Śpiewali. Te nieszpory. Te żydowskie sprawy w kościele z gotyku, w XX wieku. I kiedy dochodziło do:

Ty jesteś kapłan do końca wieka
wedle obrządku Melchizedeka...

wzruszałem się najwięcej. Od tych słów usłyszałem, zapamiętałem pierwsze nieszpory. Dlatego to piszę. Bo to się zazębia o siebie. Wszystko. I moje strony, Leszno, Chłodna. I Muranów. Bo tam najwięcej tych moich kościołów. Potem Żydzi. I ten Karpiński. I ta kobieta pod filarami.

Jerozolima dom nasz, dom Boży.
chwała jego co dzień się mnoży...

Potem było, że coś „pełna w śpichrze”, że zaszczyca „...trwała stolica”.

Jerozolima na Starym Mieście czy na Muranowie. Potem w getcie.

Był jeszcze jeden psalm:

Jeżeli domu sam Pan nie zbuduje,
daremno nad nim robotnik pracuje.
Jeżeli miasta Pan nie strzeże z góry,
próżno straż czujna opasuje mury.

I to dalej... co pamiętam, tyle:

...(coś) odpowiada,
gdy do swych w bramie nieprzyjaciół gada.

Potem dopiero zrozumiałem, że to brama obronna, taka z Podwala albo z tego klasycznego rzymskiego dramatu Szekspira. Tam się wypychają. Jedni drugich przez taką bramę. Ja wtedy myślałem — na Nowolipkach, na Lesznie i na tej Piwnej, w tłoku, pod palmami, że to taka brama jak na Lesznie 99, na Poznańskiej 37, w ogóle jakich pełno było. Brama frontu. Wjazdowa. Z napisem „Handlarzom, śpiewakom, muzykantom i żebrakom wstęp wzbroniony". Z wnękami po bokach, z mikołajami z żelaza. W ogóle żelazna. W kratę, w kwiaty. A dalej, w środku, przed wejściem w pierwsze podwórze-studnię, sfinksówna na nenufarach, olejna, nad klatką schodową. Albo kafle. W girlandy. Pompeje.

Więc ta Matka Boska Piwna. Kto by myślał, jak wtedy się tak wsłuchiwałem w te sienie, bramy, że zbuduje — pilnuje, dom Boży — mnoży, że teraz jak wylecę szukać z kubłem wody, na Podwale, to zobaczę ten „Syjon", już ten drugi, w gruzach, siwy, czerwony, „dom nasz, dom Boży" — drugi po Muranowie, po starcach w sieni, co lud sądzić będą, że zobaczę tych Augustianów. Tyły. Od Podwala. Zburzone. Już nie ma Siedmiu Boleści. Palm. Tłoku. Śpiewania żydowskich spraw. Od Melchizedeka. Który — to potem wiedziałem — pokazał się, nie wiadomo skąd, złożył — on pierwszy — ofiarę bezkrwawą. I zaraz poszedł.

Był zachód słońca. Ciągle upał. I te cegły, rozwaliska, siwe, popielate, kamień na kamieniu. Z ogniami, gruzem, z brzękiem kubła, pustego, mojego, i innych, co się mijały. Kojarzy mi się zachód słońca. Wdrapywanie się na Podwale. Po drugiej stronie. Coraz wyżej. Na zwały czegoś. Już ogólnego. To była niby Rycerska. Poznawało się po tym, że krzywa. Bo to była ścieżka, czerwona, na drugim piętrze, ze zbitych cegieł. Czyli domów. Tyle już narosło. Więc lecę tą Rycerską. Brzęczą kubły. Puste. Nigdzie wody. Tylko szukają. Nikt nie znalazł. Patrzę nagle. Za krzywymi ilušset metrami, po tym wierzchu, czerwonym, leci kobieta, coś niesie, w kuble, w dzbanku. Lecę. Gonię. Patrzę: niesie. Bo nie brzęczy tak. A trochę na jedną stronę pochylona. Lecę. Doganiam. Pytam:

— Gdzie pani...

Nie kończę. Bo ona patrzy na mnie i w kubeł. I ja w kubeł. Patrzę. A to zupa. Dlaczego, w ciągu powojennych opowiadań moim przyjaciołom tego, ta zupa była jagodowa, to nie wiem. Dopiero po dwudziestu latach, czyli ostatnio, zastanawiałem się, skąd jagody? W końcu sierpnia. I w końcu Starówki? W ogóle tu? Wtedy? I tyle. Tej zupy. A przecież widzę: czarna.

No nic. Rozminąłem się. Lecę. Dolatuję. Zlatuję w coś niższego. Skręcam. Piekarska? Bo ja wiem. Znów ludzie. Kubły. I nic. I samoloty. Bomby. Nie ma co myśleć o schowaniu się. Bo kiedy i gdzie. I tak już huki. Wybuchy. I następne. I znów nadlatują. Zniżanie. Wycie. Bomby. Jedyne, co można było zrobić, to jeszcze szybciej lecieć. Z kubłem. Wszyscy lecieli jak najszybciej. Z kubłami. Dzbankami. Ale to nic nie pomagało na sytuację. Tylko, żeby odróżniło się lecenie bez bomb od lecenia z bombami. Fakt, że zbombardowali coś blisko. I dużo. Bo się kurzyło. Dymiło. Szły rude, siwe, cegłowe — te Pompeje, popioły. I nagle gruchnęła wieść, że na Szerokim Dunaju trysła woda. Z rury. Od bomby. W tej chwili. Brzęczymy. I lecimy wszyscy. Tam. W te pyły. W Wąski Dunaj. Po pagórkach. Na róg Szerokiego. Tu się zleciało. I nagle cud — widać faktycznie — woda tryska, jak fontanna, z grubej rury, przebitej, wypchniętej z ziemi. Radość. Tłok. Nabieranie.

Brzęk. A że dużo wody naraz, to piorunem. I każdy odlatuje. Przyleciałem na Miodową. Szczęśliwy. Z żywym dowodem szczęścia do pokazania. I do picia. Od razu. Mama była uradowana. A ja dumny. Potem noc. Hałas. Huki. Różańce. Księżyc na Pacu. Fryzie. Śpimy.

Rano ruch. Nalot. Framugi. I wtedy patrzymy, co ciotka tak cicho. A ciotka nie żyje.

— No, nie żyje tyle już czasu.

— I kiedy?

Wynieśli ją. Te one, znaczy. Ta rodzina. Na podwórze. Ale że strasznie walili, to tylko tak położyli szybko, prawie rzucili u wylotu schodów. Trochę z boku. Tak, że leżała. W kucki. Rozkraczona. Cały dzień, całą noc. I dalej. Bo naprawdę nie było jak i kiedy pochować. Niby.

Nie wiem, czy to tego dnia pod wieczór, czy poprzedniego, siedzieliśmy z Celinką i Swenem na dwóch środkowych schodkach i zaczęliśmy mówić, czy przeżyjemy.

— Wiesz — uśmiechała się Celinka — ja mam takie przeczucie, że przeżyję.

— Ja też — powiedział Swen.

Celinka na to z uśmiechem:

— Tak, ale moja koleżanka mówiła to samo i zginęła.

Jeszcze moje drugie wylecenie po wodę. Z szukaniem, Tym razem jeszcze gorzej beznadziejnym. Bo gdzie? Drugi raz liczyć na bombę w rurę? Plątało się. Szukało. I nic. Z tym kubłem.

— Jest! Podwale pięć! Podwale pięć!

— Podwale pięć?

— Podwale pięć, róg Kapitulnej, studnia, drewniana, odkryli...

Lecę. Inni też. Tym lepsze, że to obok nas, tyle że przez Kapitulną. A ja gdzieś zaleciałem daleko. Czym bliżej, tym więcej lecących z kubłami, dzbankami. Nawet mijają nas już z pełnymi.

— Tak! Jest!

Wlatuję do bramy numer pięć. Jest. Tłok. Brzęk. Ogon. Podwóreczko. Studnia. Na podwóreczku. Drewniana. Zielona. Omszała. W kwadrat. Taka stara. Że aż o niej nie wiedzieli. Ktoś odkrył. Kto? Bo ludzi tu nie ma. Dom niby stoi. Częściowo. Ale zupełnie nieczynny. To znaczy, jakaś cząstka stoi. Nawet może niewypalona. Tylko coś po bombach. No i racja. Że bomby wciąż były. Bo to coś, co było chyba biurem, posłużyło za miejsce na ogon. Bo ogon był. I przybywał. A bomby też były. A z wody nikt nie rezygnował. I tak się stało. Cierpliwie. Parter bo parter. Ale zawsze — nie na wierzchu. Był upał. Dzień. Jasno. I długo. Się stało. Bo studnia była naprawdę stara. I trzeba było po kolei wpuszczać i wyciągać (kijem czy sznurkiem) wiadro po wiadrze. A to to było biuro. Przyjrzałem się. Resztkom mebli. Czyli szafce. Zasuwanej na drewnianą harmonię. Odsuniętą. Ale z papierami. Czystymi. Do pisania. Wziąłem sobie plik. To był luksus. Sam fakt. I gatunek. Pamiętam znak wodny. Chyba SIMON i coś tam. Papieru mi brakło, więc bardzo się cieszyłem. I czekałem. Swojej kolejki. Godzinę. Dwie. Chyba dwie. Oprócz szafki było jeszcze może coś. Z gruzami. I więcej nic. Owszem — gruzy, wapno z trzciną, cegły, otwory bez drzwi i okien. Przez taki otwór wchodziło się — w tym ogonku — do tej studni, jak nadeszła swoja pora. Bo wreszcie nadeszła. Moja. Wpuściłem kubeł. Wyciągnąłem. Ktoś nawet mi pomagał. Wiedział jak. I poleciałem z wodą i papierem do swoich. Do swoich gruzów.

Noc była na pewno księżycowa. Z fryzem. Naprzeciwko. Z czymś walącym (ciągle czołg). I z potwornym upałem. Tym po pożarze. Na pewno zjadło się po półtora suchara za cały dzień.

A te dni na Miodowej to były swoją drogą całe w bombach. Od rana do nocy. Bo wciąż te stania we framugach. I jednak z widokiem ruin na dwa piętra. Czyli że sklepienia nie było w tym miejscu. Żadnego. Tyle że framuga. Ze sklepieniem w ogóle przesadziłem. Nie wiem, czy było kawałek nad nami.

Może było. Ale liczyło się tylko na framugę. A co do nielatania. Samolotów po mroku. To też przesadziłem. Właśnie 31 sierpnia, jak się zaraz dowiedzieliśmy, batalion „Chrobry", ponad dwieście ludzi, wrócił z akcji. Do siebie. Do piwnicy w Pasażu Simonsa (Nalewki przy Ogrodzie Krasińskich, dziś ulica Bohaterów Getta). Wszyscy szybko się walnęli na swoje łóżka polowe i pryczowe. To znaczy nie tyle walnęli, ile zrobili ruch odchylania koca, żeby się położyć, i wtedy ten klops. Ocalało tylko czworo czy pięcioro. Ci też nie wiedzieli, chociaż przeżyli, kiedy — co — jak. Tyle że nagle bomby i się wali. Rozmawiałem z nimi, z tymi ocalałymi — trzech czy czterech mężczyzn i jedna (chyba jedna) kobieta. W 1946 roku. We wrześniu. Wtedy w Warszawie od Ogrodu Saskiego do Żoliborza była pustynia. Ogród Saski też. Właściwie to od Alej Jerozolimskich do Żoliborza. Ja byłem dziennikarzem. Pisałem o ekshumacjach. Podawało się, że tu i tu to i to. I sprawa rozpoznania. Listy. Rozpoznanych. Więc i tu. Tylko tych kilkoro ocalałych zaczęło ekshumację ze swojej inicjatywy. Kopało kilku robotników. Było wiadro, taka wielka blaszanka, na głowy, ręce i nogi. Ale nie bardzo dało się rozpoznać, które czyje. Pamiętam te:

— Czy to noga Zdzisia? A może Rysia?

I wrzucanie do blaszanki po karbidzie.

Nie dziwcie się. To wtedy była rzecz zwyczajna. Palili ognisko. Od strony Ogrodu. Bo zaczęły się pierwsze chłody. Ale się zrezygnowało. Z dalszego kopania. Bo ten Pasaż Simonsa był jedną plątaniną, kupą gruzu, i to takiego mocnego, zbitego, i sterczały żelazne szyny. Bo dom był duży i silny. Ale też jak się (jako resztka ocalałości) zwalił, to i przywalił. Więc tyle o tym. Potem rozbierali. Racja. Wydobywali. Pochowali. Czy rozpoznali? Nie wiem. No, to tyle.

Dnia 1 września roku pamiętnego było też wspaniałe lato. I był też piątek. Przeszło pięć lat, ale dwa lata w tym przestępne, i historia w ten sposób zrobiła okrążenie. Wiem, że sobie to wtedy pomyślałem.

To, że „napadł wróg na Polskę z nieba wysokiego", to sobie myślę teraz, że to dobrze opiewa. Bo i pogoda — a w pogodę niebo jest wysokie. I samoloty. Ale tym razem napadł z nieba niskiego, dachowego.

To, czy ten pierwszy wrzesień będzie historyczny — rano jeszcze nie wiedzieliśmy. Czyli o świcie. Bo chyba zaczął się ten dzień wcześniuchno. Samoloty wstawały ze słońcem. Na pewno o piątej już były bomby, obrywania się naszych resztek. I już ginęli ludzie. Ci od przysypań. Bo w nocy też ginęli. Od innych rzeczy.

Więc 1 września raniutko Mama Swena ogłosiła nam, że nie mamy co jeść. Mówię „nam", bo cała piwnica była już na nogach. Każdy mówił swoje.

Po jakimś tam na pewno postaniu we framudze postanowiliśmy ze Swenem wyjść. Szukać. Jedzenia. Jak?

— Może się gdzieś coś znajdzie.

— A jak nie, to trzeba kraść.

— Tak, trzeba kraść — powiedzieliśmy sobie na głos.

I wyszliśmy po schodkach — od mierzenia upału i bezpieczeństwa — na podwórze. Przystanęliśmy za drzwiami, nad rozkraczonym półsiedzącym trupem tej starej ciotki. Na jakim odruchu? Staliśmy i przyglądaliśmy się jej. Miała obrączkę na palcu. Dopiero po wojnie jeden drugiemu przyznał się, że myślał o tej obrączce. Ale czy obrączka by wtedy poszła — to też pytanie. Nie tylko pieniądze nie były ważne.

Przyznam się, że od dawna nie lubiłem 1 września. Może to zrobiła szkoła. I człowiek wmawia w siebie przeczucia? A może ten dzień naprawdę miał w sobie na długo przedtem niepokój? Prawie na pewno miał.

I wtedy — tego dnia — oprócz tego wyjścia za szukaniem jeść wygnało nas coś dodatkowego. Po długim staniu nad ciotką tych bab zaczęliśmy przełazić przejściami, podwórzami Miodowej w stronę placu Krasińskich. I zaraz okazało się, że krążymy nie my jedni. Że niepokój. Że koniec. Stare Miasto broni się ostatkiem sił. Ale i ludzi coraz mniej. I jeść nie ma co. Powstańcy też nie mają. A tu idzie atak. Z różnych stron. Huki. Walenia. Przebijania ostatnich piwnic. Słońce się podwyższało na niebie. Upał narastał. I te kręcenia się. I cywilów, i powstańców. Bezradność. Nie wiem, kiedy zaczęli mówić, że Niemcy wchodzą już na Freta. I że kapitulacja Starówki.

Chyba wróciliśmy do naszej piwnicy. Coś tam się mówiło, radziło. Ale co? Chodziło głównie o to, że Niemcy o którejś godzinie wpadną do piwnicy i zaczną wrzucać granaty. Znów te filary. Pomyślałem: e, byle być za filarem. Ale czy to załatwi sprawę? Czy w ogóle nasze gadanie, ustalanie coś znaczy? Ten upał, huk, krętanina, narady, dymy, bo się paliło i paliło, ta spalenizna i ten coraz większy niepokój. I znów wyszliśmy. We dwóch. Reszta została. Zbyszek też. Nie pamiętam dokładnie — co było od odejścia od starej ciotki do tych pierwszych wieści. A potem od pierwszych wieści z Niemcami na Freta do spotkania naszego wspólnego znajomego, Henia. Henio był w mundurze powstańczym, czyli w czymś poniemieckim, w tygrysce chyba.

— Jestem sanitariuszem — powiedział; i usiedliśmy na podwórzu Fuchsa, chyba w tym domu za Bazylianami. Na jakimś schodku pod ścianą, może nawet pod ścianą, może nawet pod resztkami czegoś w rodzaju wejścia z daszkiem.

— Słuchajcie — powiedział Henio — wycofujemy się dziś kanałami, ciężko rannych się zostawia, ale nasz porucznik ma pupila, ciężko rannego, i trzeba go przenieść, zgodzicie się?

— Tak!

— Możecie we dwóch, bo mogę powiedzieć, że trzeba go nieść na zmianę, bo trzeba go nieść na plecach.

Swena bolała wciąż ta noga. Kolano.

— To nic, to ja go będę niósł — powiedziałem — a ty mi trochę pomożesz.

— Ale nas jest trzech, słuchaj — na to Swen, do Henia.

— Trzech? To gorzej.

— Mój kuzyn, nie możemy go tak zostawić.

— To się nie da.

— No trudno — odezwałem się (jak to łatwo z kogoś zrezygnować!).

Ale Swen był solidarny.

— Nie, bez Zbyszka nie pójdziemy.

Henio zaczął ustępować.

— No, to nie ode mnie zależy, bo jakby ode mnie, ale może spróbuję wytłumaczyć... albo po prostu powie się o dwóch, a trzeci się przyklei, no nic, przyjdźcie we trzech, na Długą (tu chyba podał adres), na lewo od placu Krasińskich. Tam jest szpital. I ten ranny. Tam jest w ogóle punkt zborny. Niemcy zdobywają Stare Miasto, ale będzie osłona. Właz jest na placu Krasińskich. Nic ze sobą nie bierzcie. Bo do włazu nie puszczają z żadnymi rzeczami. Najwyżej chlebak.

— Dobra — nie śmieliśmy jeszcze uwierzyć w kanały. To było nasze marzenie. Przejść do Śródmieścia. Legenda o kanałach, o wejściu za przepustkami po znajomości, i to w wyższych sferach, zrobiła swoje. A że w kanałach może być źle, że się topili, że gubili drogę, że z Mokotowa, tego Dolnego, na klęczkach, bo dziewięćdziesiąt centymetrów, że niektóre włazy pod Niemcami i otwarte, że Niemcy wrzucają granaty, to nas nic a nic nie przerażało. Byleby stąd! Zostaną same kobiety, a im zawsze łatwiej.

— Tego rannego (tu podał nam jego pseudonim, nie pamiętam jaki) trzeba ubrać, trzeba w ogóle udawać, że jest lekko ranny, bo inaczej nie wpuszczą go do kanału. No, to o godzinie (tu podał Henio godzinę, drugą chyba po południu)... bądźcie... na razie...

A może nie podał godziny, bo nie miał nikt zegarków, tylko: za godzinę — tak, prędzej to.

Wiem, że polecieliśmy szybko do naszych. Że wpadliśmy z wielkim rabanem. Ciotka Uff. była szczęśliwa, że i Zbyszek. Zbyszek też był szczęśliwy. I Mama Swena. O nas. Choć i Mamie, i Ciotce, i Celince, i Lusi z panią R. było ciężko z nami się rozstawać. Szczególnie Mamie Swena. I Ciotce. Bądź co bądź na niewiadome. Tyle, że w Śródmieściu na

Żurawiej była Danka, córka Ciotki. Więc Zbyszek i Swen mieli tam Dankę. A ja Ojca i Zochę. I przede wszystkim — mieliśmy Halinę.

Chyba już wiedzieliśmy, że wychodzi się na rogu Nowego Światu i Wareckiej. Więc Ojciec, Zocha i Halina najbliżej. Bo Chmielna 32. Między Bracką a Marszałkowską. Więc do nich. Wszyscy trzej. Najpierw.

Podniecenie kanałami po tych beznadziejnych godzinach było takie wielkie, że nie działały na nas naloty, pociski, których musiało być właśnie tego dnia ostatniego jeszcze więcej niż codziennie, choć skala już się dawno zatraciła. No oczywiście: atak tak zwany ostateczny ma swoje specyficzne cechy, znane mi z Woli. Ale tu był antyśrodek: kanały.

Więc jednak historyczny dzień. Upadek Starówki. Starówka była już słynna w całej Polsce. I w obozach. I w Anglii. I kanały. Te. Te ze Starówki. Już były słynne. Już Warszawa wiedziała, że to historyczny dzień. Tylko że to wiedzenie nie takie było świetne.

Nasz pośpiech udzielił się i reszcie. Szczególnie Matce i Ciotce. Czyli dwóm matkom.

— Zaraz, zaraz, zaczekajcie!

— Zaraz, zaraz, jeszcze to...

Coś się brało? Nie, chyba. One po prostu przez ten czas szybciutko upiekły z jakichś zupełnie ostatnich zapasów dla nas na drogę po dwa placki. Na blasze. Takie, jak to się wtedy piekło. I nie na blasze. Przepraszam. Zapomniałem. Na tych trzech cegłach za filarem. To wyszło na jaw dopiero, jak żeśmy się żegnali. Wtykały nam do kieszeni. Nie chcieliśmy. Bo szliśmy do Śródmieścia. A im się zabierało ostateczki. Ale nie chciały słuchać.

Żegnały nas wszystkie kobiety jakoś niezwykle. A Mama Swena i Mama Zbyszka każdemu z nas po kolei robiły krzyżyki na czole i całowały. To było może najbardziej wzruszające żegnanie się z kimś w moim życiu. Płakały. Ostatecznie Mama Zbyszka nie zobaczyła go już nigdy od tej pory. Żyje.

W Anglii. Ale... Żona, bo się ożenił, listy przysyła. Za niego. Więc czy żyje? Chyba tak. Ale dlaczego to tak?

Więc wyszliśmy z piwnicy. Z Miodowej 14. Tyłami. Prawą stroną. Do placu Krasińskich. Tu przeszło się Miodową. Za barykadą. W Długą. I już po tłumie ludzi pod murami można było rozpoznać punkt zborny.

Stoi dziś ten dom. Znów. Pierwszy od rogu. Chyba wtedy miał bramę z wnęką. A może mi się tak wydaje. Najdziwniejsze, że i wtedy ten dom stał. Jeszcze. Przynajmniej w części. Było w nim jak w ulu. Naprawdę się roiło. I chyba nie zmyślam, że i na piętrach. Przynajmniej na parterze i na pierwszym. Bo przecież chyba wchodziłem na schody. Ze Swenem i Zbyszkiem. Właśnie na piętro. Henio nam pokazał. Gdzie iść. Czekać. Co robić. Aż dziwne, żeśmy się z nim znaleźli. Bo nie myślcie, że cywilów tam nie było. Kupa powstańców. I kupa cywilów. Na schodach wlatywania i zlatywania. Nikt nie zwracał uwagi na bomby. Okazało się, że kanały na wszystkich tak działały. Dobrze, że bomba w nas nie wpadła. No ale nie wpadła. Ale tu chodziło o pośpiech. O każdą godzinę. Bo atak przybierał na sile. Obrona kosztowała. A skoro zostawiało się w zasadzie ciężko rannych i wszystkich cywilów, to przynajmniej musieli zdążyć wycofać się wszyscy pozostali, na końcu i ci z obrony, co mieli bronić już tylko włazu i siebie, żeby wejść do włazu. Ale na razie jeszcze czekało dużo-dużo. W dodatku, jak zobaczyłem, niejeden ciężej ranny. I kupa cywilów, naprawdę. Przemycanych tak jak my. Do pomocy i po znajomości. A to wszystko wydłużało wycofywanie. A znowu za wszelką cenę pilnowano planu. Porządku. Dlatego nie było już miejsca na banie się.

Sala, do której wlecieliśmy za Heniem, była roztrajkotana i zatłoczona. Przede wszystkim ruchem. Poza tym ludźmi. I poza tym pryczami. Piętrowymi. No i różnymi rzeczami. Szykowanie noszy. Ustawianie rzędem pod ścianą jakichś — czyżby plecaków? Plecaków nie wolno było taszczyć. Więc to musiało być coś o wiele mniejszego i konieczniejszego.

Na pryczach siedzieli, leżeli, ubierali się i ubierani byli przez innych różni ludzie. Znaczy — powstańcy. Łączniczki, sanitariuszki. I pewnie różne rodziny. Dodatki. W tej całej metodzie było szaleństwo. Bałaganu z pośpiechem. Ale nad tym znowu panowała sprawa kolejności i ubywania. Nasz ranny leżał na pryczy parterowej. Nie pamiętam, czy go ubierałem. Czy to zrobiły już powstańczynie. Pamiętam, że miałem włożyć mu na nogi pantofle. No i zasznurować. Samo zabieranie się do tego trwało a trwało. Mój ranny był wychudzony, bardzo młody. I postrzelony w dziewięciu miejscach. Pomyślałem, że trudno będzie za niego udawać, że on jest w porządku. Był półprzytomny. Jęczał. Bolało go wszystko. I nic dziwnego. Co zacząłem zakładać mu pantofel, to jęczał, krzywił się, cofał nogę. Ja coś mówiłem. Łagodziłem. Odczekiwałem. I znów próbowałem. Nie wiem, co się działo na dworze, czyli na niebie i na mieście. Parę razy mignął porucznik Radosław. Nie ten słynny. Blondyn. Po trzydziestce. Poznał się z nami. Co też odbyło się w mig. Obchodziło go obucie rannego. I poza tym kanał. Mignął parę razy Henio. I jakaś sanitariuszka. Jego koleżanka. I tego rannego. Z oddziału. Doglądała mojej roboty. Ja już zacząłem jeden pantofel naciągać. Nie wiem, kiedy naciągnąłem. Chyba mi pomogła w pewnym momencie. Nasza grupa miała chyba troszeczkę luzu w czasie. Chociaż nie wiem. Może to właśnie zależało od zapakowania się. I od tych obuć. Do kanału i tak bez przerwy wchodzili. Pantofle nareszcie mu nałożyłem. Ale znowu sznurowanie okazało się tak samo trudne. No bo nogi też były przestrzelone. Zegarki jednak niektórzy mieli. Przesadziłem, że nie. Zdaje się, że zakładanie pantofli ze sznurowaniem razem trwało dwie godziny. Może trochę mniej. Ale niewiele. Bo bardzo długo było się w tej sali. Potem się już niby miało iść. Ale się czekało. Na znak. Pamiętam kupę lataniny, krzątaniny, wynoszenia, wykrzykników, rozkazów.

Wreszcie my. Ja z rannym na plecach. Był lekki. Tylko że go wszystko bolało. Starał się pomóc mnie i sobie. Jak mógł.

Na początek, na to wyjście do włazu, i jemu udzieliła się idea przeprawy. Więc ja z tym rannym, Zbyszek, Swen, Radosław, Henio i ta sanitariuszka z chlebakiem. I ich ludzie. Tyle, że pamiętam idących najbliżej. Swen szedł za mną, za Swenem Zbyszek. Za Zbyszkiem chyba Henio. Przede mną sanitariuszka. A może Henio przed nią. A przed nimi Radosław.

Szybko zeszliśmy po schodach. Prosto do bramy. Pamiętam, że z bramy przesunęliśmy się do wnęki. I tu czekało się. Potem kawałeczek dalej, ale wciąż przy bramie. Pamiętam, że mur tego domu, tej bramy był żółty. I że naprzeciwko paliło się strasznie. I to nie w jednym miejscu. Ognie na kilka pięter. I dym. Gryzł w oczy. Oślepiał. Przez dym paliło słońce. Wydaje mi się, że i za nami, i przed nami było sporo cywilów. Nie tylko młodzi. Bo i starsi. I starsze panie. Ktoś siedział — w kolejce — na składanym krzesełku. Kolejka bardzo była wygięta. Bo wnęka. A trzeba było ściśle przy murze. Bo nagle tu w miarę wychodzenia na ulicę zaczęło się czuć te grozy. Nie pamiętam, czy samoloty. Na pewno tak. I tylko płaszczyliśmy się. Do ściany. Bombardowały i podpalały. Pamiętam pociski. Leciały od Krakowskiego i od Bonifraterskiej. Pewnie i od Wisły. I od Przejazdu. Czuło się, że celują w ogon do włazu i we właz.

Przesunęliśmy się. Z bramy. Zupełnie na ulicę. Pod mur. Tu szło trochę szybciej. I widać już było, jak przed samym rogiem ludzie odrywają się od muru i pełzają po jezdni, do włazu. A właz — z drugiej strony placu. Naprzeciw lewej wieży kościoła Garnizonowego.

Na myślenie, takie z uczuciami, był czas. Nie myślcie. Mimo wszystko.

„Oj... — myślałem sobie — zostały tam na Miodowej i te krzyżyki..."

Znów się przesunęliśmy kawałek. Przy murze. A było coraz groźniej.

„Ooo — myślałem sobie — tam Halina, Ojciec, Zocha. Śródmieście".

Śródmieście! z Haliną umówiłem się na siódmą. Pierwszego sierpnia. Będę pierwszego września. Też na siódmą. Bo sobie pomyślałem, że za dwie godziny już tam będę, bo było popołudnie. — A co z Mamą? Gdzie moja Mama? I czy żyje? Ja z tymi kluczami. Jak się dostała do mieszkania, nim ją pognali? Co z Nanką? Z Sabiną? Z ciotką Józią? Ze Stefą?

Znów kawałek przy murze. Pociski biły. I te pożary. Po drugiej stronie Długiej. Tu. Jakiś świeży. I Garnizonowy chyba. Długa 13 czy 15. Żywy ogień. A tu pali słońce. Przez dym. Z ogniem. I gryzie. We wszystko.

„I ja — myślałem tak mniej więcej — który czytałem z Mamą dawno, dawno w spokoju tego Jana Waljana, jak to się wymawiało, tego Victora Hugo, co z rannym na plecach szedł kanałami Paryża —ja teraz z rannym na plecach za chwilę, za trzy minuty wejdę w kanały Warszawy. Kto by myślał?!"

A Śródmieście. Tak daleko. Dziś ktoś może nie zrozumie. Nowy Świat — plac Krasińskich. Tu i tu środek, Śródmieście. Tak niedaleko. Tak to było strasznie daleko. Nie bliżej — mówię wam — niż mnie po wojnie z Warszawy do Paryża. W ogóle to się nie kojarzyło jako coś wspólnego.

Była piąta po południu, jak oderwaliśmy się od rogu muru Długiej i muru placu Krasińskich i rzuciliśmy się od razu pełzać. Teraz już szybko, szybko. Bo pociski waliły niemiłosiernie. W nas. W wejście. Barykada Miodowa była dobra. Ale barykada w poprzek placu Krasińskich, od Bonifraterskiej, była niziutka, do pasa najwyżej. Z szarych worów z papieru z czymś w środku. Z cementem. Pewnie. A ta barykada była ważna. I osłona. I pod nią pełzaliśmy. Ja ciągnąłem rannego po ziemi. Na siłę, ile mi starczyło. Szybko. Szybko.

Naprzeciw tego pożaru, tych ogni na ileś pięter, w słońcu, był właz. Nad włazem pół kucał, pół stał ktoś. Jeden czy dwóch. I regulował ruch. Bez miłosierdzia zrzucał, zdzierał z pleców toboły i plecaki i ciskał w bok; na stos, bo się uzbierało. Tu szło wszystko piorunem. Pociski biły wyraźnie w samo wejście. Z dwóch stron. Pożar szalał. I oblepiał. Pełzliśmy. Ile sił. Przed nami też. Za nami nieprzerwany ogon. Właz był nieduży. Płyta odrzucona w bok. Nikt nikogo nie uczył, co jak. Każdy uczył się tylko, ile widział w tej sekundzie, jak schodzą poprzednicy. Zarzuciłem mojego rannego na plecy. Nie. Podali mi go chyba jednak. Nie. Nie pamiętam. Może jednak z nim. W ten otwór. Ostatni widok. Garnizonowy. Pali się. Dym. Słońce. Ogień. Pociski. I klamry. Raz noga. Raz noga. Coraz niżej. A głęboko. Wcale nietrudno. Ileś ich. U dołu rozszerzenie. Jakby w dzwon. I jesteśmy zupełnie, zupełnie pod ziemią. Szum. Od razu idziemy. W prawo. Spodnie podwinęło się przedtem na Długiej. Włazi się w to coś. Wody do pół łydki. Zaczynamy iść. W tej wodzie. Tak zwanej. Noga za nogą:

szszu...szszuuu...szszuu...

Pierwsze, co mnie zaskoczyło, to spokój. Cisza. Szumi. Te kroki. Światełka. Bo przed nami daleko świeczka. I nasza sanitariuszka też niosła świeczkę. Więc spokój. Po tym piekle. Ulga. Niesamowita ulga. Ranny mi jeszcze nic a nic nie ciążył. Odpoczywał po wysiłku. Był bierny. Więc radość aż. Po tym piekle na górze. Bomby, pociski — daleko. Słychać tylko

u-uu — uuu — uu — uu— u — wydłużone, strasznie wydłużone, głuche — uu — uuu — to te pociski czy bomby; zupełnie odległe, obojętne — i niosło to echo, niosło.

Chyba zaraz skręciliśmy w Miodową. Bo szept. Jedno do drugiego:

— Idziemy pod Miodową.

— Idziemy pod Miodową.

— Idziemy pod Miodową.

A szept też było słychać w echach, w wydłużeniu, jak w muszli. Nie. Jak w studni. To też mało. Bo to nie tylko studnia w poprzek, bez dna. Ale w ogóle coś bez początku i końca. I nieprzeliczone. Bo rozwidlające się. Przecież tyle kanałów, ile ulic. Czyli jeszcze raz miasto. Trzecia Warszawa. Licząc od wierzchu. Pierwsza na wierzchu właśnie. Ta z przejściami przez podwórza i sienie. Druga — schronowa. Z systemem połączeń. Podziemnych. A pod tą podziemną jedną ta podziemna. Z ruchem. Z regulowaniem. Z napisami. Bo przy każdym rozwidleniu nad wejściem w kanał właściwy, czyli arterię dla pieszych Stare Miasto–Śródmieście, była kredą na cegłach strzałka i napis „TU".

Jak kanały wyglądają? Różnie w różnych miejscach. Zawsze w całości sklepione cegłą. I zawsze mają sklepienia okrągłe i dno też okrągłe. Czy raczej owalne. I w ogóle są w przekroju, czyli w perspektywie, bo ten ich przekrój wyjątkowo się właśnie widzi w nieskończoność. Na owal. Albo mniej więcej na owal. Piszę mniej więcej, bo właśnie pod Miodową kanał był duży i miał po obydwu bokach takie (betonowe chyba) ławy. Szliśmy ze świeczką. Sanitariuszka. Przed nami daleko też ktoś niósł świeczkę. I chyba jeszcze dalej przed nami też. Tak, że się widziało. Oczywiście niewyraźnie. Połyskiwały ściany. Ta perspektywa. Ten pochód też bez początku i końca połyskiwał. Migotał. Na ślisko. Bo tu było wszystko śliskie. Spodnie mieliśmy zawinięte. Do kolan. Ale szło się w pantoflach. Woda wciąż była do pół łydki. Nie wiem, czy śmierdziała. Czy parowała. Nie wiem nawet, co w niej było. Podobno różne rzeczy. Podobno przeszliśmy po dwóch trupach. Coś mi się chyba właśnie ze dwa razy plątało pod nogami. A w ogóle nie czuło się nic prócz

chlup — chlup...

i ulgi. I tego, że się idzie do Śródmieścia. Na Starym Mieście musiało być zupełne piekło, skoro miało się tak otępiałe oczy i nos.

Dopiero niedawno ktoś mnie spytał, skąd tam wtedy były pomyje. Dlaczego jeszcze płynęły?

Nie wiem.

Te betonowe ławy może są po to, żeby obsługa miała po czym chodzić. Bo normalnie przecież pomyje płyną wyżej i szybciej.

Wtedy się o tym nie myślało. Ławy to ławy. Na ławach zobaczyłem nagle porzucony plecak. Potem dalej słój ze smalcem. Potem znów plecak. Czy koc. Przypominam —

sam sobie zresztą — że niosłem rannego. Pod Miodową było szeroko i wysoko. Tak, że niosłem go normalnie. Ale pod tą Miodową szło się i szło. I łyskało. Od tych świec. I ludzi. I grzmiało:

uu...

u — uu — uuu...

Więc się jednak tym niesieniem zmęczyłem.

— Zbyszek — odwróciłem się głową tylko, bo się szło — może go weźmiesz teraz ty?

— Dobra.

Swen zwolnił. Zbyszek go minął. Podszedł. I wziął. Byłem wolny. Zrobiło mi się wygodnie. Jak rzadko kiedy.

Nie pamiętam, czy najpierw było:

— Uwaga! zgasić światło, właz otwarty.

— Uwaga, zwalniamy kroku, podchodzimy pod otwarty właz.

— Uwaga... gasić świece... cisza zupełna... u góry Niemcy...

Czy najpierw może to światełko z naprzeciwka. Z daleka. Ale idące. W naszą stronę. Chyba żeśmy się zaniepokoili. Może i zapytali:

— Co to?

My, ci niedoświadczeni. Bo ktoś zaraz na kilka osób przed nami szepnął:

— Łączniczka.

— Nic, nic — podaliśmy dalej — łączniczka.

— Aha — łączniczka.

— Łączniczka.

— Uwaga — u-wa-ga...

Światełko nagle zrobiło się bliskie, szybko idące, chlupot też szybki.

— Uwaga — uwaga — to łączniczka.

Minęła nas ze świeczką.

Potem znów:

— Uwaga, właz, nie wiadomo, czy nie otwarty.

— Uwaga, właz...

Pamiętam, że któryś nie był otwarty. Przeszło się wolniej, ciszej. Dla wszystkiego. Za bardzo przez ten miesiąc przyzwyczailiśmy się do uciszań, do hasła „Niemcy podsłuchują" i do udawania, że nas nagle nie ma.

Nie pamiętam już teraz tych słupków światła pod otwartym włazem. A może pamiętam. Z daleka były podobne do świeczki. Taki sam efekt. Coś świeci. Znów coś zaświeciło. Szło. W naszą stronę.

— Uwaga — uwaga...

Tym razem chyba chłopak. Bo mijała nas ta łączność kilka razy. Raz dwie osoby. Raz chyba więcej.

To, że wciąż jest Miodowa, to się dziwiliśmy. O zabłądzeniu nie było mowy. Bo i światła, i strzałki. I znawcy. I to, że nas było bez końca. W przód. I w tył. Na rogu Nowego Światu i Wareckiej od dawna ludzie już wychodzili i wychodzili. A na placu Krasińskich wciąż jeszcze wchodzili. I jeszcze długo mieli wchodzić. My trafiliśmy na dobrą porę. Teik wycofywał się z ostatkami, już zupełnie w nocy. Musieli iść szybciej i po ciemku. I zabłądzili. W ogóle Niemcy rzucali im granaty. Z góry. Zrobił się popłoch. W końcu doszli i wyszli. Ale nie wszyscy.

W pewnej chwili znów wziąłem rannego. Był już i zmęczony. I rozgorączkowany. Chciało mu się pić. Bolało go wszystko. Jęczał. Ja go pocieszałem. Ale co z tego? Pić mu się chciało. A wody nikt nie miał. Ani kropli. Na bolenie też nie było lekarstwa. Trzeba było go nieść. Czyli musiał być w wielu miejscach dotykany. I tak dobrze, że trzymał się mnie, jak trzeba, za szyję. A ja mu rękami trzymałem nogi.

Po długim czasie zaczęła iść od przodu wiadomość, że skręcimy w Krakowskie. I że tam nie będzie już tak wysoko i szeroko. Czyli że nie będzie można iść już tak swobodnie. Obchodziło to szczególnie mnie. I w ogóle tych, co nieśli na barana rannych. Człowiek był o przeszło głowę wyższy. Ale przecież z kolei ja nie byłem wysoki.

Wszyscy byli ciekawi tego rozwidlenia. Tego skrętu. Tej nowości.

— Krakowskie!

— Krakowskie!

— Krakowskie!

Może to tutaj dopiero był ten pierwszy otwarty właz. Bo Krakowskie było opanowane przez Niemców. Ale i Miodowa od Krakowskiego do Koziej też była już chyba ich, skoro podjeżdżali tam do nas pod barykadę przy Kapucynach. I w ogóle — skoro siedzieli w siedmiopiętrowcu na rogu Koziej.

Wreszcie jest. Rozwidlenie. To ważne. Skręcamy w prawo. Kanał od razu inny. Mniejszy. I tylko owalny. Bez tych ław. Troszeczkę się wszyscy poprzygarbialiśmy. Ale nie było tak źle. To znaczy — przygarbieni byliśmy na pewno. Nie pamiętam już, na ile. Ranny i tak mi już ciążył. Znów dałem się komuś zmienić. Zbyszkowi. Czy komuś trzeciemu. Z oddziału Henia. Potem znów rannego wziąłem. Trzymałem go za kolana, niżej. A on trzymał niżej głowę. I wcale tak nie wystawał. Bo głowa mu się nie za bardzo chciała trzymać. Więc mu opadała. Aż opadła. Na tył mojej głowy.

— Pić! — jęczał.

— No nie ma wody, co zrobić, jeszcze trochę, niedługo dojdziemy — to ja tak pocieszałem.

Ale on jęczał:

— Pić... piiić...

Znów mu tłumaczyłem. Za chwilę znów wołał:

— Pić... nie wytrzymam.

— Niedługo dojdziemy, niedługo dojdziemy...

Zaczął się jeszcze więcej obniżać, głowa mu leciała w dół i w bok.

Ja w pewnej chwili chciałem, przy jakimś zatrzymaniu się, bo czy właz i zwolnienie kroku, czy nas ktoś mijał, a tu ciaśniej, to trzeba było stanąć. Więc chciałem oprzeć się troszkę ręką o ścianę. Oparłem się. Dłonią. I dłoń mi zjechała po zielonej na grubo mazi w dół. Nie dało się. Wiedziałem, że to jest przecież półokrągłe i zielone, ale zdziwiłem się, że aż na tyle — zarośnięte — tym czymś. Bo chyba mi w to wlazła cała prawie garść. I zjechała. Z poślizgiem. „Więc i z opierania się nic" — pomyślałem — bo wciąż jeszcze niby oszczędzało się ubrania, o naiwności!

Ruszyliśmy dalej.

chlup — chlup — chlup...

buuuuu — słychać było znów powstanie na górze — buuuu — uuu — uuuuuu — uu...

— Piiić...

— No już niedługo... niedługo.

— Piiić... napiję się tej wody z kanału...

— Nie!

— Napiję się... dajcie mi tej wody... z kanału.

— Nie, nie.

Sanitariuszka przede mną usłyszała, też zawołała:

— Nie, nie!

— Napiję się...

Chciał się zniżyć jeszcze więcej, ale nie dał rady.

— No co z nim robić? co robić? — byłem trochę zrozpaczony.

— Zaraz — sanitariuszka otworzyła chlebak — dam mu kostkę cukru. Mam.

— Oj, to dobrze — powiedziałem — to pomoże na to pragnienie?

— Tak, cukier pomaga, gasi — i podała mu — masz, to cukier, weź.

— Dobrze... — Otworzył usta, włożyła mu kostkę w usta.

Szliśmy dalej. Na razie było z nim trochę spokoju.

Długo się szło. Pod tym Krakowskim. Rozwidlenia, nazwy ulic kredą, strzałki: „TU!". Mijania. Stawania.

— Uwaga! uwaga! uwa-ga! włazy!

— Ciisza! zgasić światło! — i znów zwalnianie kroku.

Odgłosy bomb, pocisków, czegoś, co i raz, nieskończone: bu-u-u-uu-uuu-uuuuu...

Ktoś znów (cywil) jeszcze raz wziął ode mnie rannego. Wreszcie:

— Nowy Świat!

— Nowy Świat!

— Nowy Świat!

— Już niedługo.

— Nowy Świat! Już niedługo wychodzimy, na rogu Wareckiej.

— Nowy Świat! Już ostatni odcinek, wyjście na Warecką!

Nie pamiętam, czy Nowy Świat czymś się różnił. Czy był troszkę jeszcze mniejszy. Czy nie. Może nie. Na pewno było rozwidlenie. Na pewno już zmęczenie. I niecierpliwość. Chociaż pocieszające było to, że się udało. Bez granatów. I że wchodzimy pod nasz teren. Nie pamiętam, jakimi słowami to się przekazywało. W tył, za siebie. Ale to było bardzo istotne.

Godziny chyba nikt nam wtedy jeszcze nie ogłaszał. Która. Nie wiem, czy specjalnie. Bo potem tak. Wkrótce potem. Blisko już wyjścia. Nie to, że ogłaszał. Ale się mówiło, która. Może mnie się wydaje, że nie rozgadywali tak specjalnie, że tak długo idziemy. A może nie. Fakt — że nikt się na ogół nie orientował. A nawet — gdyby — to trudno było uwierzyć, że jednak tych kilka godzin już się szło. Wiem na pewno, że przed dochodzeniem do celu było wielkie podniecenie. Że była dziesiąta. Czy nawet po dziesiątej. Wieczorem. Nawet chyba wpół do jedenastej. Tak. Na pewno. I to najwcześniej. Bo ktoś powiedział, że szliśmy pięć godzin. A przecież weszliśmy do kanału o piątej. Było słońce. Upał.

I wiem, że rannego wziąłem od Zbyszka, czy tego kogoś, na swoje plecy. Był wykończony. Nie pamiętam już, czy bez przerwy jęczał. Czy był już cicho. I oklapły całkiem. Chyba to i to. Na zmianę.

W pewnym momencie hasło:

— Stać! stać! stać! wychodzimy kolejno. Podać dalej!

— Stać! stać! stać! Podać dalej!

— Stać! wychodzimy w kolejności...

Stanęliśmy. Henio i sanitariuszka gadali z nami; Radosław powiedział do nas:

— Przed nami wychodzi cała grupa „Parasola". Dwieście ludzi.

Staliśmy. Dosyć daleko od włazu. Nie było nic widać. Nawet słychać. Tego wychodzenia. Bo sami gadaliśmy. I za nami. Za daleko zresztą jeszcze od czoła. Przeciągało się to bardzo. Ranny jęczał. Tracił przytomność. Mnie ciężko też już było. Trudno. Co tam ubranie. Oparłem się z rannym razem o ścianę; nim i sobą, tak jak się stało. Jemu było wszystko jedno. A mnie też już. A że oparcie było okrągłe, wklęsłe, więc wgiąłem się wypukło. Czułem, że się wlepiłem. O chłodzie nie było mowy tego lata. A wilgoć — głupstwo. A i to, że ta mazia — to też już było wszystko jedno. Dobrze, że nie zjechałem plecami w dół. Ranny przewiesił się przeze mnie. I pojękiwał. Ja też się przygarbiłem. Inni stali do siebie przodem, tyłem, bokiem, grupkami; chyba się też niektórzy opierali. Możeśmy się w pewnej chwili przesunęli o kilka kroków naprzód. Na pewno tak. Raz. I drugi. Bo dolatywało już od przodu zamieszanie, harmider, porozumiewawczy, jakieś — okazało się — sprawy techniczno-sprzętowe.

Henio czy sanitariuszka szepnęli nam poufnie:

— Mają dużo rannych... dlatego to tak się ciągnie... bo biorą ich na nosze.

A więc to tak? Dużo rannych? Dopiero tu przestało się ukrywać. Więc ten mój nie wyjątek.

Wszyscy czuli się winni, za tych zostawionych. Cywile — to mniejsza. Oczywiście, że młodzi mężczyźni to co innego. Zresztą przymrużali oczy na, jak ktoś się włączył w kanał, to mówiłem. Ale ci powstańcy? Ci ciężko ranni? Ci najgorzej. Bo mundurowi. I w kupie. I bezradni. I z tymi... co? Łudziliśmy się, że... tak, jakoś, jednak... A tu potem okazało się. Co. Jak. Okropnie; inni to już opisali. Nie będę powtarzał. Tylko tyle, że powtórzyły się wolskie sprawy.

Długo staliśmy. Coraz bliżej wyjścia i tego harmideru. Już zaczęło się coś widzieć. Ruch w górę. Ale wciąż opierałem się razem z rannym o tą zieloną ścianę. Teraz to było mi już wszystko jedno, jak ta marynarka, w ilu miejscach będzie do czyszczenia. Wszystko jedno, byleby nie zjechać po ścianie.

Stało się w sumie pod tym włazem prawie dwie godziny. Potem — jak już doszło do zdrowych — tych z „Parasola" i tych w ogóle przed nami, to szło szybko. Sprawnie. Aż poganiali. Bo przecież chodziło o tych za nami. A tych za nami było wciąż do placu Krasińskich. Nadziany cały kanał.

Niespodziewanie krzyknęli:

— Wychodzić, wychodzić, naprzód!

— Wychodzić, teraz my!

— Uwaga! teraz my! Wychodzić, wychodzić.

— Uwaga, teraz my!

Pamiętam, że najpierw chyba wciągali w górę, podpychali jakieś nosze, jakieś coś czy kogoś. Potem Radosław. Potem Henio. Potem sanitariuszka. Potem ja. Po klamrach. Kazałem się rannemu mocno trzymać. I rękami, i nogami. Czepiałem się w tej węziźnie. Coraz wyżej. Wyżej. Może mnie ktoś podpychał. Zbyszek czy ten drugi pomagier. Oni i Swen wychodzili za mną. Wiem, że w pewnej chwili jednocześnie poczułem zapach powietrza. Nocy. Zobaczyłem gwiazdy. I ktoś szybko złapał mnie za obydwie ręce.

— Nie, nie, ja sam!

— Pan nie ma już siły.

Nie miałem. Poddałem się. Wyciągnęli mnie na wierzch. Nie wiem kiedy. Szybko. Bo ten róg. Domy. Barykada. Śródmieście. Świadomość. Zapach. Zakołowanie. Ranny. Mój. Był już na noszach. Już z nim dwie ruszają. W Warecką.

— Ja poniosę — złapałem za nosze.

— Nie, nie! To już do nas należy — tak powiedziały dosłownie. Sanitariuszki ze Śródmieścia. I już poszły. Nosze skrzypiały. Huśtały się. Szedłem chwilę za nimi. Swen za mną.

I Zbyszek. Dużo noszy szło. Dalej przed nami. I na pewno za nami. Nie wiem, co z Heniem. Pamiętam już tylko siebie. Było cicho. Na ogół. Barykady. Wąska Warecka. Szedłem. Szliśmy. Rozklejeni. Wzruszeni.

— Domy? Całe? Halina! Ojciec! Śródmieście! Oooo!

Weszliśmy pod dwunasty. Przypadkowo. Duże podwórze. Tu to niebo. I chyba te gwiazdy. Wyraźne. We trzech. Usiadło się na schodku. Wylewało się z kapci wodę. Poprawiało. Opuszczało nogawki. Wszystko w dobrej wierze. Troszkę dla wygody. Ale reszta – to to dobre mniemanie. Śródmieście. Stoi. Żywe domy z żywymi ludźmi. Nie pali się. Nawet cisza. Może coś. Ale jak na to, co wtedy pamiętam, to było kompletnie cicho. Halina! Ojciec! Niebo. Zapach. Noc.

— Idziemy — zerwaliśmy się raz-dwa. Brama. Warecka. Plac. Szpitalna. Znane. Znane. Jeszcze jak. Szliśmy i szybko, i wolno.

Róg.

Chmielna. Wszystko stoi.

Skręcamy.

Do Marszałkowskiej.

Tylko to, że ciemno. Barykady. Ten klimat. A tak, to normalnie. Domy. Noc. Spokój. Dwunasta. Lato. Ciepło.

Wszystko jest.

Chmielna 32.

— Stoi!

Wchodzimy. Brama. Podwórko. Zaglądamy do dozorcy.

— Pani Rybińska jest? są? oni?

— Są, są...

— W której piwnicy? — pytamy.

— W piwnicy? — zdziwił się dozorca. — Są u siebie na górze. Śpią.

To było dopiero wstrząsem.

— Na górze?

— Tak... W mieszkaniu.

Dziękujemy... idziemy...

— Panowie ze Starówki?

— Tak, prosto z kanału.

Dozorca wyleciał na środek podwórka i krzyknął do okien:

— Panie Białoszewskiii! Panie Białoszewskiii! Pański syn przyszedł ze Starówki.

Ojciec odkrzyknął coś z trzeciego piętra. Zrobił się harmider. Zaraz. Tupoty po schodach.

Wlecieliśmy i my na schody. Szybciutko. Chyba na drugim piętrze. Wpadliśmy na Ojca. Zobaczyłem otwarte drzwi piętro wyżej. I wylatującą na schody Zochę.

— Miron! Swen!

— To kuzyn Swena — przedstawiam Zbyszka — przyszliśmy na razie do was... ze Starówki... kanałami...

— Oczywiście, wchodźcie, wchodźcie.

Wprowadzają nas, sadzają, dają jakieś taborety, krzesła.

— Zaraz dam wam jeść, chcecie się umyć? Jak wy wyglądacie!

Budzi się Stacha, matka Haliny. Halina. W łóżkach. Lecimy do nich. Schylam się po ciemku nad Haliną. Ja ten z kanałów; ona, ta pod kołdrą, czysta. Całuję ją.

— Mieliśmy się zobaczyć pierwszego sierpnia — mówię — no to o równy miesiąc później.

Halina zaspana, pomału się rozgląda.

— Jak ty wyglądasz, Boże, włosy zlepione, Zocha, trzeba mu zmienić ubranie, Swen, jak wy wyglądacie!

Każdy z nas dostał coś do przebrania. Rozbieraliśmy się chyba na schodach. Potem kolejne mycie się w przedpokoju. Zrobił się ruch, szykowanie, wstawanie, gadanie, gotowanie wody, jedzenia. Wszystko szybko.

Jesteśmy w tej chwili szczęśliwi. Gadamy bez przerwy. Naraz. Wszyscy trzej. Oni też.

Mycie trwało dwie godziny. Chyba jednak najpierw coś się zjadło. Potem te michy. Gorące wody. Najdłużej włosy. Nie chciały się rozlepiać. Pomagali nam.

— Ubranie do ognia.

— Tak, od razu do ognia — decyduje za mnie Zocha z Ojcem. I buch pod kuchnię. Kapcie też. Wszystko, co było na mnie. Potem to jedzenie głównie. Potem szykowanie nowych posłań. Bo przecież taka duża zmiana w takim małym mieszkaniu. Jeszcze gadania... I nagłe zaśnięcie.

Budzimy się rano. Głodni. Halina już nam szykuje trzy michy okraszonego makaronu. Podaje. Jemy.

— Zaraz wam ugotuję coś następnego. Zenek jest w AK. Jest na mieście. Zocha na kwaterze. Prowadzi kuchnię.

(Zenek to mój Ojciec).

Znów coś jemy. Pełne michy. Okraszone. Coś szumi. Dozorca? Zamiata? Wyglądamy przez okno. Tak.

Halina znów nam coś gotuje i podaje. Co godzinę, półtorej. Teraz dopiero to Stare Miasto zaczyna wyłazić.

Na razie ani Starówka nie jest prawdziwa, ani kanały, ani to Śródmieście. Nic. Wszystko nieprawdziwe. Tylko chce się jeść. Różne zdziwienia. Halina. My. I to poczucie spokoju i szczęścia. Choćby tylko na godzinę. A może da się do końca tego dnia. I na noc. Do rana.

Nie pamiętam, czy coś było. Chyba to wtedy — pierwszego dnia — Halina powiedziała w pewnym momencie:

— Zejdźmy lepiej do piwnicy.

Ale nic strasznego. I nie na długo. Było wciąż lato, upał. 2 wrzesień. Sobota. Jak pięć lat temu. W 39 roku. Po południu artyleria, Halina wyjaśnia:

— O tej godzinie zaczynają. Wiemy, jakie ulice, bo mają pod kątem. Teraz Złota i Zgoda. Tam za Marszałkowską mają gorzej.

Chyba już tego dnia z Haliną postanowiliśmy douczać się dalej w swoim francuskim. Halina wyciągnęła *La symphonie pastorale* Gide'a. Po francusku. Z zapałem przeczytaliśmy całą pierwszą stronę. Co nie było łatwe. Bo była gęsta. A po dużo słów trzeba było zaglądać do słownika. A przecież nie przy każdym zajrzeniu od razu się trafia.

Ojciec powiedział, że tu w Śródmieściu obowiązuje znajomość hasła i odzewu, które się zmienia codziennie. Przed gołębiarzami. Że legitymują wieczorem po ściemnieniu. Że jest godzina policyjna. Że robią tak zwane zatrzymywania (żeby nie powiedzieć łapanki) przechodniów. Do prac publicznych. Do kopań, kuć, barykad. Że dowództwo AK jest w tej chwili tu, na rogu Świętokrzyskiej i Marszałkowskiej, w gmachu PKO. Że na razie, przynajmniej w tym Śródmieściu środkowym i południowym, jest jako tako, czyli że dalej jest obrona i porządek. Że wobec tego wystara się nam tu gdzieś o pracę. Bo tu się coś robi. Coś obowiązuje.

To wszystko nas tego głupawego dnia radości i dziwiło, i nie. Nie to, że baliśmy się roboty. Do tego się przywykło. Do czego się nie przywykło? Tylko chyba mieliśmy w sobie pod posłodzonym nastrojem wielką niepewność o to wszystko. Nawet pewność na nie. Ale na razie jak tak, to tak.

I tak między sobą rozmawialiśmy już o przystąpieniu do powstania.

— Myślałam o tym — mówiła Halina.

— No właśnie — powiedziałem — jak chcesz, możemy, właściwie to jest już wszystko jedno.

Halina powiedziała, że jej jest już też wszystko jedno.

I tak zostało. Na tej bierności. Jak się zresztą okazało, nie przyjmowali, albo przyjmowali niechętnie, bo nie było broni. Poza tym trzeba było być wyćwiczonym.

Chyba tego samego wciąż dnia po iluś jedzeniach Zocha kazała nam przyjść na jedzenie na swoją kwaterę. Blisko. Róg Chmielnej i Zgoda. Ten dom stoi do dziś. Taki tort, kawałek tortu, na pięć pięter, z trójkącikiem w środku na dnie (niby podwórko).

Kwatera Zochy, czyli oddziału, dla którego gotowała, była w mieszkaniu państwa Bałtarowiczów. Zocha nazywała się tam pani Zula. Chodziła w trenerkach i w turbanie na głowie.

Posadziła nas przy stole. Dała każdemu talerz makaronu. Prócz tego postawiła słój ze smalcem. Ze skwarami. I soki. Chyba też w słojach.

Swen jakoś jednocześnie okrasił mnie i sobie. Łychą smalcu. Potem jeszcze.

— Jeszcze masz — jeszcze po jednej.

— Jeszcze masz — jeszcze po drugiej.

I złapał za sok. Malinowy. Nie. Chyba wiśniowy. Lunął na te smalce, na makarony. Coś krzyknąłem. Ale on zaczął jeszcze dolewać. Natychmiast zaczęliśmy to żreć. I to szybko. Z wielkim apetytem. Przyznaję. Z docenieniem wszystkiego w tym całym zmieszaniu.

Na tym chyba skończyło się pierwsze wielkie nażeranie. Było już ciemno. Bo pamiętam, że potem Ojciec wziął nas do wuja Stefana. Zecera. Na Górskiego. Do drukarni gazetek. Był słodki, ciepły wieczór. Jak w 39 roku. Tak samo 2 września. Sobota. Spokój posłodzony, ciepło. Ciemno. Ta sama Szpitalna i Chmielna. I ja z Mamą. Z placu Napoleona poszliśmy po ciastka do Jędrzejewskiego. Bo miał duże i dobre ciastka. I ten front. Który było słychać. Udawane szczęście. To zmylenie się przez fizyczne samopoczucie.

W drukarni było dużo świateł, maszyn, ludzi, zapachu gazetek, składań, papierków, stosów, nachylań się, stukań. Do tego nastawione radio. Akurat na Lublin. Mówiła Wanda Wasilewska. Do Warszawy o Warszawie. Przyjmowało się to trochę dziwnie. Bo i dziwnie mówiła.

Wujo Stefan robił, zdaje się, skład. I zdaje się, podjadał z papierka. I mówił, bo spytałem, co z ciotką Natką, Krysią i Bogusią (bo przecież nie są na Towarowej, koło kolei, a tam mieszkali).

— Nie, są na Miedzianej u Marychy. Tam jest strasznie.

Zrozumiałem, że tam już jest po wszystkim, że chyba 26 i 27 sierpnia zrobili naloty, takie jak na Starym Mieście. One ocalały. Nie wiedziały, że mają przed sobą jeszcze Drezno, bo tam akurat zostały po powstaniu wywiezione.

Nie tylko za Marszałkowską było strasznie. Za Nowym Światem też zrobiło się strasznie. Za Ogrodem Saskim były tylko ruiny i pustki. Przez Ogród Saski szedł front. Więc został tylko ten wybrany ocalały pas, najwyżej trzecia część Śródmieścia. Z pozorami porządku. Z dowództwem AK. Pięciominutowa „Rzeczpospolita Śródmieścia". A przecież i tu była niejedna heca.

Mówiłem już, jak hitlerowcy wpadli za czołgami na Bracką 18 i wyrżnęli ileś ludzi. Potem to samo na Jasnej. A i naloty, i berty, i inne. Ojciec raz szedł ulicą Zgoda, ktoś grał na fortepianie. Nagle samoloty. Od razu bomby. Pół tego domu nie ma. Ten ktoś na piętrze odcięty. Klatki schodowe spadły. Na szczęście przyjechał wóz. Strażacki. Zdjęli go drabinami.

Nie na darmo w Śródmieściu śpiewało się na starą melodię rumby:

> Czoł-gi przez Marszałkowską,
> czoł-gi przez No-wy Świat...

Sam gmach PKO (dowództwa) był już tykany. Ale niby stał. Niby nic. Mocny. Beton. Tyle pięter. To siedzieli. Ojciec poszedł po znajomego majora Brejdyganda. Żeby go stamtąd wyciągnąć. Major Brejdygand na to:

— Nie... tu dobrze...

Na drugi dzień rano Ojciec znów po niego poszedł. Zastał gmach w gruzach. Major Brejdygand zginął. Poprzebijało piwnice, chyba na dwa piętra w głąb. Nie pomógł beton.

Od mamy Janka Markiewicza wiem, że mieli tam, ona i Janek, kogoś znajomego, rannego. Trzeba było go wynieść. Zdobyli nosze, polecieli, szukają, nie ma. Wołają. Nic. Pełno rannych. W wodzie. A wody przybywa. Bo coś popękało. Ranni pełzają, ale nie mogą. Ci szukają swojego. Nareszcie słaby głosik:

— Jestem tu...

Patrzą: mumia owinięta w bandaże. Biorą na nosze. Wynoszą. Inni wołają:

— A my kiedy? A kiedy nas?

— Przyjdziemy po was! — krzyknęłam — opowiada mi mama Markiewicza — musiałam skłamać. Straszne. Niesiemy tego bidulę. Niesiemy. Mnie już ciężko. Koło Sienkiewicza przewracam się z noszami i zaczynam się drzeć. Janek krzyczy na mnie: „Czego się drzesz, histeryczko!". A ja nic, tylko leżę i się drę „ratunkuuuu!".

— I co? — pytam ze śmiechem — pomogło?

— Wyobraź sobie, że pomogło. Nagle ktoś podleciał. W mundurze. Poniósł z Jankiem nosze. Na końcu zasalutował i odszedł. I to był ten Jugosłowianin, który brał udział w naszym powstaniu.

Wszystko to działo się właśnie na początku września. Jeszcze w sierpniu polecili Ojcu odszukać jednego z pocztowców. Adres: Śliska ileś. Ojciec idzie: ten znajomy starszy pan ze swoją siostrą siedzą w kuchence. Opowiada Ojciec:

— Mówię, żeby szli, oni: nie... nieee... Przychodzę za kilka dni. Nie ma już ich tam. Siedzą w piwnicy. Ale wiesz jak? pod podwórzem. Przekopali całe korytarze pod domem i pod podwórzem w kwadrat. I siedzieli tak po obydwóch stronach na ławkach z ludźmi, jedno obok drugiego, ale jak ciasno, bez odstępu. Znów namawiam, a on znów: „Nieee... tu z siostrą tak już zostaniemy...". Jak szedłem do nich za jeszcze jednym razem, to właśnie wtedy w tym domu, co kino „Capitol", rzuciło mnie o ścianę, wpadłem do piwnicy, a tam zaczęła się sypać ściana szczytowa, bo trafiło widocznie za ścianę i przebiło piwnice... Wtedy żeśmy tak stali, każdy nieruchomy, i każdy trzymał się za głowę, bo żeby chronić głowę. No i jak doszedłem do Śliskiej, okazało się, że wszyscy tak w tych korytarzach pod ścianami zginęli.

Poza opowieściami o słynnych walkach w „Paście" (przekładaniec z Niemców i Polaków na różnych piętrach) i w kościele Świętego Krzyża, gdzie podobno Niemcy byli na kościele, a Polacy na chórze z organami i nawet wyrywali piszczałki, żeby ciskać, Ojciec i Halina mówili nam o jednym smarkaczu, który całymi dniami siedział w tramwaju na Marszałkowskiej gdzieś koło Złotej, i jak tylko zbliżał się czołg, ciskał butelkami: podobno tak wykończył kilka czołgów, a na końcu sam zginął.

Więcej wtedy mnie dziwiło, że Woytowicz na Nowym Świecie na parterze w kawiarni urządził koncert chopinowski. Dla powstańców. Był wieczór. Zaczął się obstrzał artyleryjski. Woytowicz grał *Etiudę rewolucyjną,* kiedy pociski zaczęły świstać i walić w Nowy Świat. Tuż. Woytowicz nie przerywał. Nikt się nie ruszał. Tylko przewracały się i tłukły nakrycia. To mi opowiadała po wszystkim Irena P.

Halina mówiła, że były koncerty w Konserwatorium. A w kinie „Apollo", blisko nich, dawali film. Dokumentalny. Z walk w kościele Świętego Krzyża. Sama oglądała. Opowiadała wtedy.

Ale wróćmy do sytuacji na Chmielnej 32, na trzecim piętrze. Nie pamiętam już, jak spaliśmy. Przecież było nas siedmioro, a jednak wydawało się, że jakoś wygodnie. Zocha od początku okazywała dużą sympatię Zbyszkowi, z czego Swen się podśmiewał.

3 września był od rana upał. Niedziela. Czuło się wyjątkowo święto. Jedzenie. Siedzenie. Rodzinne. Na kanapie. I spokój. Jak wtedy. W 39 roku. Też 3 września. Też w niedzielę. Nagle nie było bombardowania. Upał. Ludzie latali od ambasady do ambasady z manifestacjami, bo Anglia i Francja przystąpiły do wojny. Na Nowym Świecie natknąłem się na grupę ludzi śpiewających po francusku *Marsyliankę.* Dyrygowała nimi kobieta stojąca na dachu limuzyny, z czarnymi włosami uczesanymi jakby na mokro i gładko i potrząsająca wielkimi zausznicami. Spytałem kogoś, kto to. Powiedział, że Sławojowa-Składkowska.

Więc dziś, 3 września 1944, urządziłem czytanie. Poematu. Na zupełnie oderwany temat. Pisanego na Rybakach.

I rozpoczętego dramatu o powstaniu. Ze sceną w schronie na Rybakach. Dramat zapisywany był na papierze, który wyciągnąłem z szafy na Podwalu 5; tam gdzie była ta drewniana studnia. Podczas mojego „popołudnia autorskiego" siedzieliśmy wszyscy czworo — Halina, Swen, Zbyszek i ja — na kanapie. Byłem pewien, że tego dnia będzie spokój do końca. I mniej więcej był.

Nie wiem, czy najpierw zaczęło się bombardowanie, czy wielka sraczka. Wiem, że najpierw Swen. Zaczął latać. Do wychodka na podwórku. Z trzeciego piętra. I to co i rusz. Sraczka i rzyganie. Wielkie. To i to. Podejrzewam, że to już go złapało pod koniec tej ostatniej (świętej) niedzieli. Mnie chyba w poniedziałek. Od rana. Ta pogoda. Wiadoma. Upał. Palenie śmieci w śmietniku. Wspólnym dla Chmielnej 32 i dla „Palladium", bośmy mieli wspólny mur z dziurą. I u nich była woda. U nas nie. U nas za to leżały trupy na podwórku. Już od soboty. A łachy z tych trupów, takie różne zakrwawione kapoty, wisiały na klamce wychodka. Więc jak się zaczęła nasza lataczka, to nam to nie było miłe. A bombardowanie zaczęło się jakoś też nagle. W poniedziałek.

Ojciec mówi, żeśmy leżeli wtedy — po przejściu kanałami — prawie trzy dni w łóżkach. Ale to nie było trzy dni ani nie całe leżenie zaraz po Starówce. Opisałem przecież nasze pierwsze dwa dni. Z chodzeniami. Trzeciego dnia, czyli 4 września, w poniedziałek, przypominam sobie rozłożone łóżka polowe. Ale wobec musu zlatywania na dół nie mogliśmy ze Swenem leżeć normalnie, po łóżkowemu. Przecież nie tylko sraczka i rzyganie, ale i bombardowanie.

Wspomniałem już, że był jeden ciasny pokój z rodzajem przedpokoiku i że było nas tyle. Oprócz tego dwa małe koty. Jeden czarny, drugi biały. Halina uwielbiała koty. Ja też. Swen wolał (bo ludzie dzielą się na psiarzy i kociarzy) psy. Ale koty też lubił. No i mój Ojciec. Hoduje całe życie zwierzęta i jest dla nich cierpliwy. Jak rzadko kto. W ogóle ma pogodę ducha. Życzliwość dla życia, świata i ludzi. Lubi działać. Bił stemple w okupację. Podrabiał podpisy. Niemieckie. Na szkle. Pod szkłem światło. Umiał to świetnie. Nocami. A dniami z tymi ausweisami — i to jakie ilości — do Izby Przemysłowo-Handlowej. I Rzemieślniczej. Na Wiejską róg Senackiej. Tam obrabianie woźnego. A raczej nie woźnego — bo woźny był swój — ile przez woźnego upijanie „kanarka" w rondlu, wartownika z SA. Szło o to, żeby mieć łatwiejszy dostęp do gabinetu szefa o każdej porze. Szef był od przybijania wron, czyli hitlerowskich gap. Czyli à la rzymskich orłów. Szefem była kobieta. Podkochiwała się w woźnym, bo był młody. I wychodząc na obiad, nie zamykała gabinetu, zdając go na opiekę woźnego. Woźny przez ten czas zostawiał podpitego „kanarka", wchodził do gabinetu, otwierał dorobionym kluczem szufladę ze stemplami i szybko stemplował wronami to, co podał mu mój Ojciec i inni. Ale jeszcze trzeba było stać w ogonku do okienka po podpisy. Stało się i stało, jak po wszystko wtedy. Była jeszcze dodatkowa trudność. Jedna osoba mogła załatwiać tylko jeden ausweis. Więc Ojciec brał Zochę, Halinę, nieraz mnie i jeszcze kogo się dało. W ten sposób załatwiało się cztery, pięć ausweisów. Ale na drugi dzień tak zwana Niemra mogła poznać. No to Zocha się przebierała. Właśnie głównie Zocha. W okulary. W żałobę. Sepleniła. Doszła do wprawy.

Pamiętam Ojca w 40 roku. Kiedy zaczęły się łapanki. Nasze okno na rogu Leszna i Wroniej było na czwartym piętrze i wychodziło na cały ciąg Leszna. Przez kawał wieczoru Żelazną jechały ciężarówki z plandekami. W stronę Pawiaka. Migały tylko jedna za drugą, przecinając Leszno. To były typowe, bardzo znane później, budy łapankowe zapakowane ludźmi. Ojciec stał w oknie. W bieliźnie. Za firanką. I patrzał w Leszno. Poszliśmy dawno spać, ulica się już uspokoiła, a Ojciec ciągle stał i patrzał.

W pierwszym dniu powstania, jako pocztowiec przedwojenny, poleciał zdobywać Pocztę Główną. Potem zorganizował jedną wyprawę po cukier dla powstańców. Cukier był na Ciepłej. Przy Ceglanej. Ojciec zwerbował dwudziestu cywilów. Przypadkowych. Ogłosił, że pół na pół. Dla wojska. I dla nich. Polecieli na Ceglaną. Ale że w tym magazynie częściowo byli już Niemcy, wzięli obstawę. Trzech piętnastolatków z granatami zaszło Niemców po cichu od tyłu. Wykurzyli ich raz-dwa. A tu — ładowanie. Ojciec ponaglał. Żeby nie przechytrzyć. Bo oprócz cukru okazało się dużo innych jedzeń kuszących. Wóda też. Śliwowica. Podpili sobie. Pozabierali na zapas. No i ten cukier. I jeszcze te frykasy. I chodu z powrotem. Ojciec przyniósł wtedy też mnóstwo cukru. Cały wór. W kostkach. Wór pamiętam. Taki ze sztucznego, rzadkiego, aż w kratkę, płótna. Ten cukier był ważny potem za Alejami.

Nie pamiętam dokładnej daty naszej ucieczki za Aleje Jerozolimskie. Wtedy w poniedziałek 4 września byliśmy ze Swenem i z Ojcem na rogu Chmielnej, Brackiej i Zgoda. A może nawet i bliżej Nowego Światu. Nagle zobaczyliśmy ludzi lecących w popłochu i krzyczących:

— Powiśle zbombardowane!

— Powiśle się kończy!

— Niemcy na Powiślu!

Wylecieli na pewno tak, jak stali. Bez niczego. Niektórzy z resztkami gruzu we włosach. Wbiegali od Ordynackiej i Foksal. Pytałem. W biegu. Tak jak tamtych, co uciekali Chłodną najpierw na Wolę, a potem z Woli.

Zaraz zaczęło się i u nas bombardowanie i popłoch. I wtedy ta sraczka i rzyganie. I te trupy, które potem pochowali na tyłach „Palladium". I to palenie śmieci i odpadków. Wszędzie.

— Palić! Palić! Bo zaraza!

I było pełno dymu. Paniki. Lataniny.

Z początku żeśmy nie zlatywali. Bo to cztery piętra. Trzy do parteru i czwarte do piwnicy. No i ta sraczka i rzyganie i tak zmuszały do zlatywań. Wciąż chciało się leżeć. Pamiętam, jak przez nasz dom do „Palladium" na Złotą i z „Palladium" na Chmielną przez cały dzień przelatywały stada ludzi. Bez przerwy. W obydwie strony. Na dole naszej klatki schodowej, w połowie sieni, którą właśnie prowadził szlak, były wahadłowe drzwi, półoszklone. Te drzwi bez przerwy były w ruchu i piszczały, i tłukły o ścianę. I czy pierwszy raz z okna, a drugi raz w tych drzwiach, czy odwrotnie, widziałem mężczyznę prowadzonego pod pachę przez dwie kobiety. Miał wyrwany policzek. To znaczy wiszący. Wpadli do naszej sieni kłusem. W stronę Chmielnej. Drzwi wciąż latały. I potem ci sami wracali — też kłusem. Tylko ten pan miał już policzek przyszyty. Nie pamiętam, czy widziałem, że przyszyty, czy w bandażach. Ale zdziwiłem się potem, w powstaniu jeszcze, jak policzek miał. W szramach, ale miał. Bo go mijałem. A po wojnie też go spotkałem. I policzek znormalniał. A wyglądał wtedy przeraźliwie.

Więc nie zlatywaliśmy z początku, Swen. Zbyszek. I ja. I Halina. (Ojciec z Zochą byli na mieście, a Stacha — matka Haliny — zeszła do schronu od razu). Ale bombardowali dalej Złotą, Chmielną, Zgoda, Jasną, Moniuszki, Sienkiewicza. Dom chodził. Nie było co czekać. Ani chwili. Zeszliśmy. Bo i pociski były. Do tego. I krowy.

— Krowa ryczy — mówiło się tu w Śródmieściu, tak jak na to samo mówiło się na Starówce „szafę nakręcają".

Piwnica. Raczej piwnice. W kwadrat. Z przebiciami. Odnogami. Były wąskie. Troszkę ławek dla starszych. Na razie. Tuż pod ścianami. Reszta stała. Też pod ścianami. I my też. Blisko wejścia. Obok siebie. Po kolei. I jedno przy drugim. Zrobiło mi się niemiło, że to już. I znów zapadła we mnie zgoda na śmierć. Chodziło tylko o sposób. Halina mówiła:

— Ja uważam, że najlepiej trzymać się za ręce.

I za drugim zleceniem tego zaraz dnia staliśmy pod ścianą i trzymaliśmy się za ręce. Strasznie bombardowali. Zaczęło się — po tej sielance — nagle, ale za to w wiadomy sposób. Dużo było zlatywań i huków. Wstrząsów. Obrywań się. Bieganin. Tupotów. Wołań. Wieści. Takich złych. Że to... Że to... Że zaraz tu... I na Chmielnej. I na Złotej. I w ogóle. Już nie było tego. Już tego. Wydobywanie zasypanych. Pożary. Z miejsca.

Wiadome. Wiadome. Wiadome. Ale to zmęczenie — mimo pogodzenia się — trzeci raz... trzeci raz? to samo? O rany...

Zaczęło się wtedy latać po wodę dalej. Obok, w „Palladium", wody zabrakło. Coś pewnie rąbnęło. W coś. Więc latało się Chmielną. Za placyk Zgoda róg Brackiej i Szpitalnej. W bramę. Którąś. A może w którąś na tym odcinku. Już nie pamiętam. Pamiętam, że stało pełno ludzi w ogonie, poczwórnym już na Chmielnej, przez bramę, podwórza, na Widok, przez Widok do bramy, podwórza i przejścia (skomplikowanego, pod ziemią) prowadzącego za Aleje. Był ten pęd. Za Aleje. Stała, pamiętam, i Wawa. W kapeluszu. Parodystka. Śpiewająca. Z torbą pod pachą. Z fioletowymi rzęsami zupełnie sztucznymi, przyklejanymi. Na tych swoich obcasach. Nie chcę jej robić przykrości, ale jest, i wie, że jest gruba, i że się:

— Takie właśnie panu — tu oblała pewnego pana u Hani wodą ze szklanki — podobają — (z piskiem, trochę opóźnionym). Potem było jej przykro, przepraszała. Ale to i tak w 1950 roku.

Wawy wtedy jeszcze nie znaliśmy. Osobiście. Z widzenia, słyszenia, występów — tak. Kto nie znał. Swen opowiadał w tych dniach zaraz wtedy, że leci gdzieś piwnicami w ten tłum, ten przyklejony, nalotowy. W tłumie Wawa w kapeluszu. Swen dolatuje:

— Pani Wawo!

— Ach! — ona na to.

— Dzień dobry!

— Dzień dobry panu.

— Pani tu?

— Ach...

Na razie przez te bramy. Chmielnej. Przelatywaliśmy z brzęczącymi kubłami. Na wodę. Inni i z tym czekali. Ale Ojciec i Zocha mieli przepaski AK. Ojciec wprawdzie wczoraj wieczorem, czy może dwa dni temu, zataił swoją obecność, jak go przyszli szukać. Na coś był potrzebny. To chyba wtedy, kiedyśmy przyszli w nocy ze Starówki. A może

2 września. Po wuju Stefanie. Drukarni. I smalcu z wiśniami. Ojciec nie był takim dekownikiem. Pisałem już. Że latał. Działał. Ale czasem nie. Trzeba. Według kogoś. A on uważa, że ma swoje. Ale na kubły to to było skuteczne. Przepust od razu. Że ktoś z bab, cywilów margał, to zawsze marga. Woda była w trzy kwadranse najpóźniej. W domu. Na górze. Na pace.

Byliśmy może już u państwa Bałturowiczów. (Po nocy z 4 na 5 września, bodaj ostatniej u Zochy, Chmielna 32). Czyli na kwaterze. Czyli mieliśmy swój pokój. W sześcioro. Bo tu było pierwsze piętro w grubym trójkącisku, i pięć pięter, do tego kleinowskie. Sklepienia. A tam — niebezpiecznie. Na Chmielnej 32. Więc możeśmy się już przenieśli po części na ów róg Chmielnej i Zgoda. I chyba tak. To było 6 albo 7. Wrzesień. Środa–czwartek. Bo tak się było tu. Nocowało, jadło. Na Chmielną 32 czasem się zaglądało, coraz mniej. Bo wciąż szło na gorsze. Waliło. Macanie po linii. To Złota, to Jasna, to Sienkiewicza. Wiadome wszystkim. Które kiedy. No, ale w dzień. Niebo. Fatalnawe. Dużo. Dużo. Często. Buuu-uu-u. Samoloty. Jak ból zęba. I pogoda. Upał. Niebieski. A tu siwo! I

uu-uu-uu-uu-uu...

wjuuumm-uu-u...

wiiijjjjjuuuuuu-uuu-trzask!

wiiiiiii...jjuuu-... trzask.

Po dniach. Trzech. Wielkiej sraczki. I wielkiego rzygania. Lataliśmy. Bo co siedzieć i siedzieć (jak odpadła tamta lataczka). Na tej naszej kwaterze róg Zgoda. Chociaż źle tu nie było. Bo i w rodzinie. I Halina. I ten pokój, niby nasz. Zocha w samych czynnościach. Kumpelsko familijna. Podekscytowana własną energią. Gotuje. Warzy. Leje z łychy. Dokłada. W turbanie i w trenerkach bez przerwy. Opowiada, gada, do nas, do tych swoich z AK. Do jednego lubiła się odzywać:

— Ty, Smutny — bo miał taki pseudonim. Jak Teik — Szpon. Roman Ż. — Atos. Lech — Emfazy. Zapomniałem, jak Ojciec.

Raz chodzę sobie biegiem, latam. Po Chmielnej. Ludzi i ludzi. Do bramy. Przechodniej. Za Aleje. Ogon jeszcze narósł. Narastał dalej. Wił się. Dzień — noc. Więc sobie chodzę. Tu bomby od linii Jasnej chyba, Moniuszki, Złotej. Idą na nas coraz gęściej. I od Powiśla. I zza Marszałkowskiej. A tu wiijjj... — krowy.

Wlatuję w taki ogrom — kolos — szafę — siedem pięter — gięty — w wykusze — Chmielna... W prawo z bramy schody. Już trzask, trzask. Gdzieś tu. I wjjjjuu... trzask. I następne, i znów. Czasu nie ma. Schody tylko te. Prawe. I tylko do góry. Więc wlatuję. Bramę miało się za coś najgorszego (wobec krów). To były te bramy bramowe. Typowo. W beczkę. (Obronne?) Z progiem, z zakratowaniem. Z żelaza. We wnęki u wlotu. I jeszcze nieraz z żelaznymi kopeczkami albo mikołajami po jednej i drugiej stronie.

Ze schodów — z zatrzymaniem się na półtora piętrze, na podeście z oknem w podwóruchno. Malutkie. Widzę. Ono. Tak. Ale widzę jeszcze coś, czego nie spodziewałbym się nigdy (tryb przypuszczająco-elegancki, często warunkowo-uprzejmościowy, typowo warszawski). Nagle więc na tle tyłów drugiego domu oficynka-pałacyk-pięterko; na pięterku wiszący ogródek z alejkami, w kwiaty. Płyty, chodniczki, balustrady. I drzewa. Chyba bzy. Z liśćmi posypanymi siwo i ceglasto. Z dosypką. Na świeżo.

To był zaskok. Dziwny. Jeden z tych, co Katedra w figury, tył ogrodu Radziwiłłów (dziś na wyspie), Cztery Wiatry na Długiej palonej.

Za innym razem chodzimy ze Swenem ulicą Zgoda i Złotą. Naprzeciwko banku Pod Orłami ogłoszenie, że ubikacja. Złota chyba 5. Pakujemy się do środka. Długie podwórze. Na końcu gdzieś tak koło przebitego do następnej posesji murku — latryna. Publiczna. Jedna z wielu. Takie grzędy. Z drągów, patyków. Długachne. Nad długimi dołami. Na te kupy. A na nich? Jak te kury. W spodniach. Opuszczonych. Na wisząco. Różni. I między nimi Wojciech Bąk. Znany nam z wierszy, z tomików. Pokazał mi go znajomy. Raz. Że jest. W wojnę. W Warszawie. Wysiedlili go z Poznania. Więc był. Doczekał. Tej chwili na grzędzie. W grozie i dymie. Widziałem, jak się tam gdzieś jeszcze kręcił. No i — okazało się — przeżył wszystko.

Od latryny można było przejść wybitymi dziurami na Chmielną 32. A te trupy, jak już łachy spalili, to pochowali. W „Palladium". Z trzeciego piętra widać było świeże groby. Obok ciągle dymiący śmietnik. I jeszcze obok jeszcze jedna latryna.

A co do banku Pod Orłami... Tak co i raz wychodziliśmy z kwatery na Zgoda. Z Haliną na przykład. Wychodzimy. I tak patrzymy na bank i marzymy sobie głośno, że jak ma się palić, a na pewno ma, to niech już prędzej i przy nas. Bo to przecież będzie widowisko. Pięć potężnych pięter. Okucia murów, w metal, czarne. W ogóle cały gmach prawie czarny (był wtedy). A na dwóch szczytach po rogach orły. Przykucnięte. Czy szykujące się do zrywu. Patrzą na dachy i trochę w dół. I wobec tego to wszystko pod nimi robi się na skały.

No i wychodzimy znów z Haliną. Przed naszą trójkątną twierdzę, tą, w której kwaterujemy. Nagle pocisk. Buch! I orły już nad przepaścią zajętą. Ale jak. W mig. Ogniem. Żywym. Na pięć pięter. Dymu ledwie-ledwie. Za to płomienie od parteru pod same orły. Nikt nic nie robi, nie gasi. Bo jak? No i zbuzowało się. Z tym, że mury zostały. Teraz kto by się tego domyślił?

Panika narastała. Coraz więcej ludzi tłoczyło się za Aleje. Tak jakby tam miało być wybawienie. Ale po prostu, według znanego mi już wtedy prawa, ludzie musieli zmieniać teren i uznawać coś za gorsze czy lepsze. A że terenu do dzielenia została już resztka, więc Aleje zrobiły się przedziałem.

Oczywiście był niby powód. Bo kiedy zrobiliśmy wieczorem, chyba 6-go, z Ojcem i Zochą wypad na tamtą stronę (metodą przyśpieszoną, dzięki opaskom AK), okazało się, że tam na razie tak źle nie jest. Nie mogę sobie przypomnieć, gdzie i do kogo wtedy za Alejami się poleciało. Tylko to ogólne wrażenie. Fakt, że ulegaliśmy coraz większej potrzebie uciekania stąd. Wtedy, 6 września wieczorem, a może to było z 5-go na 6-ty, szykowaliśmy się na dobre. Tego ostatniego wieczora na kwaterze obsiedliśmy dookoła stół i zaczęliśmy jeść. Jedzenia było jeszcze sporo, różnego. I przez to pogotowie i niepokój zrobił się, jak to przekornie bywa, uroczysty nastrój. Coś w rodzaju uczty. No bo jemy, jemy, nawet popijamy, a tu Zocha na dodatek rozdaje każdemu cukierki w błyszczących papierkach. Zbyszkowi dała o jeden cukierek więcej. Ale zaraz dołożyła i mnie. Nie pamiętam, czy Swenowi. W każdym razie Halina. Nagle. Wstała od stołu i wyszła. Do drugiego pokoju. Ciemnego i pustego. Idę sprawdzić. Stoi w szparze za drzwiami, oparta o te drzwi, i płacze. Pytam, co? Ona płacze. Pocieszam ją, całuję w głowę, bo mi się zrobiło głupio, a ona płacze jeszcze więcej. (Jak ją spytałem niedawno o to, to w ogóle tego nie pamiętała, a co dopiero — dlaczego).

Po kolacji postanowiliśmy zostać tu jeszcze. Ale chyba tylko do rana. Na niedługo przedtem była inna koncepcja. Ojciec i Swen polecieli przez te zatłoczone bramy na Widok i zaczęli szukać tam kwatery. Zupełnie nie wiadomo, dlaczego na Widok. Załatwili z jedną panią nie tylko nasz pobyt od zaraz, ale Swen jakoś zmówił się z nią o sztuce i obydwoje ustalili, że zaraz wieczorem urządzimy tam wieczorek artystyczny. Plan szybko się odmienił, bo posypały się bomby na Widok właśnie. I może ja tam po kolacji z nimi byłem. Sprawdzić, że się nie nadaje (bo bomby obok). I może wcale nie przechodziło się pod Alejami, a tylko mi się pomyliło. I chyba tak.

Był księżyc. Późna noc, taka po północy. Było ciepło. Była pełnia. Obłożeni walizami, workami (ja niosłem na plecach papierowy wór pełen kostek cukru z Ciepłej), włączyliśmy się zupełnie poważnie tym razem w tłum na szlaku. Oczywiście nie w ten tłum powolny i strasznie wielki, ale w mniejszy, szybki, ten, co miał chody. Halina i Zocha tachały walizy, bo nie mogły zrezygnować z iluś zmian bielizny. Halina szła z niespokojnym sumieniem, bo zostawiło się obydwa koty na górze. Naszykowało im się co prawda bardzo dużo jedzenia i picia i otwarte okno — jak już wspomniałem — a jednak było nam głupio. Snuliśmy się w szumie idącego tłumu w ogóle z dziwnymi i urywanymi uczuciami. Księżyc świecił. Minęło się podwórka (z popiersiami Chopina i Mickiewicza), te, które do dziś służą za pasaż dalej, z tymi samymi popiersiami ku ozdobie. W pewnym momencie trzeba było zrezygnować z przywileju (czy tupetu) i włączyć się w taki tłum, jaki był. A był już jeden, zbity w kupę i sunący we wspólnym popłochu. Lawina szła i szła. Na całą szerokość. I tyle jeszcze miało iść za nami. Chociaż tyle już od kilku dni przeszło. Wawa też przeszła. Bo za którymś spacerem ze Swenem zauważyliśmy w tłumie wielki kapelusz z rondem, pod rondem fioletowe rzęsy, a pod pachą torebkę.

Dlaczego ogon szedł wolno? hamował? stał? Może przelatywanie tych z prawdziwym pierwszeństwem? Może nieraz przeszkoda Alejowa. Czyli obstrzał na ostro. Artyleryjski. Dajmy na to od Wisły. I od Dworca Głównego? Może najazd czołgów, choć barykady czołgów nie puszczały między BGK (na rogu Nowego Światu) a Marszałkowską — już potem. Z początku trudno było te barykady uklepać. I urobić to przejście. Ale po wielkich trudach było i to, i to. Więc główną przeszkodą hamowań i przestojów ogona, czyli dwóch ogonów (bo i zza Alej szli tu — przed Aleje) było właśnie to, że było ich dwa. I że raz przepust był od nas za Aleje, a raz zza Alej do nas. Jak zwykle — wiercenie się stąd tam, a stamtąd tu. Mimo ogólnego pędu tam. Korytarze były za ciasne i za kręte, żeby mogli się w nich mijać ludzie. Nie można było pozwolić sobie na masowe zderzanie w rozpędzie. No bo — przypominam — moda na pędzenie była cały czas wszędzie. Bo chodziło nie o modę, ale o obstrzał, pośpiech i naloty. No i niecierpliwość. W końcu.

Więc kiedy włączyliśmy się w bramie Widok czy w podwórzu w falę ludzi, postało się, posunęło kawałek falangą.

Znów stanęło. Aż jak przyszła pora na naszą stronę w stronę ich, ruszyliśmy. Czyli wpadliśmy w piwnice. W korytarze nie piwnicowe, a przekopowe, czyli sztuczne, czyli w pośpieszne tunele na okoliczność. W korytarzach, zakrętach było bardzo gorąco. I było widać, że są z ziemi, takiej z korzonkami.

Przejście, czyli przelecenie pod samymi Alejami Jerozolimskimi, było jeszcze węższe. Płytsze. I bez przykrycia. Owszem. Były osłony z barykad. Pamiętam, że ta lewa od Nowego Światu barykada była zupełnie nad nami. Przykrycia właśnie nie sposób było się dorobić. Bo trzeba by popracować na wierzchu. A tu już Niemcy z BGK pilnowali. Więc dla pewnej sufitowości były przerzucone czy pnie, czy koły, czy gałęzie (sosny), seriami, rzadko. Jak popadło. I gdzie. Byleby jak najwięcej. Trochę mi się z tym plączą palikowe wzmocnienia przekopu.

Obstrzał był. Chyba normalny. Nocny. Czyli niezbyt groźny. Tak mi się wydaje.

Raz-dwa — i już jesteśmy za Alejami. Wpadamy w takie same tunele, krętaniny. Korytarze. Niektóre jednak z cegieł. Może częściowo. I chyba to po tej drugiej stronie Alej było gorąco. Bo może od pożarów.

Na Nowogrodzką — w księżycu — wylecieliśmy z tłumem między Bracką a Kruczą. Na Nowogrodzkiej, na parterze od podwórka, mieszkał dawny kolega Ojca, Mieczysław Michalski. Ojciec poprowadził całą „księżycową kawalkadę" (jak mówiła Halina), z jasnymi tobołami w tym świetle, do Miecia. Przeszliśmy jezdnię. Weszliśmy w secesyjną bramę. I zaraz w trzypiętrowe podwórko, w księżycową studnię ze sztachetami na środku. Bo niby ogródek. Oparliśmy wszyscy rzędem nasze tłumoki i plecy na sztachetkach. I czekaliśmy. Nieco zmęczeni. A Ojciec wszedł w którąś zaraz sień. Do Miecia. Nieuprzedzonego. Zresztą, nie wiedzieliśmy, czy żył, czy tu był.

To poczekanie plecami do ogródka musiało być niedługie. Ale nam to urosło. Już po kilku dniach. Do długiej niepewności sennej. Lunatycznej. Bo ten księżyc w pełni.

Tata wypadł z sieni.

Miecio żył. Był. Znaczy. Jest. Z siostrą. Mają pokój z kuchnią. Proszą. Zgarniamy plecy i toboły ze sztachetek. Zupełnie białe były niektóre worki. Haliny na pewno. Pamiętam. W księżycu.

Powitanie, goszczenie, roztasowywanie się, od razu swojsko; nocleg jest. Parter — półzbawienie. Można spać. Na byle czym. Byleby się rozciągnąć. Pocisków na parterze nie bierze się za bardzo w rachubę. Jeśli to nie wściekły atak. A nie było nic wściekłego. Na tą stronę. Księżyc świecił. Więc spokój. Oddech ulgi. Jedzenie. Stół. Siedzimy. Gadamy. Myjemy się. Wszyscy. Po kolei. W miednicach. W prawdziwej wodzie. Z mydłem. I spać.

Tak. To było nie wcześniej niż z 6 na 7 września. Ze środy na czwartek. Dni się wtedy nie wiedziało. Teraz odliczam. Wiedziało się tylko daty. Bo już to zamieszanie, kotłowanina od początku. Nie później. Bo jak się dowiedziałem, Powiśle padło 6 września. A przecież ci ludzie z dołu, z Tamki, Okólnika, Oboźnej, wlatywali z krzykiem:

— Powiśle padło! — (wtedy ostatecznie).

To dowód na datę.

Z tą jedną trzecią Śródmieścia to może przesadziłem. Że nasze. Ale jak odpadło Powiśle i getto, czyli ziemia niczyja. I jak wziąć pod uwagę, że Śródmieście nie obejmowało tyle co teraz.

Za to nie dodałem, a to ważne dla nieznających historii powstania, że wciąż nasza była część Mokotowa, i Górnego, i Dolnego. Nasze było Powiśle południowe (tzw. wtedy bliski Czerniaków) i Żoliborz z Marymontem. Tyle że to były popodzielane kotły.

Rano nalot. Na to nasze „nowe" Śródmieście. Bomba gdzieś obok. Huk. I już coś się na nas sypie. Sadza. Ojca obsypało całkiem. Bo siedział pod wentylatorem. Sadzą z wentylatora. Poderwał się. I stał czarny i bezradny, z trochę wyciągniętymi rękami. Trochę żeśmy się zaczęli śmiać. Bo trudno.

Nie można było nie. I potem zaraz go czyściliśmy, praliśmy, myliśmy; głównie Zocha. Siebie też. Musieliśmy. Podszorowywać. Znów.

Był upał. Po księżycu w pełni słońce w pełni. Jak co dzień (bez wyjątku!). No i — co się okazało za Alejami? W tym luksusie? Że i ta ostateczna ostoja też może być zachwiana. Na razie jeszcze był spokój. Oczywiście względny. Z pociskami. Czasem naloty. Ale to był ten, jak na te czasy, spokój.

Już wiedziałem, że ten spokój lada chwila się skończy. Że na razie bombardują tamto Śródmieście. I zaraz wezmą się do tej mojej nowej dzielnicy.

Czyli czwarty raz to samo. I znów trzeba będzie zacząć godzić się ze śmiercią. Albo z urwaniem ręki czy nogi. To, że ktoś z nas zginie, to się nie myślało, że osobno. Zawsze myślało się, że się zginie razem.

Chyba Swen i Zbyszek poszli zaraz dowiedzieć się na Żurawią o Dankę. A my z Ojcem, chyba we dwóch, poszliśmy na Wilczą 21 do najbliższych przyjaciół Zochy, Ojca i Haliny. Do pani Jadwigi i pana Stanisława Woj. Żeby się do nich przenieść. Bo z tym zamiarem przeszliśmy Aleje. Na dodatek chyba wydawało nam się lepiej na Wilczej niż tu na Nowogrodzkiej. Racja anty-Alejowa? Pęd na południe? Pęd! W ogóle. Wszystkie stwory w przerażeniu pędzą, chowają się, pędzą dalej.

Wstąpiliśmy, przed Wilczą chyba, do mojego szkolnego przyjaciela, Zdzisława Śliwerskiego. Co z tego, że szkolnego. Dużo by o tym mówić. Na Żurawią 6. Na pierwsze piętro. Otworzył nam ojciec Zdzisława. I zaraz pokazała się pani Alfreda. Zrobili gest zapraszający. Ale właśnie ten niepokój. W dodatku pierwsze piętro. Czyli pobyt odpada. Bo i oni musieli myśleć już o schronie. Gadaliśmy w przedpokoju. Na stojąco. Potem jeszcze długo w drzwiach i na schodach. Wszyscy w popłochu. Zapytałem o Zdzisia.

— Zdzich jest na Emilii Plater — powiedział mi pan Śliwerski — w swojej jednostce.

— Na Emilii Plater? — zdziwiłem się, bo nie myślałem, że tam są nasi; aż tam.

— Tak. Na Emilii Plater. Chce pan tam go odnaleźć?

— Tak. A tam da się dojść?

— No tak — i podał mi nazwę jednostki. To miało być róg Wspólnej, Hożej? Któryś róg.

Poszliśmy jednak najpierw — ja i Tata — na Wilczą. Wzdłuż Kruczej. Bo samą Kruczą było niebezpiecznie. A może jeszcze wtedy Kruczą. Łatwo jest nie pamiętać. Bo wszędzie barykady. Wysokie. Ubite. Z płyt chodnikowych. Na pewno, nawet jak można ulicą, to nie cały czas. Czyli zaraz brama, podwórko, dziura w murze, sień. Znów dziura. W piwnicy. Podwórko.

Ruch był niesamowity. Zagęszczenie tej części Śródmieścia doszło w tym czasie do kompletnego tłoku. A jeszcze przybywali. I mieli przybywać. Roiło się w każdym zakamarku.

Na pewno już wtedy wzdłuż Kruczej wyrabiał się szlak podwórkowo-dziurowy po jej lewej (idąc od Alej) stronie. Potem zaraz ten szlak zszedł bardziej pod ziemię. A że był, jak inne znane mi z powstania szlaki czy „deptaki elizejskie", zabawny — bo były i rury, i dziury, i piwniczki, krętaninki — więc powstał o tym przechodzeniu niby-Kruczą wierszyk. I czytaliśmy go w gazetce. Na głos. Zaśmiewając się. Tak jak na Starym Mieście. Z nakręcaną szafą. Tutejszą krową. Bo faktycznie, jak było posłuchać, a nie trzeba było nasłuchiwać, bo to głośne stworzenie, to miało coś z porykiwań krowy. (Oglądane po wojnie w Muzeum Wojska w Warszawie miotacze min, czyli szafy, czyli krowy, zdziwiły mnie. Szczególnie pociski. Te po sześć, po dziewięć. Podobne były do baniek na mleko. Czyli coś krowiego). Tu — za Alejami — zobaczyłem powyrywane przez krowy kamienice, wąsko, ale na cztery piętra nieraz. I jak mówiłem, że krowy to nic, to mi mówili:

— One potrafią, no, no! — No i potrafiły.

Tak samo lekceważona artyleria. Szczególnie te wielkie moździerze, które mi się kojarzyły z czymś solidnym, jako metal, może mosiądz, ale ten moździerzowy od moździerzy na tłuczenie pieprzu i cynamonu.

Też mi ludzie mówili:

— No, no...

Ja na to:

— Ale nie przebijają piwnic.

A ludzie na to:

— Chacha! nie przebijają? jeszcze jak potrafią przebijać!

I to była też prawda.

Mówiłem już o wyczuleniu słuchu. Na to, co front. Co inna dzielnica. Co za Alejami. Co o dwie ulice. I jaki kaliber. Na słuch. Mieliśmy z Haliną swoje porozumienia. Na to, co teraz. Leci. Jedne pociski dziwnie miauczały. Mówiliśmy:

— Oho, koty!

Najgorsze były berty. To te — o ile pamiętam — trzyczwartotonówki. Trzy czwarte tony to nieźle. Tyle co trzy czwarte tony bomby, ale zamiast z nieba, to z boku. Uważałem, że właśnie to ma znaczenie. No, ale te z nieba leciały ukosem, po tej krzywej. A te z boku też po krzywej. Różnica nie taka wielka. A jednak była. Zostanę przy swoim. Chodzi mi tylko o rachunek piwnicowy.

Pani Jadwiga była w schronie. Bo już wszyscy zeszli na partery. Raczej do schronu. Pani Jadwiga mówiła, że zeszli, i powiedziała do nas:

— Przyjdźcie, bardzo chętnie, no pewnie, że przyjdźcie; tylko, że co, to piwnica. Zresztą zaraz przyjdzie Stasio.

Pan Stanisław był na dyżurze. Pilnował dachu. Z innymi. Zaraz zszedł. No, niedługo.

— Leżymy na dachu, jak tylko co, i pilnujemy, z mokrymi ścierkami.

Przed pożarem.

Pan Stanisław wpadł na pomysł, żebyśmy byli na parterze. Mają sąsiadkę, samotną, starszą, panią Rybkowską. Ma na parterze dwa pokoje z kuchnią. Sama siedzi w schronie. Już dawno. Boi się bardzo.

— Zaraz to załatwimy! — I poleciał.

— Dobrze, zrobione, zgadza się, przychodźcie. Już przychodźcie!

Dom Wilcza 21 miał pięć pięter. I podwórko półstudnię. Więc bycie na parterze było w takim domu nie najgorsze. Zresztą to miało być mieszkanie. Dla nas. A schron to schron.

Co do wysokości domów jeszcze. Tu, w południowym Śródmieściu. Właśnie było najlepiej. Pod tym względem. To była najwyższa dzielnica w Warszawie. Domy po pięć, sześć, po siedem wysokich pięter. I po więcej nawet. Często solidne. Ulice wąskie. Czyli gęsto. W ogóle południowe Śródmieście było największą dzielnicą powstaniową. Na długość i na szerokość. Nie, przesadzam. I niepotrzebnie rozdzielam te dwa śródmieścia. Przecież miały połączenie.

W Śródmieściu — w ogóle całym — było jeszcze jedno charakterystyczne. Były roboty publiczne. I nie łapanki, ale takie — w razie potrzeby — zatrzymywania przechodniów i zwracanie się do nich z prośbą-rozkazem, że trzeba to i to. A że to na dwie, trzy godziny. Więc wszyscy chętnie. Takich rzeczy się w ogóle nie odmawiało. Choć to niebezpieczne mówić za wszystkich. Ale w tym czasie prawie wszystko było zrobione. A że ludzi było strasznie dużo, bo chyba ze dwieście tysięcy, to nikt mnie o nic nie prosił. I tak sobie się obijałem prywatnie.

Jeszcze jedno. W Śródmieściu było wybitne pomieszanie się cywilów z powstańcami. Dużo było opaskowców z pozoru. Różni półpowstańcy. Stany pośrednie. Skłonność do geszeftów. W ogóle różności.

Pani Jadwiga opowiedziała nam zaraz, że na początku szyła masowo dla żołnierzy bieliznę, furażerki i jeszcze coś z munduru.

Wróciliśmy na Nowogrodzką z pomyślną wieścią. Swen wrócił też z pomyślną. Odnaleźli Dankę na Żurawiej. U państwa Szu. Bo u nich odnajmowała pokój. Z tym, że oni raczej byli już w piwnicy. Nie na drugim, swoim (bodajże drugie) piętrze. A Danka przychodzi tam, ale jest w AK łączniczką. Więc siedzi w piwnicy, nadaje i odbiera. Zresztą blisko. Też chyba Żurawia. Zbyszek u niej już został. Ma się zapisać. Czyli — mają go przyjąć. O ile jest broń. Chyba była. Bo i zdobyczna. I ze zrzutów. Nie tak dużo, jak trzeba. Ale zaczynała naprawdę być. Ta broń. Ludzi tutaj też chyba było sporo. Na miejsce tych, co zginęli, zgłaszali się nowi. Bo i front za wodą na wskos... Przypominam — nasz był Mokotów, Czerniaków, Żoliborz. Po upadku Pragi, potem Ochoty, Powązek i Woli długo był stan terenowo pomyślny. Choć nie przesadzajmy — coś było złego już po tygodniu.

Wróćmy do swojej akcji. Swen też właściwie „zamieszkał" już u państwa Szu. Czyli w piwnicy. Jeszcze pobył z nami na Nowogrodzkiej. Jeszcze żeśmy tu coś jedli, może i pili. Ale pewnie nic. Piliśmy wino na Chmielnej. Po kanałach. Bo mieli. Jeszcze zdążyła walnąć gdzieś berta czy bomba. Bo znów Ojciec nagle został cały posypany. Tym razem na niebiesko. Obok był skład apteczny. Czy mydlarnia. Trafiło w nią. I w ultramarynę do prania. A to znów w niego. Znów śmiechy. Czyszczenia. Mycia. Jeszcze przypominam sobie dzienne jedzenie zupy. I chyba mi się zdarzył włos. Jej. W zupie. Ale mogę mylić z czyjąś inną podobną do Mieciowej siostrą, kiedy indziej, też w niebezpieczeństwie. Też w zupie.

No i hajda na Wilczą. Swen na Żurawią. I tak weszliśmy w nową fazę. Topograficzno-mieszkaniową.

Pierwsze co — na Wilczej, u pani Rybkowskiej — to zbudowaliśmy kuchnię. Tym razem solidniejszą. Z iluś cegieł. Oblepiana gliną. I ruszt w środku. I popielnik. Zocha zaczęła zaraz coś gotować. Nie wiem, czy kuchni nam zaraz nie rozwaliło, zanim wyschła, i budowaliśmy ją na nowo? Pani Rybkowska więcej się bała, niż była ciekawa. Poznaliśmy ją dopiero na drugi czy trzeci dzień.

Spań mieliśmy wiele. Bo dużo miejsca. Przed oknami komórka na coś tam. Przy komórce beka z wodą. Na pożar. Po lewej stronie brama. Po prawej mur z dziurą. Na Kruczą 7. Bo tam była latryna i woda. Mur był szary: koci kolor. Cała kamienica też była taka. Jeszcze co: naprzeciw, trochę na lewo, przylepiony do kąta stał domek pani Trafnej. Pani Trafna, jak mi potem Zocha powiedziała, była Żydówką. Nie wiem, czy znały się przedtem, czy nie. Z panią Trafną. Weszliśmy w przyjaźń. Prędko. Jak to wtedy.

Pierwszej czy następnej nocy miałem dyżur. Na naszym podwórzu. Wilczej 21. Ze mną był jeszcze ktoś. Pan Stanisław też długo był. Palił papierosy. I Ojciec był. Stali. Gadali. Ja też. Staliśmy na górkach, dołkach, deskach od wykopków. W nocy teren wyczuwa się bez uprzedzeń wzrokowych. Księżyc świecił. Ciągnął się okres księżycowy. Już drugi przecież. Z nocami względnymi. Przynajmniej bez najbliższych pożarów. Było bardzo ciepło. Całą noc. Tak że byłem tylko w kapciach, bez skarpetek (skąd skarpetki? — luksus), w spodniach i w koszuli. Jasnej. Może od księżyca.

Na drugi dzień przyszedł Swen. Posiedzieliśmy z Haliną. We troje. W pierwszym pokoju z kanapą. Z oknem tuż, naprzeciw beki z wodą. W coś może graliśmy. Może coś czytałem. Może Swen też. Coś pisałem prawie na pewno. Ale to już mniej pamiętam. Wydaje mi się, że mniej. Choć nie. Właśnie tu dopiero pisałem ten dramat o schronie. Ciągle na papierze z biurka z Podwala róg Kapitulnej.

Może to wtedy zaryczała krowa. Zaczęła walić. Pewnie blisko. Bo jak zaryczała druga, to tak jak byliśmy, niedoubrani, bez butów jakoś i (jednak) w skarpetkach, tak zlecieliśmy ze schodów. Były obok. Zlecieliśmy — to mało powiedzieć. Jednym zakrętem poręczy w lotne kucki! I już było się w piwnicy. Jak wtedy na Rybakach.

Swen zaprowadził mnie do siebie. Pokazać, gdzie jest. Potem chyba do Zbyszka. Zbyszek już był wcielony. Do KB, bo w AK nie było miejsc. Blisko. Na którejś z ulic między Żurawią a Hożą. A może Wilczą? Od Kruczej ku placowi Trzech Krzyży. Weszliśmy na parter. Z bramy. Do czegoś zatłoczonego powstańcami. I na kanapie siedział w tłoku z wyciągniętymi nogami już niby umundurowany Zbyszek.

— Na razie siedzi się i czeka, bo nie mamy broni — powiedział.

Gdzieś blisko Swena na Żurawiej weszliśmy do piwnicy. W którejś z komórek na węgiel, na kartofle, między ścianami z aparatury takiej jak rozebrane radio od tyłu, siedziała na krzesełku Danka. Miała słuchawki na uszach. I obydwiema rękami jednocześnie w szybciutkim tempie włączała i wyłączała różne wtyczki, przetyczki. Jednocześnie mówiła. Szyfry. Te w rodzaju:

— Bu-wa! Bu-wa! Sześć! tu ma-ta-ha! tu ma-ta-ha! hallo, hallo, nadajemy! en-ka — osiemnaście! hallo! — Dalej szły pełniejsze toki, ale zaraz przerywane, bo coś tam.

I tak dalej. Ciągle. Szybciutko. Raz tylko po długim czekaniu (naszym) troszeczkę się do nas odchyliła. Coś: „dzień dobry, co słychać?". I dalej to samo. Nie mogła się oderwać. Bo jak? Ale się nie nudziliśmy. Bardzo nie! Pierwszy raz byłem w takiej nadajni.

Podczas jakiegoś siedzenia na Żurawiej czy też na górze, jeszcze u państwa Szu., którzy zresztą byli w piwnicy czy na podwórzu — pamiętam, że w oknach na parterze w rogu słychać było dużo ludzi, na towarzysko, brzęczały widelce i noże. Jestem pewien do dziś, że to były imieniny. To znaczy: nie mam żadnej pewności. Tak mi się zdawało. I zdaje. A że dziwne. Tym większe zdawanie. Było popołudnie. Słońce. Upał. Kurz. Na podwórzu dużo. Czego? Różności. Bałaganu. Kręcenia się. Te imieniny mnie i dziwiły, i przygnębiały. Nawet denerwowały. Bo nie tylko ta beztroska. Ale nieomylny znak, że coś złego. Nadciąga.

Bo nadciągało, nadciągało.

Mieszkanie na Wilczej było świetne, ale miejsce w schronie już mieliśmy. I w schronie zaczęło się nocować. Raz tylko przesiedzieliśmy, czyli przespaliśmy noc na siedząco, ja i Halina, na zielonej pluszowej kanapie. Bo stała blisko drzwi na schody. A tu zostaliśmy sobie. Bo ja zatęskniłem za luksusem luzu. Żeby go mieć chociaż raz. A Halina dla towarzystwa. I dlatego, że nie za bardzo zżyła się jeszcze z nocowaniem po piwnicach. Miała na sobie ciemne palto (no — zimowe, nosiła na sobie, żeby mieć ze sobą). Z popielatym futerkiem. Na rękawach. I na kołnierzu. Wtulała się w te futerka jak w swoje koty.

W schronie mieliśmy bety. Coś pierzynowego. Bo wypchane od środka. A czerwone z wierzchu. Ile było pierzyn? Dwie? Bo przykrywać się czym mieliśmy. Na czym spaliśmy, to już nie wiem. Stołki? Ławki? Chyba wszystkiego po trochu. I też wtulanie się. W bety. Pierzyn, poduch było po naszych piwnicach i piwniczkach wiele. Świeciły. Te karmazyny. Cynobry. Czyżby w świetle elektrycznym? Chyba nie. Karbidówki! Świece! Ludzi było pełno. Po wszystkich zakamarkach. Na parterze tylko my jedni urzędowaliśmy. Też w pewnych godzinach tylko. I w dzień. Pani Trafna w swoim domku. Ale chyba pani Trafna przeprowadziła się na dobre do piwnicy. Co i dobrze. Bo zaczęło wkrótce trafiać w nasze podwórze. Nieraz dużo kalibrów. I to uparcie. Granaty. Koty (tak zwane), krowy. Berty. Moździerze średnie (cynamon i już!). Coś z góry chyba. A bo domu zaczęło od góry ubywać. Tak po troszku, na raty. Najpierw był demolowany. Potem malał. Może się i podpalał. Na pewno tak. Ale zdążyli zawsze ugasić. Pan Stanisław bardzo latał (a był wysoki). Pilnował. Blachy mokrymi ścierkami. Aż padał plackiem trochę pochyło, głową niżej, nad rynną. Tak go sobie odtworzyłem? wymyśliłem? Pani Jadwiga krzyczała na niego w piwnicy:

— Nie chodź! Stasiu! nie chodź! — A jak poszedł, to się zamartwiała. A że chodził co i rusz, to była tylko trochę przyzwyczajona, a tak — to zmartwiona. Była modystką. Więc koleżanką po fachu i Stachy, i Zochy. Ze Stasiem żyli najpierw piętnaście lat bez ślubu, bo bali się legalności, odromantyzowania. Kiedyś w wielkim strachu wzięli się na odwagę. Ślub. I znów piętnaście lat upłynęło. W ślubności. Nic nie zepsuła. I tak żyli potem w Jeleniej Górze do końca razem.

Pani Jadwiga wolała legowisko koło nas. W naszej pace. Bo tworzyliśmy jedną rodzinę. Oni — dwoje, Stacha, Zocha, Halina, Ojciec i ja. Obok pani Trafna. Inne panie, panowie, dzieci. Całe stada. Za prawym wejściem — dalsze. Z lewej strony, w poprzedniej piwnicy poprzedniejsi zajmiciele miejsc.

I pani Rybkowska. W okularach, która czasem zajrzała na parter. Do siebie. Czyli do nas. Bardzo rzadko. Ale miała potrzebę sprawdzić. Raz sprawdziła, czy przypadkiem nie potłukliśmy szklanek w kredensie. Raz znów miała żal, że przesunęliśmy kredens. Nie wiem po co, stał ukosem. To było przy niej. A jej chodziło znów o obraz, cudowny, Matki Boskiej Częstochowskiej, który był za tym kredensem. Takie ordynarne obrazisko. Za szkłem z kurzu. Bez koloru. Odsuwała teraz kredens ona sama i tam wchodziła. Często przesiadywał z nami na parterze, na gotowaniach obiadu i lepieniach kuchni, bo wciąż krowa albo moździerze rozwalały ją; przesiadywał z nami i pan Stanisław. (Zocha ciut-ciut podkrzywiała się na ciągłe „Stasiu, Stasiu, nie chodź" pani Jadwigi. Wreszcie doszło do przymówek o to. Z tej i z tej strony. Malutka obraza i krótka. Ale czasy nie sprzyjały. Znów się kochały. I były ze sobą na „pani". Dopiero po wojnie nie. Ale po wojnie się na dobre pogniewały. Z Gdańska do Jeleniej Góry. Aż się przeprosiły. To wtedy Stasio umarł).

I jak pani Rybkowska za dużo o tym kredensie, obrazie i o szklankach, i zaczyna sprawdzać, to pan Stanisław razem z nami mówi:

— O, samoloty!

— Tak? — pyta pani Rybkowska.

— Tak — mówimy.

I ucieka do schronu. Wierzyła nam. Bo dlaczego nie. Raz trafiło, podczas siedzenia na kanapie (Zocha gotowała), w tą beczkę z wodą. Z beki lunęła w bok fontanna. Potem trafiło tu i tam. Potem walnęło w domek pani Trafnej. Jedno. Drugie. Posypały się suche wapna, murki, trzciny. Z kamienicy też się sypały. I tynk leciał. I framugi. I blacha. Dachy były wtedy jeszcze cynkowe. Przeważnie. Domek pani Trafnej robił się też coraz mniejszy.

Była jeszcze w schronie z nami, a raczej gdzieś koło drzwi, bo coś z tymi drzwiami było, przeciągi... ale czy kłótnia? chyba tak... Więc była jeszcze pani de la coś. Czyli niby Francuzka. Czy tylko Francuzowa. Ale za to wdowa. Mieszkała na czwartym piętrze. Bodajże. Raz awantura. Na całe podwórko. Kupa mężczyzn. Blokowych. Półblokowych. Ćwierć-AK. Wymyśla okrążonej, zastraszonej w paltocinie pani de la coś przed klatką schodową, tą jej klatką i naszą, bo ją właśnie dopiero co przyłapali na czwartym piętrze na robieniu kupy. Przed własnymi drzwiami.

No nic. Przeszło i to. Latryna była na sąsiedniej posesji; Krucza 7. Nie pamiętam już w tej chwili, czy to najpierw szło się przez (oczywiście najpierw przez dziurę w murze) podwórze drugie. A racja. To po wodę. I dalej pierwsze. Od Kruczej. Od frontu. Czy od razu wchodziło się za dziurę w to długie olbrzymie podwórko z olbrzymim dołem w środku. Z całą wyklepaną łopatami doliną. Z gołej ziemi. I tam pośrodku w dole w jeszcze więcej dołku była pompa. Zawsze z ogonem ludzi. Nieraz długim. Na trzy zakręty. Tak, że wypełniał szczelnie dolinę. Po to też ona była. Tłok był po południu największy. Tak pod wieczór. Jak była nadzieja na zaczynanie się ściemniać. Bo to niby wtedy samoloty szły spać.

A latryna? Latryna, tak czy owak, była na prawo od dziury. Na końcu podwórza. Wszystko jedno którego. Na uboczu. W ogóle w kącie. I to tak, że tylko tyle, żeby zmieścił się na wąskość drąg. Z dołem. Na kupy. I ścieżka. Do dochodzenia. Jak się usiadło na drągu nad dołem, to się miało przed sobą — na nosie prawie — szopę z czymś. I coś nad nią, co szło wyżej, wyżej. Chyba bok oficyny. Bez okien. A za plecami, czyli za „de", miało się olbrzymi mur na ileś pięter. Też ślepy. Nad sobą miało się wycineczek (wąski i długi) nieba. Po którym przelatywały pociski. Chciałem powiedzieć: stworzenia. Ale tylko te. Sztuczne. Żywe były po piwnicach. U nas któraś pani miała psa. Rasy? małej tłustej. Pan Stanisław mówił, że na tym psie (może suce?) można postawić szklankę z wodą. A do pani od psa czy suki mówił:

— Radzę pani go pilnować! — Bo podobno, a nawet na pewno, psy wtedy jadano. I koty.

W schronie, nie tym, ale obok, pod 23-im (ogromne kamieniczysko na sześć pięter, tych dawnych, secesja, zazdrościliśmy im tego, że mają kleinowskie sklepienia) — więc obok mieliśmy radiostację. Była w jednej z komórek na kartofle. Za dechami. Ale w szpary. Mówię „mieliśmy", bo tam się latało. Na radio.

— Bu — bu — bu — — — buuu! — Bi Bi Si... Ileś razy dziennie wiadomości. Stało się przed tymi dechami. Wkładało uszy w szpary. A latało się tam po prostu od siebie. Od swoich barłogów. W swoim schronie. Przez inne schrony. Korytarze. Dziury. Przebitki. Aż gdzieś w głąb tamtych schronów. Pod 23-im. Czyli przelatanie piwnicami. Jak wszędzie. Niezależnie od przejść wierzchami.

Pamiętam w tych pierwszych, a nawet najpierwszych dniach Wilczej niedzielę rano i nabożeństwo. Któraś pani wypożyczyła na to swoje mieszkanie. Na parterze. Prostopadle do nas. Czyli od bramy na ulicę w lewo. Z oknami oczywiście od podwórka. Naszykowała nawet dywan i palmy. Może palmę. Jedną. A to drugie to była dracena? Coś tam było. Kościelnego. Niby. Po mszy była spowiedź. Powszechna. Bo było dużo ludzi. Z warunkiem — odmawianym głośno — pójścia do spowiedzi pojedynczej w razie przeżycia tego wszystkiego.

Niedziela wypadała 10 września. To była druga niedziela w Śródmieściu, a pierwsza za Alejami, którą zapamiętaliśmy. A raczej, o której wiedzieliśmy, że była niedzielą. Potem już do końca, aż do połowy października, nikt nigdzie nie rozróżniał dni. Niedawno obliczyłem, bo to data znacząca, w jaki dzień wypadał 1 październik. Niedawno, czyli po dwudziestu latach. I ze zdumieniem dowiedziałem się po raz pierwszy, że to niedziela. Była.

Pamiętacie. 6 sierpnia na Chłodnej. („Może Pan Jezus co odmieni"). Świadomość niedzieli. 15 sierpnia — Rybaki — święto — cud nad Wisłą — ale nie przychodzą. 3 września — niedziela taka jak ta wiwatownia w 1939. W ten sam zbieg daty i dnia. Kanapa. Chmielna. I to czwarte. Wiedziane. Świąteczne. Teraz. I to — wszystko.

W tych najpierwszych już dniach szlak wzdłuż Kruczej zszedł pod ziemię. Na samej Kruczej między Wspólną a Hożą leżał skrwawiony (z kawałkiem stopy) pantofel damski. Od tej pory zaczęła publika nieco uważać. Tylko jeden odcinek — ten od naszej Wilczej do Hożej — zaczął być słynny z bezpieczności. Zaczęli się na nim kręcić ludzie. Kręcili się i między Wilczą a Piękną, czyli już od naszego rogu do końca Kruczej. Od południa. Do samego placu Piękna–Krucza–Mokotowska. Plac miał w poprzek, na wprost wylotu Kruczej, wzdłuż całej strony południowej Pięknej barykadę. Długą. Solidną. Z tych worów i toreb z czymś. I z chodników. Ale barykada nie była wysoka. Trzeba było biec. I schylać się. I uważać na Kruczej, jak się szło do placyku. Bo tam zaczynał się obstrzał od Marszałkowskiej i od placu Zbawiciela. A były domy fest. I wieże.

Ale ludzie latali. Dużo. Mnóstwo. Na Kruczej i na Mokotowskiej było dużo kwater. Powstańczych i cywilnych. Po Kruczej więc latali i cywile, i powstańcy. I mieszańcy. Krucza była niewątpliwie główną ulicą południowego Śródmieścia. W ogóle to, że była podobna do ulicy. I miała ruch. Mimo różnych i gruzów, i barykad. I mimo to, że tylko na pewnym kawałku. Ale to starczyło. Że królowała. Stała się wnet Alejami na całe Śródmieście. Na Kruczej można było załatwiać wiele spraw. Na Kruczej spotykali się ludzie z rodzinami, przyjaciółmi. Z przybyszami z różnych dzielnic. Z tymi, co mieli tą dzielnicę już jako trzecią czy czwartą. W powstaniowym dorobku. Można było tu spotkać kogoś, kogo nie widziało się dziesięć lat. Nagle. Tak ja miałem. Też. Spotkałem Frania hrabiego Ż. Ze szkoły. Po iluś latach. Potem jeszcze kogoś.

Na Kruczej spotkaliśmy Romana Ż. W mundurze AK. „Atosa". Tego, który przyszedł na Chłodną wtedy, 31 lipca, jak była ta burza i nalot jednocześnie. Pożegnać się. Z Mamą. I ze mną. I znał Halinę. Ojca i Zochę chyba już też. To nieważne. Zaraz nas odwiedził. Raz i drugi. Zocha go częstowała. Zupą świeżo zrobioną. Cały talerz. Zabiera się Roman do jedzenia. A tu krowa:

u-u! u-u! u-u!

— i sypie się z sufitu. Prosto w zupę. Roman odgarnia łychą. Co się da. Drobniejsze sufitowe zjada. Drugi raz też tak chyba było. Z tym, że i kuchnia się rozwaliła. Co nie przejęło nas. Bo się ulepiło natychmiast od początku. Sufit spadał chyba codziennie. Plastrami. Plasterkami. I do zup. I na głowę. A miało co spadać, bo to była gorsza z wierzchu, ale w środku też secesja. A raczej ten piąty–szósty klasycyzm warszawski. W stiuki. Rozety. Girlandy. Co najmniej w gzymsy.

Draka w południowym Śródmieściu. W tej ostatniej desce ratunku. Z trzciną. Zaczęła się szybko. Po naszym wynajęciu (za darmo, bo pieniądze nie szły. Wtedy!) Wilczej. Parteru. Raz-dwa. Bo przecież — schron. Prawie z miejsca. I po paru nocach myślenie jednak o tym 23-im, obok. Nasz miał nad sobą te pięć pięter. Ale już z ubytkiem. Wygryzione. Do tego okazał się lichy. Od początku nie wyglądał za mocno. I za twierdzowo. Ale jak sypnęły się siwe tynki. Białożółtawe. Wyschnięte. Do trzaskania. Dechy. Trzcina. I ta moja nazwa — wapno: coś sufitowego. I to się okazało wiązaniami. To poszliśmy. Cała grupa. Spod 21-go (dosłownie spod, bo spodem). Oglądać 23-ci. Pod kątem przeprowadzki. Lokatorzy 23-go nas znali. Wiadome było przyzwolenie. A jakby i nie znali, to tak samo. Miejsca trochę jeszcze było. Więc zostały oględziny. Pamiętam. Jak ktoś z nas po kolei zachwalał kleinowskie sklepienia, a reszta oglądała, macała. Różni ludzie, starsze baby. Wszystko to doceniało. Znało się. Macało „Kleina". Chyba ten Klein, po prostu niejaki pan Klein, Żyd, Niemiec, zrobił dobry wynalazek. I to w porę. Tak, żeby zdążyło się zabudować jeszcze za Prusa i Prousta dużo takich domów w starym Śródmieściu.

Widocznie bomby waliły, bo decydowanie się nie trwało za długo. Zaczęliśmy łapać nasze „bebechy", toboły, i wio! pod Kleina! Żeby nie ten Klein, czyli bardziej w beczułkę cegły i te szyny przełyskujące. Toby się tej piwnicy od tamtej tak znowu nie rozróżniło. Zajęliśmy jakieś tam coś wspólnego. Z wlotem dalej. Z wylotem na nas od piwnic poprzednich. I znów pierzyny. Ławki. Torby. Rodziny. Siedzenia.

Przeniosła się mniej więcej cała Wilcza 21.

Leciały. I bomby. I pociski. Takie duże. Bo siedzieliśmy nawet w środkowym korytarzyku, jak najdalej od otworów na dwór. Na lewo korytarzyk miał piwniczkę za piwniczką. Każda z drzwiczkami. Tyle że otwartymi. W najbliższej siedziała rodzina państwa Wi. Pan Wi., inżynier, i pani Wi., jego żona. Siedzieli na workach. Z czymś. Cały dzień. Tak potrafili. Ona była podobna do Giocondy. A z szyi, z głosu i mowy do synogarlicy. Bo tak nazwała ją Halina. Mieli dwoje małych dzieci. Dzieci z innymi małymi dziećmi latały. Chodziły po korytarzu. Bawiły się tak:

— Ty idź naprzeciwko z torebką i spotkamy się.

Więc się rozchodzą. Z torebkami. Spotykają:

— Dzień dobry pani.

— Dzień dobly.

— Pani dom ppalony?

— Ppalony — i machnięcie ręką — a pani dom ppalony?

— Ppalony...

Była jeszcze i zabawa w czołgi. Dwojgiem małych od państwa Wi. zajmowała się pani Józia. Nauczycielka. Jak tylko był huk, zatykała sobie uszy palcami. A że huków było dużo, więc siedziała albo stała z palcami w uszach. Ale że zajmowała się dziećmi i rozmawiała z nimi albo z państwem Wi., albo z ludźmi w ogóle, to coraz sobie odtykała uszy. To znów szybko zatykała. Pytała:

— Co? — tak, nabrała gestów głuchej. Czy niemowy. Raz mała Ewa (bo Ewa, nagle: pamiętam to) chce kupę. Nocnik jest. Pani Józia sadza Ewę na nocnik. Na korytarzu. Pani Wi. z piwniczki-saloniku siedzi na workach. I woła:

— Na sam środek! Na sam środek!

Więc pani Józia przesadza Ewę na sam środek. Zatyka sobie uszy. Bo walą. Ale Ewa zaczyna się też bać:

— Ciociu, daj mi rękę! — Pani Józia trzyma za rękę Ewę na nocniku. A drugą ręką zatyka sobie to drugie ucho. Na pierwsze słyszy. No — dobre i to.

Racja. Była z nimi jeszcze i ich matka z Brackiej. I Jadzia, młoda, jakoś im tam pomocna. Tyle że one raczej siedziały tu. Bo każda rodzina wtedy była duża, a ta ich piwniczka malutka. Po korytarzach szły huki. Wstrząsy. I śpiewy.

Pod Twoją obroonę...
świe-ę-ta...

Obok szło już dalsze miejsce:

o Paa-nii,
oo Paaaniii-i,
ooo Paa-ni na-a-sza-a —
Po-cie-szy-cieel-ko naa-szaa...

Mieliśmy nad sobą Kleina. Dobre mury. Trochę szyn. I te sześć pięter. Z mansardą. Z wykuszami. Wygięciami. Wisiorami. Sześć pięter. Plus cała czapa. Plus parter. Osiem kondygnacji. Ale tylko siedem do przebicia. Bo ósme — to my. Siedmiu nie powinno przebić. Były wyjątki. Czasem. Ale liczyło się na normę. Ale jeżeli bomba pójdzie więcej z ukosa i trafi nie w dach, a o piętro niżej? To tylko sześć. Też nie powinno. Przebić. Ale jeżeli trafi w czwarte piętro? A i tak bywało. W tych wielkich kamienicach. Nie mówiąc o przypadku PKO.

To wtedy zostaje pięć. Tylko że ta solidność... Klein. A jeżeli krowa wyrwie nagle od trzeciego w dół? I zahaczy o parter i wychapie coś? Z piwnicy? Głupia krowa? Albo berta? Czyli to, co się niby bierze mniej pod uwagę. Albo wystarczy, że wpadnie w którąś przegródkę. I utrąci kogoś z nas. Rodzinę. Czy jednego. Czy obok. Bo dbało się o swoich. O tych obok, ale dalej — trochę mniej, ale jeszcze. O tych jeszcze dalej, ale od tego adresu — jeszcze mniej, ale jeszcze troszkę. A o sąsiednią kamienicę? Czy z przeciwka? Nie chodzi o przejęcie. Ale kto nas odgrzebie, jak nas przysypie? — Oni. — To kto ich? — My. — No więc? — A z tymi dalszymi całkiem? To dziwne obliczenia. Które każdy robił. W każdym miejscu. Wedle możliwości. A ile już tych, co tak obliczali, zginęło? No, ile? Nikt nie wiedział. Ale przeraźliwa proporcja. Nie biorę w rachubę rannych, ocalonych, odgrzebanych. Czym nas więcej — tym lepiej. Niby. Bo rozkłada się możliwość tak zwanych wypadków (bo wojna jest niby zbiorem nieszczęśliwych wypadków, a powstanie — wybuchem zbioru) na więcej. Czyli powinniśmy ginąć rzadziej. Tymczasem — co za różnica. Czy nas będzie w tej piwnicy trzysta, czy pięćset. Jeżeli nas zagrzebie na amen? I zagniecie? W getcie było strasznie dużo. Nie pięćset. Nie pięć tysięcy. Nie pięćdziesiąt tysięcy. A pięćset tysięcy. I prawie wszystko poszło. Z tych, co nie uciekli. Śmierć była zasadą. Największą możliwością. Prawie jedyną. Prawie jako sto procent. Bo dla wielu — prawie i bez tego. To też — błąd statystyki! Poza tym tak: jeżeli teraz walą bomby, to znaczy ginie ktoś. Od każdego takiego coś, co słychać, wali się coś. Powiedzmy — nie od każdego. Bo niewypały. Albo pudła. Czyli w jezdnię. Czy w trawnik. Czy w środek podwórka. Poza tym — jak się wali coś, to może się zwalić i nie przebić do piwnic. Mogą być wtedy zasypani nieranni. Tyle że do odgrzebania. Co też jest ryzykowne. Bo takie gruzy naszej Wilczej 23 odwalać? Kto da radę? I ile ludzi? I czym? I ile czasu? A tu może być uduszenie. Albo co. A brak wody? I przez ten czas dalsze naloty, kłopoty. Teraz dalej. Jeżeli tylko jest część zasypana do szybkiego odgrzebania, a tylko część zginęła, a reszcie w ogóle nic — na ten raz, to niby niezła norma. Jako norma. W te czasy. Ale czy to w porządku, jak kto ginie? Nawet jak dziesięć osób tylko? I czy ten drugi raz nie będzie dla całej reszty końcem? A przecież przypadek może się uwziąć. Może być ileś razy w to samo. Poza tym — zależy wszystko od ilości bomb. A wiadomo, że tylko wielkie ilości. I na obszar nie tak ogromny. Pewnie, że duży. Bo mają jeszcze Mokotów. Tamto Śródmieście. Żoliborz. Czerniaków. No, ale tam też są domy. Pod domami ludzie. Nie mówiąc o powstańcach w akcji. Z gorszą osłoną. Albo bez. Czym nas więcej ubywa, tym gorzej. Bo słabniemy. I z punktu widzenia statystyki — też gorzej. Bo teraz na mniejszą ilość może przypadać tyle samo bomb. Albo więcej. A inne bronie? Przypadki? A rozwalania? Ustały podobno. A wywózki do obozu?

A teraz jeszcze niszczenia osłon. Jak naruszy ten dom, jak go ubędzie, to mamy gorsze szanse. A potem. Może go jeszcze ubyć. I jeszcze gorzej. Gdzie indziej iść? Gdzie? Wszędzie ubywa. I tłok. Bo giną. To racja. Ale i domy giną.

Albo pożary. Bo są. Sam pożar to jeszcze nic. W porównaniu z bombami. Od pożaru można uciec. Ludzie siedzą w piwnicy, aż ogień jest na parterze. Dopiero sąsiedzi wołają:

— Wychodźcie! Już się pali parter!

I wychodzą.

Ale wtedy traci się osłonę. A osłona? Im lepsza, tym więcej możliwości, że zostanie. Zdawałoby się. Ale za to, jak zdarzy się przypadek tak zwany fatalny, to wtedy całe dobre idzie na złe.

I w kółko. Tak można. Liczyć. Myśleć. Badać. Uciekać.

Swen nie przyszedł. Jeden dzień. Nic dziwnego. I Roman Ż. Umówił się. I też nie przyszedł. Może coś wypadło? Akcja? A zresztą te naloty... Ale na drugi dzień też ich nie ma. Czekamy. No, przyjdą... Chociaż to nas zastanowiło.

Siedzimy zarośnięci. Nie myjemy się. Czasem. Przeważnie z butelki. Troszkę. Co nieco. Nie ma mowy o wymyciu się całemu. Wody mało. Niby jest. W tej dolinie od Kruczej. Ale tam duży obszar. I walą. Ale bez wody? Powinni wszyscy czekać do zmroku. Tylko że o zmroku szaleją granaty, moździerze, berty, krowy. Na podwórzu ważność broni jest inna. Nie tylko bomby się liczą. Ale i ta reszta. I to bardzo. Mimo to ludzie idą po wodę. W ten dzień idzie i Ojciec. Bierze kubeł. Opaska na rękę. Popołudnie. Reszta: Zocha, Stacha, Halina, pan Stanisław, pani Trafna — zostajemy. Od państwa Wi. też wszyscy siedzą. Ojca długo nie ma. Walą. Blisko. Daleko też. Ale coraz gdzieś tu. No nic. Wiemy, że tam ogon ogromny. Bo chyba wracają. Niektórzy. Z wiadrami. Z wodą. I mówią. Ile ludzi. Godzina. Dwie. Nagle huki. Obok. Czy sami żeśmy wpadli na to? Czy ktoś wyleciał sprawdzić? Czy przyleciał? Tak. Chyba dużo przyleciało. Bez wody. Wystraszonych. Że walnęło. Raz. Czy więcej. Bo chyba bomba. Blisko. I pociski. Jeden w samą studnię. Chyba część zginęła. No tak. Studnia rozwalona. Źródło wody ucięte. To frajer. Ale ludzie... Co z Ojcem? Zocha-Zula i ja podrywamy się. Lecimy. Przez dziurę. Do tego ogromnego dołu w wielkim podwórzu. Chyba już ma się ściemniać. Czy ściemnia. Pobojowisko jakieś jest. Rannych. Zabitych. Usunęli. Już. Ojca nie ma. Zniknął. Wracamy. Nie ma. Siedzimy. Wieczór. Nie ma. Gdzie jest? Dlaczego go nie ma? Gdzie szukać? Śladów? W takim razie. Nie śpimy. Z Zochą. W ogóle wszyscy. W naszej rodzinie. I czekamy. No przecież przyjdzie. A jak nie? Trzeba będzie od rana po szpitalach. Od tego zacząć. Ale przyjdzie... No tak. I noc... I to późna. A jego nie ma. Wreszcie chyba nad ranem czy rano, jak już żeśmy byli pewni, że coś złego, wraca. Chyba z kubłem. Zdrowy, cały. W opasce. Ano nic. Walnęło. Trafiło. Rozwaliło studnię. Ludzi? Część tak. Coś. Ale na ogół zdążyli się rozprysnąć. Ojciec też uciekł. Poleciał na Szopena. Chyba po wodę. Zaraz za ten placyk z barykadą w poprzek. Tam był blisko kolega. Któregośmy znali. Wszyscy. Wieczny wojskowy. Jowialny. Pan Kowalski. Ojca skusiło. Wstąpić. Z tym kubłem. Tam wchodzi. Na piętro. Bo kwatera na piętrze. Bo jedna strona Szopena polska, druga — niemiecka. Więc tu nie walą. Żeby nie trafić w swoich. Kwatera u inżyniera. Z córką. Dorosłą. Okna otwarte. Pogoda. Dali-go! Grać w karty. Pewnie w brydża. Bo siadają we czworo tak: Ojciec na samej ścianie, tyłem do niej, między dwoma oknami. Kowalski naprzeciwko Ojca. W jednym oknie — córka. W drugim inżynier. Grają. Pocisk. Sowiecki. Nie wzięli pod uwagę. Frontu. Wlatują odłamki. I w to okno. I w to. Ojcu i Kowalskiemu nic. Inżyniera rani. Ale jeszcze pół biedy. A córka. Ma wyrwany bok. Więc zlatują po nosze. Znoszą. Ładują. Bandażują. Chyba gdzieś odnoszą.

— Córka coś źle — wspomina do dziś Ojciec — ten bok, e... cały wyrwany... uszkodzona wątroba... coś... jeszcze... nie wiem... Źle, panie.

Na drugi dzień przylatuje Swen.

— Bomba trafiła. W naszą oficynę. Przebiła do piwnic. Poszło pół domu.

— Cztery piętra i przebiła?

— No taaak. Ja stałem w tej części. Właśnie, co miała się zwalić. Z ludźmi. W ostatniej chwili zdążyłem nie tylko sam przelecieć do tej części ocalałej, ale popchnąłem jeszcze całą rodzinę. Są mi wdzięczni...

To był ten refleks Swena. I doświadczenie ze Starówki. Że można dużo zdążyć od uderzenia bomby do zawalenia.

— Trupy leżą na podwórku do tej pory, chodź, zobacz.

Polecieliśmy. Pół domu nie było. Na podwórku leżały prześcieradła. To znaczy — coś w prześcieradłach. Część już chowali chyba. Podwórze. Dom. Wszystko tu wyglądało strasznie. Zawalone. Nie wiadomo czym. Okna bez framug. W powietrzu upał. I jak po wulkanie. Coś szarego. Ciągle. Wisi.

Na trzeci dzień zgłosił się Roman. Z zabandażowaną całą głową.

— Przywaliła mnie berta na Mokotowskiej, na kwaterze, na szóstym piętrze. Reszta zleciała. Myśmy we dwóch zostali. Nagle berta. I już leżymy pod cegłami. Mnie przywaliły drzwi. A na drzwiach cegły. Kawał ściany. Nie było mnie widać. Miałem szpary do oddechu. Słyszę ludzi. Idą. Wołam. Usłyszeli. Wlatują. Odgrzebują. I mnie odgrzebali.

Studnię rozwaliło. Obok. I zaczęło się wody szukać gdzie indziej. Chyba po to lecieliśmy przez Hożą. Tu od Kruczej ku Skorupki (dziś Sadowej) aż nawet do Marszałkowskiej. Prawie. Nagle gruzy. Świeże. Zbombardowali. Do piwnic. Kino „Urania" — przedwojenna „Mewa". (Była tu i rewia w 42–3 roku, polska, z najlepszymi śpiewakami. Od rewii się zaroiło w Warszawie 42–3 roku). Jak wychodziliśmy, wyprowadzali z tej „Mewy"-rewii-„Uranii" dużo Niemców. W resztkach tynku, muru, w paltocinach swoich tych zielonych. Rozpiętych. W strzępy nieco. Jeńcy. Na wymianę. Siedzieli pod kamienicą z „Uranią" po „Mewie". Trafiło. Bomba. Czy bomby. Z przebitkami. Tych, których nie zabiło, odgrzebali. Teraz tych, co nie raniło, prowadzili. Po prostu w inne miejsce. Mijaliśmy się z nimi. W ogóle mijało ich wiele tłumu. Lecącego. To ze zbombardowanych domów, to na pomoc, to szukać, to po wodę, to służbowo. Raczej ze zdziwieniem. A oni na nas i na domy, i na wszystko — ze strachem. Zresztą mieli czego. Co z tego, że to oni na nas przedtem. Chcieli. Może nie wszyscy. A teraz od własnych bomb. Ten paradoks. A nie żarty.

Przyłapałem się na dwóch księżycach. Raz — od 26 sierpnia na Miodowej, na tym fryzie. Drugi około 6 września na Nowogrodzkiej. Więc rozpiętość trzynaście dni. Niby to jest możliwe, gdyby uznać to za odstęp od kwadry do kwadry. Ale na Nowogrodzkiej było jednak coś z tej pełni. I na pewno to był księżyc. A na Miodowej księżyca nie powinno być. To mogło się tylko zdawać chwilami. Albo już to przerobiła na księżyc pamięć. A to był na pewno odblask od pożarów. Gdzie tam księżyc?

A co z frontem? Sowieckim — tak się wtedy mówiło. (Sowieci albo wprost Rosjanie, czasem bolszewicy. Ale w powstanie rzadziej bolszewicy, bo to miało tradycje brzmieniowe u nas nie tego. A poza tym: ciubaryki. Albo — Kacapy — od Kozaków. Nazwy sprzed tamtej wojny. Ale w tej sytuacji jakoś tego, co czymś trąciło, się nie używało. W myśl „jak bida, to do Żyda").

Więc chyba z 9 na 10 września — pierwszy nalot na niemieckie dzielnice. Zrzucanie lampionów; tych, co tak się kołysały i oświetlały długo, długo wszystko, że można było igłę znaleźć na ziemi; a najwięcej to się kołysały — to na duże, to na krótkie — cienie trawek. Pamiętam huki. I błyski. Wszystko to blisko nas. W Koszykową, w aleję Szucha i aleję Róż, w Szopena i w Bagatelę. Aż wylecieliśmy na ulicę z radości. Potem, za dalszych nocy, były następne. Z 13 na 14 września pierwszy raz rozległ się kukuruźnik. Sowiecki. Dwupłatowiec. Znany z przydatności. Trajkotał. Tur-tur-tur, tur-tur-tur... Nazwaliśmy go od razu trajkotką. Latał po cichutku. Po ciemku. Niziutko. Był trudny do strącenia dla Niemców. Nigdy nie strącili. I robił zrzuty. Broni. Żywności. Bez spadochronów. Tak to pacało, bo z niewysoka: — pac! — i worek z sucharami, albo: — pac! — i worek z bronią.

Mówili, że broń połamana. Nie wiem. Na zrzuty tamtych aliantów znowu mówili, że większość leci na stronę Niemców.

Następnej nocy też trajkotka. Latała, latała długo. Jak robak świętojański. Tur-tur-tur-tur-tur-tur-tur-tur... Trochę w kółko. Zawracała. Cichła. To znów trajkotała, tur-tur... Niby się myliła. Nie trafiała. Z pozoru. Jak te owady. Co wiedzą, co robią. Dla wszystkiego jednak powstańcy rozpalali ogniska. I czekali. Trajkotka miała ułatwione kołowania.

Więc front naprawdę szedł? Widocznie tak. Głosiło to radio. I gazetki. Szedł. To znaczy już szedł tu. Naprzeciw.

Aż stało się.

15 września.

W upał.

Po południu. O czwartej. Może. Czy piątej.

Zaczęło się.

Nagle.

Wszystko naraz.

I już tak szło. Jednakowo.

Było w tym słychać katiusze, czyli tak zwane organy Stalina. To znaczy — jakieś serie, wyroje — ale grzały. I tę resztę. Ale chyba źle określam. Bo jak raptownie zaczął się jeden huk. Taki, że niebo się obijało o ziemię. Albo — i chyba tak to wtedy czułem — że rwie się całe na kawały (i aż dziwne, że wisi dalej). Tak szło. I szło. To. Bez zmiany.

Nie wiedziałem, że tego rodzaju huk może istnieć.

A znało się bardzo dużo rzeczy. No... Ale.

To było jedno z głównych uderzeń. Wschodniego frontu. W tej wojnie. Po prostu tyle biło naraz. Bomb. Innych artylerii. Broni. I organów Stalina (odpowiednik krów-szaf). Że echo nie nadążyło w ogóle za niczym. Wylecieliśmy wszyscy. Gdzie kto był. Natychmiast. Całe tłumy. Wyległy z piwnic. Ludzie stawali coraz wyżej. Na deskach. Na pagórkach. Na gruzach. Tak jakby coś to pomogło w zobaczeniu. I tak widziało się tylko niebo. Ale wydawało się, że na kawałku gruzów czy wykopków z dechami, płytami — będzie bliżej. A przynajmniej będzie się więcej słyszało. Czy w tym było. Właśnie. „Będzie było". Zaskoczenie było, duże. Mimo pewnych przedtem znaków na niebie i od nieba do ziemi. Niemców to musiało zaskoczyć więcej niż nas. Mimo wszystko. Bo myśmy tego chcieli. Choćby dlatego.

Co tam się działo — na Pradze — trudno było się domyślić. Znajome miejsca, ulice, ogrody, w których teraz mogą się rozgrywać dantejskości. Przecież front musi przechodzić przez wszystkie domy, rowy, skwery. (Chyba że nagle trafi się próżnia. Jak komuś na Śląsku w lutym 45, ale to przez upicie się pewnej grupy, która zaspała). I rozgrywały się. Podobno — właśnie w parku Skaryszewskim — była jedna z tych największych kotłowanin. Ile razy potem, już po wojnie, przechodziłem przez ten znajomy park, szczególnie koło murowanego wychodka, bardzo poharatanego kulami, granatami, odłamkami pocisków, wyobrażałem sobie, że to głupie miejsce było wtedy ważne, że potoczyła się tędy historia, że dla niejednego ten wychodkowy budyneczek był ostatnią ucieczką albo ostatnim widokiem w życiu. Druga kotłowanina była podobno przy praskim wejściu na most kolejowy, ten od Cytadeli. Zgrupowało się tu dużo Niemców. Do obrony przyczółka. Rosjanie zrobili na nich napad. Samolotowy. Niemcy, spychani do Wisły, bo ich od lądu wypierał atak, rzucali się do pontonów. Wpław. W wodę. Ale nic nie pomogło. Zmasakrowali ich. My — obserwatorzy ze słuchu — patrzeliśmy po sobie. Potem były do siebie wykrzykiwane uwagi. Poza tym — pamiętam — że przeszywały mnie dreszcze od ucha do żołądka i z powrotem. Nie przypuszczałbym dawniej, że taki huk może sprawić tyle radości.

Atak musiał być potwornie silny. To się czuło. Po jednakowym natężeniu bitwy. Przez dwie, może trzy godziny. Nie dłużej. Bo staliśmy cały czas w najwyższym natężeniu. I nagle wszystko ucichło. Było już po wszystkim. Słońce jeszcze świeciło. Tylko Praga — była zdobyta. Tak. To był naprawdę pierwszy szczęśliwy dzień. Bez cienia przygnębienia. Zaczęła się nadzieja. A prawdę mówiąc — pewność. Że koniec naszej nędzy. Bomb. Niemców.

Ta pewność osłabła nieco po kilku dniach. Nie pamiętam, czy to wtedy, czy za czasów przyczółka czerniakowskiego mieli pewność i w dowództwie. I w gazetkach podawali, jak mamy się zachować przy wkroczeniu armii radzieckiej. No więc — co tu dużo mówić. Była wskazówka. Żeby nie robić owacji. I nie okazywać niechęci. Ale coś w rodzaju obojętności. Pamiętam te dwa słowa, w której gazetce, to już nie wiem, może w jakiejś prawicowej: „...zachować milczenie". „Po prostu zachować milczenie". To nas zdziwiło. Wzruszaliśmy ramionami. Przecież jakiś tam kontakt został nawiązany. U nas byli zrzuceni obserwatorzy radzieccy. Na dzielnice. Żeby dawać wskazówki swoim, jak kierować artylerią. Były i próby dogadania się. I prośby o pomoc. Przez radio słuchaliśmy o Mikołajczyku. Że jedzie do Moskwy. Samolotem. Niecierpliwiłem się, że nie od razu wsiada w ten samolot. Że się najpierw wybiera. Że pewnie będzie się długo ubierał. O Boże! Co za naiwność! I po co to wszystko, żeby i tak z tego nic nie wyszło.

Próby dogadywania się tu — na miejscu — przez Wisłę — też były tylko próbami. To się i czuło. I jakoś wiedziało. Nie mam zamiaru wchodzić w dalsze roztrząsanie i tak wyjaśnionych już rzeczy. To zaznaczam. Bo konieczne. Radio angielskie też nas nieraz denerwowało. Choć lataliśmy ciągle przez korytarze z zakrętami do tych szpar — słuchać. Więc po pierwsze — denerwowało, bo wplątali nam w audycje za dużo dodatków. „Życzenia na Nowy Rok żydowski". „Z dymem pożarów". I nowy hymn, choć bardzo stary, z czasów konfederacji barskiej:

Do broni,
Jezus Maryja, do broni...

Wtedy myśleliśmy z Haliną, że nowy całkiem, i bardzo nam się spodobał. Po drugie — denerwowaliśmy się z zazdrości. Że tamten front idzie. Że w Paryżu powstanie. Cztery dni. I już wolny Paryż. Czyli jakeśmy sobie wyobrażali swoje, zanim wybuchło. Że potem w Holandii — coraz nowe nazwy oswobodzonych miast. Utkwiło mi Arnhem. Jak gwóźdź.

18 wrzesień — w biały dzień — nadleciała nagle masa amerykańskich samolotów. I całe niebo zaczęło fruwać. Od kolorowych spadochronów. Naprawdę były kolorowe. I to na różnie. Opuszczały się długo. Jak na naszą krótką cierpliwość. Coś miały poprzypinane. Czekaliśmy — co. Okazało się, że coś tam z broni, bandaże i książki. Okazało się nie tak od razu. Bo żaden spadochron nie wylądował koło nas. Był chyba tego dnia trochę powiew wiatru. Nawet wydaje mi się, że pogoda wyjątkowo nie ta upalna. Więc znosiło gdzieś te spadochrony. Już-już zdawało się, że na nas. A tu nie. No

i wcale nam się nie zdawało. Bo większość tego poleciała na stronę niemiecką.

Po tej rozrywce nastroje się psuły. Bo front wprawdzie działał. Czyli strzelał. Trajkotka latała po nocach. Ale myśmy chcieli po prostu być zdobyci. A tu jakoś nie.

Jedno zaczęło się ważne. Bardzo często, jak tylko zaczynali nas bombardować, tamci ich po prostu przeganiali. Swoimi samolotami. A Niemcy teraz byli tu silniejsi. Bo ci przerzuceni z Pragi na ten brzeg zostali włączeni w akcję przeciwpowstaniową. Artyleria zaczęła się wściekać. Pociąg pancerny bił i bił. Od kolei obwodowej. Z zachodu. No i — ataki na oddziały powstańców. Nie wiadomo było, czy utrzyma się front przy Ogrodzie Saskim. I w zachodnim Śródmieściu. Co i tak mnie dziwiło — po piekle na Chłodnej i Wroniej, że front od Ceglanej–Łuckiej utrzymywał się właśnie na Wroniej.

Zaraz po utracie Pragi Niemcy zaatakowali to, co tu było nie ich. Od Wisły. Padły Sielce. Z 15-go na 16-ty. I 16-go padł Marymont. O tym pewnie wtedy się czytało. Ale zapomniałem. I nie tylko ja. Jak taki Marymont wytrzymał półtora miesiąca? Kupka domów na pochyłym piasku. Tyle że przypięty jedną stroną do Żoliborza. Bielany były wtedy oddzielne, o wiele dalsze i małe. Żoliborz kilka razy mniejszy. Miał nie tak wiele ulic. Zabudowa raczej blokowa. Więc trudne przelatywanie. Mało zakamarków. Bloki niezbyt wysokie. Wyższe stały tylko przy placu Inwalidów i Wilsona (dziś Komuny Paryskiej). Było trochę ciasnych uliczek. Ale z zabudową pod Kubusia Puchatka. Więc jak ten Żoliborz się trzymał? A jednak się trzymał. Mało o nim wiem. Pamiętam za to, jak wyglądała wypalona Mickiewicza. I doszczętnie zbombardowane centrum. Wilsona. Krasińskiego. I tyły. Tam, gdzie teren idzie w dół. Niemcy tymczasem wzięli się za Powiśle południowe. Czyli dawny górny Czerniaków. Co tam się działo, wiem od Teika, który przecież już przeżył Wolę. Potem Starówkę. Potem to. Przeżył — to trochę za mało powiedziane. To oni przecież spadali z dachów. Tacy jak Teik. Oni bronili Wytwórni (w sierpniu).

I próbowali połączyć się z Żoliborzem. Przez Muranów. Żoliborz się spóźnił. Niemcy się spostrzegli. I zaczęli atakować. Teik i jego koledzy bronili się w remizie. Przy Dworcu Gdańskim. Nie wiem, ilu ich wyszło z tego żywych. Teik w pewnym momencie znalazł się w ustępie. Nie na darmo wspomniał mi się ustęp skaryszewski. Znam jeszcze kilka tragicznych sytuacji wychodkowych. Zygmuś M. opowiadał mi (w sanatorium już), jak w 39 roku, jako żołnierz, podczas ataku Niemców wskoczył do wychodka drewnianego. Jak wychodek dostał serię z karabinu. I Zygmuś myślał, że to jego koniec. Ja sam w 43 roku podczas nalotu sowieckiego w nocy wpadłem nagle do swojej tak zwanej ubikacji podwórkowej na Chłodnej. Za mną wpadł jakiś facet. Samoloty sowieckie celowały w tory dawnej „Syberii". Trochę niedaleko nas. Bomby leciały z łopotem. Takim, jakby kto bił w blachę. I trochę chybiały. Bo z dużej wysokości. W pewnej chwili wychodek się zatrząsł. I myśleliśmy, że to już nasze miejsce do ziemi. Bomba trafiła w narożnik Żelaznej i Chłodnej. Ale wróćmy do Teika. Więc jest w tym remizowym wychodku na Muranowie. Z kolegą. Naraz obydwaj leżą. Przez chwilę nieprzytomni. Potem — patrzą, że nie mogą się ruszyć. Bo przywaliły ich drzwi i trochę murku. Potem chcą się ze sobą porozumieć. Ale nic nie słyszą. Więc wygrzebują się. Zbierają. I w międzyczasie do siebie na migi. A tu już pora wiać. Wpadają do hali. Niemcy zaskoczeni. Rzucają dwa cekaemy i uciekają. Teik w pędzie oblicza: mieć dwa cekaemy, ale co potem? I dalej w nogi. Wybrał dobrze. Bo żyje.

Teik był też na Solcu. Solec, ten daleki, szedł dziwnie. Kocie łby. Nie wiedziałem, że Solec idzie aż tam. Wtedy, jak byłem mały, zaszedłem sobie. A tu kamienice, ludzie, baby. A że pogoda, wiosna, to dużo-dużo nieba z wody. Bo gdzie to, a gdzie to? Nie pamiętam. No i ci ludzie. Właśnie. Mieli tu, oj, mieli. I ten desant miał.

— Dziś w nocy wojska radzieckie (bo chyba tak nazwali) wylądowały na przyczółku czerniakowskim.

Byłem wtedy rano sam przy radioszparach. Na tą wieść zacząłem lecieć od razu do swoich. Korytarzami. Zakrętami. W podskokach. Co za radość! Więc jednak! Aż nagle huk w głowę. Ból. Krew. No, nic ważnego. W podskoku zapomniałem się. Co do niskości przejść. Z belkami Kleina. I o takie jedno coś — żelazo — rąbnąłem się w czoło. Z zamroczkiem. Potem miałem przez sporo lat szramkę na tym miejscu.

Więc desant. I ten żoliborski (na Krasińskiego), o którym chyba wtedy nie bardzo wiedzieliśmy. Nie udały się. Ludzi zginęło a zginęło. Reszta — wycofanie. Część z nimi. Chyba od nas. Część naszych z dołu i chyba ich — przebiła się na górę. Na Górny Mokotów. I po kilkudziesięciu godzinach drugiej nadziei pewności, razem z plotą (czy może prawdą):

— Rosjanie podobno na Książęcej!

Co znaczyło, że tylko plac Trzech Krzyży i Żurawia. Ile to? Kilometr. I już — my. Ale nie. Potem. Po tej nadziei — radio. Słyszę:

— Dziś o godzinie... kościuszkowców... z przyczółka na Czerniakowie... wycofano...

Na Starówce mówiło się, wzdychało:

— Piętnasty dzień...

— Szesnasty...

— Dwudziesty dzień powstania.

Teraz. Tu. Po tylu tych. Już nie było co. Liczyć.

— Czterdziesty — czterdziesty,

— Pięćdziesiąty drugi — pięćdziesiąty drugi...

Zaczęliśmy to traktować — bo i czuć — jako jedyne rzeczywiste, co było, jest. I będzie. Żartowało się:

— I co? A jak nadejdzie zima?

— Właśnie? I Boże Narodzenie?

— No? I tak będziemy siedzieli...

— Może choinki... skądś będą.

Obce nam były sprawy zimna. Dalekie. W tym roku. Szczególnie.

Po wodę chodziło się na Szopena. Chyba najpierw. W okresie nocnych nalotów sowieckich. Za tą barykadę. Bo te szare torby. I schylanie się. W nocy też były szare. Kawałek jeszcze prosto. I zaraz w lewo. W nocy najbezpieczniej.

Potem na Wilczą. Nie wiem, czy od razu do tego domu tuż za rogiem Mokotowskiej. Po prawej stronie. Bo raz się szło Kruczą i Wilczą. To znów Mokotowską. W każdym razie gdzieś tam. Dużo razy pamiętam — w dzień. Ale było i chodzenie wieczorem. I o zmroku. Bo uczyliśmy się hasła. I odzewu (odzew był ważniejszy). I nieraz się odpowiadało. Ludzi szło z nami dużo. I dużo nas mijało. I cywilów. I powstańców. I tych na pół. Z kubłami i bez kubłów. Wieczory były ciepłe. Pod nogami pamiętam suchą ziemię. I piasek. Przy barykadach. Rowach przeciwczołgowych. Przy dziurach. Gruzach. I te sylwetki w mroku. Pośpieszne.

W dzień zapamiętałem raz Wilczą. Na tym kawałku od Kruczej do Mokotowskiej. Było słońce. Wielkie domy. Wysokie barykady. Zapach płyt chodnikowych. Z barykad. Wąziutkie przejścia. Ktoś z powstańców na dyżurze. I, jak zwykle, tłum. Zostało mi to w głowie, bo zacząłem się wtedy od początku dziwić. Że są ludzie. Chodzą. Są nawet resztki ulic. Domy. Jest wciąż lato. Niebieskie niebo. Spokojna godzina. Więc te pozory. I ta prawda. Smutna. Żal mi się wtedy nagle zrobiło. Że mogłoby być normalnie. Nie wiem, czy myślałem o całej Warszawie. Pewnie nie. Wystarczyło, że na tym kawałku. Wilczej. Coś stało. Jeszcze. Coś żyło. Było ciepło. Więc żeby sobie zacząć żyć normalnie na tym kawałeczku.

Kiedy indziej szliśmy z Haliną. I z Zochą czy z Ojcem. Na Wilczą. Już pod ten adres wiadomy potem na dłużej. Po południu, nad wieczorem. Po upale. Sucho. Kurz. Trzeszczy aż w zębach. Drzazgi, ziemia, niewygody pod nogami. Było świeżo po bombardowaniu. Właśnie tu. Z daleka już brak było narożnej trzy- albo czteropiętrowej kamienicy. Nie. Nie z daleka. To jak wracaliśmy. Ale to jak się już wiedziało. Bo szliśmy Wilczą. A zbombardowany był róg Wilczej i Mokotowskiej. Całkiem roztrzaskany. Właśnie roztrzaskany. Na sucho. Trzeszcząco. Na dechy, trzciny, mur, cegły. Resztki. Poszarpane. Stały. Wisiały. Kamienica wysypała się na ulice. Na obydwie. Na skrzyżowanie. I rozsypała. Posypała. Bo tego było i było. Coraz rzadziej, czym dalej. Czegoś. To decha. To cegły. A suche wszystko!

Z powrotem, jakżeśmy szli z wodą, zabraliśmy kilka dech na opał. Wszyscy to robili. No bo co? Na Starym Mieście tak samo. Przez całe powstanie. Wszędzie. Bo niby czym palić. Nie wiemy nic, czy byli zabici. Nie widzieliśmy żadnych zawiniątek. Prześcieradeł. Grobów — swoją drogą — musiało być już wtedy bardzo dużo. Na skwerkach, trawnikach. Po wykopanych kartoflach. Na podwórkach. I trotuarach. W naszych schronach na Wilczej, niedaleko radiostacji, umarła tak zwaną naturalną śmiercią starsza pewna pani. I był jej pogrzeb. Na podwórku.

Mama mamy Janka Markiewicza też wtedy umarła naturalną śmiercią. W tej dzielnicy, tylko kawałeczek na południe. Czy na Mokotowskiej. Czy Służewskiej. Wiem, że musieli szukać we dwoje desek na trumnę. Latali. Opowiadał mi to i Janek, i jego matka. Aż znaleźli. Zbili trumnę. Pochowali u skraju Mokotowskiego Pola. Na Polnej. Trudno było potem znaleźć. Sprowadzeni byli już ludzie do ekshumacji. Spytali:

— Gdzie kopać?

Wtedy mama Janka uklękła w błocie, bo było błoto, przyłożyła ucho do ziemi. I usłyszała zupełnie jakby głos swojej matki. Spod ziemi. Z tym jej niewyraźnym „rh":

— Nie bój się, córhunio, nie sprhawię ci kłopotu...

Co do mamy Markiewicza, to nie dosyć, że stała ze swoim mężem, Lechem Bylińskim (publicystą), na Bagateli pod murem, w szeregu innych ludzi. Słyszeli za sobą serię za serią. I czuć było dym, spaleniznę. W pewnej chwili coś dziwnie stopionego padło im pod nogi.

— Co to? — powiedział Lech.

— Nie rusz — powiedziała.

(Kawałek zwłok).

Więc nie dosyć, że Lech dostał się na Szucha. Że chyba 4 sierpnia był rozwalony. To po tym wszystkim matkę Janka wsadzili z innymi jeszcze Niemcy na czołg i ruszyli Alejami Ujazdowskimi do placu Trzech Krzyży. Użyli ich jako żywego zabezpieczenia do swojego ataku. Mama Janka siedzi na czołgu. I myśli:

„No dobrze, ale co to będzie?"

Są coraz bliżej.

„Jeszcze chwila... no dobrze, ale co to będzie..."

Skręcili potem w Mokotowską. Powstańcy nie strzelali. A w końcu zaczęli strzelać. Ludzie rzucili się do bram. Bram nie chcieli otworzyć. W końcu niektóre pootwierali. I tak nie wiadomo było, kogo zabili, kogo nie.

Tu chyba dopiero matka Janka zobaczyła się z nim. I byli do końca razem. On miał wtedy mało lat. Prawie jeszcze harcerski wiek.

Wróćmy do wody. Tych chodzeń. Najczęściej potem chodziliśmy we dwoje z Haliną. Uczyliśmy się odzewu. Braliśmy kubły. Przeważnie o zmroku. I hajda. Z tłumami. Na Wilczą. Czy kawałek dalej. Gdzie — to zaraz napiszę. Bo wiem, że to na Wilczej za Mokotowską skręcało się z bramy na lewo. Ale czy tu była gdzieś druga brama? Bo w jakiejś (chyba drugiej) bramie właśnie siadało się w nocnej kolejce. Długiej. Stawiało się wiadra dnami do góry. Siadało się na nich. I dalej rajcować. Dwie godziny. Trzy. Wszystko jedno. Traktowało się to i tak jako spacer z dyskusją i z przyjemnością. Bez niecierpliwości. Ogon się posunął kawałek? Kubły zazgrzytały? To i my. Nasze. Podciągaliśmy. I znów klap na dna i gadanie.

Raz Halina powiedziała, że pójdziemy trochę dalej. Chyba nawet powiedziała, że za Aleje Ujazdowskie. Było już porządnie ćmawo. Więc idziemy. Idziemy. Przez podwórze. Jedno.

Drugie. Wyglądam. Gdzie te Ujazdowskie. Jesteśmy na nie takim znów dużym podwórzu. Z murkami czy coś. Czarne ściany.

— To są Aleje — mówi Halina.

— Jak to? to? — pytam.

— No to.

— To to nie jest podwórko?

— Aleje Ujazdowskie.

— To jak? — zaczynamy się przyglądać.

— No, Aleje Ujazdowskie.

Nic nie pomogło przyjrzenie się. To na pewno były barykady. Te murki. Więc przestrzeń zamknięta. A że biednie — no! I że czarne ściany, fronty. Takie same miały i inne pryncypalne ulice. Marszałkowska też. Poszliśmy dalej. Na drugą stronę Ujazdowskich. Za Ujazdowskimi — nie wiem — czy byliśmy wtedy tylko. Ten raz. Ale to zaskoczenie, co to jest, to mi już zostanie do końca życia. No bo wziąć Aleje Ujazdowskie za nędzne czarne podwórko!

Kuchnia dalej nam się rozwalała. I dom 21 na Wilczej. I domek pani Trafnej. I murki. I podwórze z granatami. Był czas, że chyba nie gotowaliśmy na parterze. Siedziało się w schronie. Wtedy chyba już zaczęło się źle z jedzeniem. W ogóle. Cukru w kostkach też były resztki. I to wtedy. Raz. Jak Zocha wyszła z piwnicy. Dorwałem się do jej butelek. I przechyliłem sobie do gardła. Jedną. Jako sok. Słodki. A tu nagle szok! Coś (niezwykle!) innego. Wstrętne! Połknąłem. Bo nie było jak inaczej. I zaczynam się zastanawiać.

— Olej! — nagłe olśnienie. Przecież olej lubię. No tak. Tylko gdybym wiedział, że to olej. To nie byłby wstrętny.

Raz zdarzyło się, że mieliśmy w piwnicy sporo swojej wody. Nawet w kotle. Stacha coś przelewała. Przyszedł Swen. Z buteleczką.

— Można nabrać? — zapytał jako o oczywistość.

— Nieeee... o nieee... — nagle w Stachę wstąpiło coś.

— Ach, przepraszam — cofnął się Swen.

— O nie... niech pan idzie sam sobie po wodę przynieść; tak jak wszyści mogą.

Swen pamięta to do tej pory. Może i ma rację. Bo w tych niedobrych czasach Roman przyniósł mi nieduży, ale prawdziwy bocheneczek chleba. Żytniego.

— Masz — położył. Miałem. Jaki byłem zdumiony. I rozczulony. Przecież pamiętałem mu to przez tyle lat. I dlatego mieszkał u mnie po wojnie. Chyba przez ten bochenek. Więc nie trzeba się dziwić Swenowi. Chociaż Stacha wcale nie była zła. A miała taki numer...

Właśnie — sprawa numerów. Wracam do kuchni. Tej glinianej. Kiedyś jesteśmy tam w kupie. Pora gotowania. Zocha pilnuje. Przyrządza. O coś jest zła. Na Ojca. Czy na mnie. Wobec mnie była raczej (i po wojnie też) dobra. Nawet świetna. Ale nagle zła. I coś mówi. O mojej Mamie. Która przecież — jak się potem dowiedziałem — rozbierała barykadę, gnana była ze Stefą i ciotką Józią między tymi stosami trupów. Dalej Pruszków. Stefa w pewnej chwili znikła. Wykupiła się (oczywiście nie jako Żydówka, a jak wiele osób). Potem wywózka. Do Głogowa. W Głogowie spotykają Michała. Który rozstał się na Lesznie z Nanką. I nie znał jej adresu. Dopiero przez rodzinę ze Skarżyska. Ale już po powrocie Nanka mieszkała u Sabiny. Michał przychodził. Nie chciała razem. Koniec! nie! W końcu uległa. A co? O co szło? Ano w pewnej chwili — bomby walą, Niemcy wkraczają, tam rżną — a on (nie wiem o co) do niej, na głos, w piwnicy:

— Żeby cię, cholero, pierwsza bomba zabiła!

I Nanka natychmiast wyszła do Niemców.

Więc wróćmy do Zochy. Przy kuchni. Coś głupiego w związku z Ojcem. Na Mamę. Tak. Byle klepnąć.

— Przecież żyła z twoim ojcem — to do Taty.

— Jak to? — ja na to nagle.

— No jak to? A nie siedziała teściowi na kolanach...

Teraz ja. Niepotrzebnie. Plunąłem. I kopnąłem kuchnię. Rozwaliła się. Była malutka cisza. Następnie Zocha odbudowała kuchnię. Na nowo. Na nikim to nie zrobiło wrażenia. To, że kuchnia rozleciana. Bo — który raz? Zaraz było tuszowanie. Potem rozmowa. Już jako rozmowa. Najdłużej może mnie było głupio. Mama Mamą. Ale wiem, jak to u Zochy. Nic nie znaczyło. Rozmawialiśmy ze sobą raz-dwa. Normalnie. A na drugi dzień chyba nie było śladu. Z tym, że głupio mi było.

Ale jeszcze inny numer przytoczę. Przed powstaniem. Jeszcze w jakimś 41 roku. Jak Ojciec nieraz nocował jeszcze na Lesznie 99. (Bośmy tam wtedy mieszkali. U Nanki i Michała). Na powrót w miejscu mego urodzenia. Padał śnieg. Rano było. Przyszła Zocha. Mamy mojej nie było. Bo Zocha wypatrzyła. Ojciec leżał w łóżku. Tego Zocha nie wiedziała. W pokoju. Ja siedziałem sobie w kuchni.

Puk-puk! Otwiera Nanka.

— Przepraszam, nie ma tu Zenka?... — pyta Zocha.

Ja zamykam szybko drzwi od pokoju. Nim Zocha zobaczyła. I zostaję w pokoju. Widzę. Ojciec przerażony. Się poci. Nanka coś mówi. „Nie!" Ojciec się przykrywa. Nie ma. Zocha coś jeszcze pyta. Normalnie. Nanka jeszcze coś. Normalnie. I jeszcze chyba sama wtedy nie myślała. Co zrobi. Bo już zmienia jej się głos.

— A zresztą coo? Co pani tu robi? Z jakiej racji? — I łapie za szczotkę. Na kiju. Zocha za drzwi. Nanka za nią. — Dali-go stąd!

I słychać — pac! Potem się dziwiły. Sąsiadki. Bo słyszały z korytarza. Pani Bachmanowa. Z grubymi wargami. Z grzywką. Tak zwana — ode mnie — Zygmunt Stary. Mówiła:

— Ale Nanka? patrzcie się... Nanka...?

Nanka uchodziła. I uchodzi. Za szczyt łagodności. Bo tak jest. Nanka jest aniołem. Ale i w anioła nieraz co wstąpi.

Ale los też jest sprytny.

Jest 1945 rok. Zocha wróciła z Austrii. Przez Czechosłowację. Pieszo. Z wózkiem. Pisząc pamiętnik. Zamieszkała na razie u nas. Na Poznańskiej. Ja jej znosiłem codziennie drzewo. Deski. Z kamienic. Ona gotowała. Jak za powstania. I było dobrze.

Więc jest pierwsze Boże Ciało. Śpię. Rano. Słyszę przez sen. Coś. Ktoś. Budzę się.

— Nanka?! — wyskoczyłem. Witać się. Zocha tymczasem szykuje śniadanie.

— Proszę bardzo... proszę jeść... — podejmuje Nankę.

A przecież się nie widziały. Od tej szczotki.

Więc Głogów. Ten z historii. Z Krzywoustego. Tam Mama. Michał. Na wałach. Nanka trzydzieści kilometrów dziennie piechotą — po piętnaście w te i we wte. Do pracy. I z pracy. W drewniakach. Przez śnieg. Po górach. I wróciła rześka. Chociaż dawniej do „Komety" na Chłodną szła, szła, aż mówiła:

— E, pantofle uwierają! — I nie szła.

Więc czy trzeba było wojny na to? I powstania? Ruszenia narodu? Na te wicewersaszczotki, wspaniałomyślności? Nie wiem. One też nie wiedzą. Ostatecznie Mama też przedtem dawno-dawno szła co pewien czas dowiadywać się o Ojca. Raz wychodził z korytarza Zochy. I mówił, że nie od niej. Potem miał jeszcze awanturę od Zochy. O to, że Mama była. Po wojnie, jak Mama była już panią Piekutową. Zresztą i wcześniej. Zocha mówiła mi. Raz, drugi, trzeci:

— Ta twoja matka to święta kobita.

A Sabina mówiła do mnie:

— No co? Matka powinna jej teraz postawić wódkę.

A obydwie, Mama i Sabina, mówiły:

— Teraz on powinien się z nią ożenić. Po siedemnastu latach.

Przyjechał do Warszawy, bo pojechał w 1945 roku z Zochą do Gdańska. Ożenił się z Walą. Nanka z Sabiną przyszły na wesele. Potem już nie. A to jego siostry. Jeżdżą do Mamy. Mama do nich. Nie tak dawno wyszła Zocha za mąż. Jeszcze jak zadowolona! Ojciec się z nią widział. Życzą se dobrze.

Wróćmy teraz do naszego toku. Za 20 wrzesień. Jak to z myciem było gorzej. Bo po wodę daleko. Brody rosły.

Rosły. W ogóle kłaki. Tak, że jak usłyszałem niespodziewanie o fryzjerze, który przyjmuje, i to tu, na Wilczej, po naszej stronie, o trzy czy pięć kamienic dalej, zamarzyłem o tym ostrzyżeniu, ogoleniu.

— Ile bierze?

— Sto złotych.

Dziwiłem się, że dla niego coś warte te sto złotych. Tak mało i przedtem warte. Że w ogóle bierze. Czyli że przyjmuje.

Swen siedział z brodą. Rudą.

— No, wiesz. W takiej chwili...

Chwila trwała już pięćdziesiąt dni. Dlaczego miałem nie iść? Dostałem od Ojca sto złotych. Mieli dużo pieniędzy. Ojciec, Zocha, Halina. I polazłem. Podwórkami. Czy może ulicą. W stronę Marszałkowskiej. Pod tymi wielkimi secesjami Wilczej. Strzelali. Owszem. Tak w miarę. Z artylerii. Wszedłem w podwórze. I czy z podwórza, czy z bramy. Od tyłu. Dostałem się. Do fryzjera. Przyjmował. Drzwi miał uchylone. Kogoś chyba kończył obrabiać. Bo ktoś wychodził. Zaprosił mnie. Na fotel. Fotel był. Usiadłem. Przed lustrem. Bo też było. Woda była zimna. I troszkę jej. Ale była. I grzebień. I maszynka. I brzytwa. I fartuch chyba. Mi założył. I mydło było. Tylko wszystko wydawało się sztuczne. Ciemne. Cały lokal był ciemny. Bo miał front od ulicy dokładnie zasłonięty dechami. Ale dechy miały szpary. I było tak półciemno. Cały lokal w kurzu. Pyle. Przedmioty też musiały być opylone. Krzesło. Fryzjer. Nie mówiąc o mojej głowie. Pamiętam siedzenie. Bierność. Tradycyjną. Niby tą od. Strzyżenia, golenia. Ta półciemnia. Autozjawa w lustrze. Czyli półwidok całej tej sceny. Posadzkę. Tak. Leciały włosy. Dużo ich. O dechy chrobotało, bo co i raz coś. Gdzieś. Walnęło. Z tej artylerii. Fryzjernia była duża. Miała echo. Ulica — tunel. Więc też. Ta swoje. Ta do tego swoje. Fryzjer nic. Ja nic. Na to. Jakby nic. Zapłaciłem.

— Dziękuję.

— Dziękuję.

Leciałem do swoich schronowych. Rodzin. Odnowiony. Bez brody. Bez kłaków na szyi, na uszach. Nigdy już przedtem ani potem fryzjer nie miał takiego uroku i obrzędu. Chociaż. 10 września 1939 roku, w dziesiątym dniu wojny, w piątym dniu „rajzy", w Równem, pierwszy raz w życiu zasiadłem u fryzjera do ogolenia. Tamten fryzjer był jednak na rozpędzie przedwojennym. Tamto były postrzyżyny.

Wszy. Musiały się zacząć. Już było za długo. Żeby nie było. Tak. Bez wody. Te kłaki. Piwnica. Wiadomo. Tylko kto? Komu? Najpierw na pół nieśmiało ci tym. Piwnica piwnicy. Ulica ulicy. Przesadzam. Może rodzinami. To na jedno wyjdzie. W dzień, dwa było jasne. Jawne. Nikt nikogo się nie wstydził. A radził. Jak szukać. Wszyscy szukali.

Nie wiem, kto z naszej rodziny najpierw. Chyba w ogóle. Żurawia już ogłosiła wszy. Swen przyszedł. Powiedział, że i on ma. Bo i wszyscy. Że chodzą. Nawet. Wszy. Zaczęły. Trudno. Rękawem też, bywa — wylezie. Trochę się człowiek obtentegowuje. Obmywa. Obszukiwa. Wytłukiwa. I dalej siedzi się. Wiadomo. Przelezą inne.

Zaczęliśmy u siebie czuć. Natychmiast. Że coś pali. Cała Wilcza 21. Prędko! Szukać. Lecimy z Haliną do kuchni. Bo chyba już państwo Woj. znaleźli. Zabili. W tej kuchni pani Rybkowskiej. Ta kuchnia. Przypomniałem sobie. Tylko z tej wszowej okazji. Była osobna. Skąd wchód? Nie wiem. Z przedpokoju? No. Lecieliśmy z drzwi w drzwi, do kuchni. Ściągamy z siebie z Haliną szybko to, śmo. Halina łapie swoje. Szuka.

— Nic.

Łapie moje. Czekam półgoły.

— Nic.

A może to ja najpierw. Swoje. A ona po mnie. Moje. I nic. A ogień rozpaliliśmy, na tą okazję.

— E, to niemożliwe! — mówi Halina.

A już Zocha się szykuje szukać. I Tato. Zocha też mówi, że niemożliwe. Halina łapie swoje. Moje. Na wyrywki.

— Dawaj!

Zagląda.

— Trzeba chyba zajrzeć dobrze w szwy. O, jest! Proszę! — I prztyk. Na blachę.

— O, druga! — prztyk.

— Cztery! A ty?

— Cztery.

A może po osiem? I tak potem było więcej. I długo. Szukanie weszło w modę. Miało się wprawę. Godziny. Miejsca. Wyłuszczyłem — początek.

Tymczasem — co zaznaczyłem — głód zaczął się dawać we znaki. Ktoś z kimś zamienił się na rogu Wilczej i Kruczej zapałkami na pomidor. Potem ktoś wyniósł na ten róg chleb. Może suchary. Znów ktoś inny papierosy. I chyba złoto. I tak zaczął się bazar.

Słyszało się, że jest w naszych rękach młyn na Prostej. Zaopatrzony jeszcze w dużo żyta, pszenicy, jęczmienia. Że organizuje się wyprawy. Takie karawany. Kto chce. 15 kilo — dla wojska. Resztę — ile się udźwignie — dla siebie. Podobno szli. Zaraz sami ujrzeliśmy takich z workami pod pachą. Na ten młyn. Był daleko. Prawda. To mnie dziwiło. Że za Żelazną. Aż. I że to było nasze. Ale to, że daleko. Że hece po drodze. Niebezpiecznie. Artyleria. Z kolei. Z „Syberii". Zza Towarowej. Z pancerniaka. To nas nie przerażało. Pomyśleliśmy, że chyba trzeba. I to szybko. Jutro. Organizowała się właśnie wyprawa na jutro. Punkt zborny był na Hożej.

Nie pamiętam, ile nas było. W naszej grupie. Bo grupy szły co i raz. Ze dwadzieścia osób. A może trzydzieści? czterdzieści? Szliśmy: ja, Ojciec i Swen. Reszta — nieznajomi albo półznajomi. Były chyba i kobiety. Jedną pamiętam na pewno. Z workiem pod pachą. Każdy miał worek. Swój. O worki nie było trudno. Mieliśmy przewodnika. Zbiórka musiała być szybciutka. I tempo całej wyprawy też. Bo nie pamiętam nic z czekania. A powstańcom, czyli organizatorom wypraw, zależało na dużej obrotności grup po zboże. Każda osoba to było 15 kilo dla wojska. Utrzymanie młyna nie było takie pewne.

Chyba od razu nasza grupa ruszyła mniej więcej szeregiem. Takie chodzenie było wtedy w modzie. Zresztą inaczej iść się nie dało. Przez te piwnice, dziury i lochy Kruczej. Potem pod Aleje.

Więc byliśmy pierwszy raz „przed Alejami" po ucieczce przy księżycu. Większe wrażenie robiło to, że mamy iść za Marszałkowską. Pierwszy raz w ogóle. Ja i Swen. I chyba i niektórzy inni. Nie pamiętam, którędy — dokładnie — doszło się do Marszałkowskiej. Zaczęła się cała debata w locie. Którędy iść. Po przekroczeniu Marszałkowskiej. Najpierw miało się Złotą. Ale gruchnęła wieść — już tu — że Złotą się nie da. Więc Sienną.

Więc chyba skręciliśmy gdzieś w tyły Sienkiewicza. I tu się przeleciało Marszałkowską. To znaczy najpierw były piwnice. I śpiewali w nich:

Pod Twoją obronę...
Świe-ęta Boża Ro-dzicielko...

Potem czajenie się. I siup! Przez ten czarny wądół. Bo jak to nazwać. Chyłkiem pod barykadę. Niewiele widziałem. Wądół. Marszałkowska — widać — była pod obstrzałem z wież kościoła Zbawiciela. Czarne ściany. Dna tramwajów. Czyli spody. I słyszałem — w czasie przelatywania, jak ktoś po naszej stronie (naszej Chmielnej) bębnił na fortepianie *Warszawiankę*. I natychmiast wpadło się w piwnice po tamtej stronie. Tu śpiewali:

Ale od wszelakich
złych przy-y-gód...

Wpadamy w następną piwnicę.

O Pa-a-ni,
o Panii,
oo Paani na-asza.

Pamiętam, że na pewno w trzech piwnicach po kolei trzy różne miejsca tej samej *Antyfony*. Było widocznie trochę nie bardzo. Skoro tak śpiewali. Czyli — walili. Walili z tego pancerniaka. Ojciec, bo posługuję się tu ze trzy razy pamięcią Ojca, twierdzi, że co siedem minut pocisk.

— Co siedem?

— No, nie pamiętasz, jak patrzeliśmy na zegarki i żeśmy się śpieszyli, żeby tylko zdążyć przed następnym...

— A to... tak...

Ale wydawało mi się, że jeszcze waliły i inne. Dodatkowe. A może tylko to? W każdym razie coś, co było grozą. Dla nas lecących.

Huk był chyba przy wleceniu zaraz za Marszałkowską. Może w tych piwnicach. Potem wylecieliśmy. Na wierzch. Zaczęła się Sienna. Tylko — jak ona i ta cała okolica wyglądała! Ona, i te boki, i te tyły. A dlaczego leciało się nią samą?! No bo po prostu wszystko było zasypane. Z przejściami razem. Zbombardowane. I piętrzyło się na jakie dwa piętra! Jak sięgnąć okiem. Bo i w lewo. I w prawo. Gdzieniegdzie coś tam sterczało. Ale to się nie kojarzyło z życiem. Nie przypuszczało się, że pod takim czymś mogą siedzieć ludzie. A siedzieli. Ci co ocaleli. Bo myślałem o tym, żeby wstąpić do Staszka P. Przynajmniej dowiedzieć się. Mieszkał właśnie w tych lewych „Tatrach". Ale po pierwsze, nasza grupa leciała. A po drugie, byłem pewien, że go nie ma. Bo jak? Prawie pewien. Staromiejskie doświadczenie gdzieś tam na dnie podpowiadało możliwość, że siedzą. Ale rozum na oko wziął górę. I leciało się dalej. Leciało się po grzbiecie łańcucha górskiego z gruzów. Nawet chyba po ścieżce. Czerwonej. Od cegieł. Z przysypką na siwo. Ojciec pamięta, jak zahaczyłem o coś w biegu i rozwaliłem sobie but.

— No i co?

— No nic, leciałeś jakoś dalej.

Ja tego nie pamiętam.

Tylko ten bieg. Żeby zdążyć. Nawoływania. I coraz większy strach. W pewnym momencie rąbnęło. W nas. Tylko nie w nas trzech. W ogon grupy. Zrobiło się zamieszanie. My jednym skokiem przypadliśmy do muru. W prawo. Bo jakiś mur był. I w coś skręciliśmy. W ulicę chyba, w Komitetową. Nie wiem, czy to miało sens. Tu za murem chwilkę się przeczekało. Może dlatego, że ten ogon. I trzeba było pomóc. Pomagali ci, co byli bliżej. Zaraz polecieliśmy dalej. Tą samą Sienną. Czy może już Śliską? Ale Śliska była tak samo okropna. I cała w górach. Więc na jedno wychodziło. Byle prędzej!

Pod Twardą był podkop. Pod ulicą. Ciaśniutki. Na grubość jednej osoby. Z rurami pośrodku. Tak, że trzeba było się prześlizgiwać. Dalej — nie pamiętam, co było. Ale też góry. Bieg. I drugi taki sam podkop pod Żelazną. Lecieliśmy chyba Pańską. Bo tam — te podkopy. Za Żelazną znów nie pamiętam co. Młyn był blisko. Po prawej stronie. Ale wlatywało się najpierw w jakieś podwórze. A dopiero z tego podwórza po ogromnej drabinie. Przez mur. Naprawdę wysoki. I tam po drugiej drabinie się schodziło.

— Szybko! szybko! — popędzali.

Schodziło się wprost do młyna, czyli w rojowisko ludzi na podwórze. I do rampy. Ta rampa była celem. Bo tu stały wory ze zbożem. Stukilowe. Coś w rodzaju kolejki może było. A może nie. Chyba od razu skok na rampę. Rozpruwanie worów. I ładowanie. Czyli sypanie do swoich. Obsługa nawzajem. Ta rampa była wysoka i długa, bo zdawało mi się, że jestem na Towarowej przy odnodze kolei. Wiedziałem, że nie. Ale chwilami chyba prawie zapominałem. I dziwiłem się, że nie Towarowa. Trzymałem wory. Czy łapałem z dołu. Bo chyba byłem pod rampą. A Ojciec i Swen weszli. I sypali sobie. Do sypania były wielkie szufle. Swen i Ojciec przy tym sypaniu troszeczkę się pokłócili. Szybciutko. I tylko na moment. Nie wiadomo co. Wszyscy tu się kłócili. Nie wiadomo o co. I sypali. Chyba o to, żeby szybciej. Bo popędzali:

— Już! już!

A każdy chciał jak najwięcej. A tu walili. I na dodatek pokazywały się niemieckie bombowce. Zaczęły polowanie na nas. Zrobiło się zamieszanie. Nagle radzieckie myśliwce. Przegoniły tamte. Byliśmy uratowani.

Już z worami na plecach szliśmy do muru z drabiną. Ja wziąłem tylko 30 czy 35 kilo. Swen wziął więcej. A najwięcej Ojciec. Przechytrzyli w dobrej myśli. Swen bał się głodu. Zresztą nie miał za bardzo co jeść. A Ojciec myślał, że to i dla innych. Obydwaj zresztą byli skorzy do dzielenia się. Dla Swena to była oczywistość. Ojciec miał z kolei instynkt rodzinny. I w ogóle instynkt robienia zapasów. Za to mieli ciężko, okropnie. Już po tej drabinie ledwo wchodzili. W ogóle te drabiny były okropne do ciężarów. Kiwały się. A jak tu z ciężarem łapać równowagę? A tu inni popędzają. Dlaczego tu nie było dziury w murze? Nie wiem. Jakiś powód musiał być. Przypomniałem sobie. Swen miał 35 kilo. Ojciec więcej. Ja 30. Ja wypadłem tu na największego egoistę. Po prostu bałem się zziajania pod worem nad siły. A o to, że nie będę miał co później, to się nie bałem. Przecież da mi ktoś. Mieliśmy pszenicę. Bo jeszcze była. Jęczmienia chyba nikt na razie nie tykał. Stał w worach. Jako coś gorszego.

Przekopy pod Żelazną i pod Twardą dopiero teraz dały się we znaki. Grzęźliśmy między rurami z tymi worami. I jeden drugiemu musiał wór podpychać, popychać, uklepywać i przeciągać.

Za Twardą podwórzami i dziurami przeszliśmy z Pańskiej aż na Sienną. I to na drugą stronę Siennej. Na podwórza tych dwóch czy trzech domów w nowym stylu przedwojennym. Tych, co ocalały i stoją. Jeden z nich dobrze znaliśmy, bo tu się urządzało u Teika literackie wieczory. W podwórzu, tym od Teika, przy dziurze w murze na Złotą usiedliśmy, zziajani. Słońce jeszcze świeciło. Było gorąco. Jakieś kobiety wyniosły wiadro z kawą, czy kilka wiader, i rozdawały wszystkim. Były rozczulająco dobre, pogodne. One właśnie chyba powiedziały nam, że tylko Złotą wracać. Że to plota o Złotej, że nie można. Na podwórzu, i tym, i tym od Złotej, było dużo rozkopanej ziemi, rowy, ogródki, roślinki, tynk. Wszystko pomieszane.

W słońcu. I jeszcze w tej kawie z wiader. Mój Boże! Ile w tej Warszawie było wtedy dobroci. Po prostu dobroci. Ile!

Dalej widocznie było jako tako. Na tej Złotej. Bo nic nie pamiętam. Przejście przez Marszałkowską jak przejście przez Marszałkowską. Co innego teraz — powrót z wiadomego. Przecież to ważne było dla mnie: poznać tą ostatnią zachodnią ćwiartkę powstaniowego Śródmieścia. Bo tak się stało, że oprócz Powiśla środkowego i południowego (bo północne przecież tak!) poznałem w powstanie całe Śródmieście. Tak zwany IV obwód. Więc gdzieś po przekroczeniu Marszałkowskiej na wysokości Złotej szliśmy z tymi worami dalej Złotą. I albo na rogu Złotej i Zgoda w podwórku, albo na rogu Zgoda i Szpitalnej w podwórku mieli punkt do odważania zboża. Podwórko, czyli podwóreczko — było trójkątne. Zabudowane z trzech stron na cztery czy pięć pięter. Więc bezpieczne. Czekało się w kolejce. Długiej. Długo. Do tej wagi. Obsługiwanej przez dwie czy trzy osoby. A pociski waliły. Ściemniło się. Pociski waliły. Ogon doszlusował. Może nie tylko nasz. Może i inna czy inne wyprawy. Z tej dzielnicy. Bo szły ze wszystkich dostępnych.

Było już zupełnie ciemno (i ciepło) i pociski biły, jak waga jeszcze chodziła. Ogon się zmniejszał. Przyszła pora na nas. Odważyli po 15 kilo. I ze zmniejszonym, czyli lekkim ciężarem przelecieliśmy pod gorącymi Alejami. Może teraz dopiero były gorące? Po pożarach tutaj? Wiem, że jakaś zmiana w przejściu pod nimi zaszła. Krucza jak Krucza. Znana. Swen skręcił do siebie. My dobrnęliśmy ze skarbem na Wilczą.

Przypuszczam, że to w dniach zbożowych wróciła beznadziejność. Nie taka jak w sierpniu. Bo już nas na ogół wywozili na roboty do Niemiec. A nawet — niezdatnych do pracy i tych z dziećmi — po Guberni Generalnej. Beznadziejność co do frontu. I losów powstania. Kościuszkowcy się wycofali. Front się ustalił. Za to front mały, ten nasz, powstaniowy, był niepewny. Mówiło się, że mogą nas zepchnąć z linii Królewskiej. Ja i tak się dziwiłem, że ta linia była zachowana. Że w ogóle tyle się dało utrzymać. Kiedyś poszedłem za Marszałkowską. Do Zdzisława Ś. Na róg Emilii Plater. (I tu się przyłapuję na tym, że albo przekroczenie Marszałkowskiej w wyprawie do młyna nie było pierwsze. Albo, jeśli u Zdzisia byłem po młynie, to dopiero wtedy poznałem ostatnią ćwiartkę górnego Śródmieścia. Ćwiartka to też określenie niedokładne. Powiedzmy — cząstkę). Więc kiedy przeleciałem za Marszałkowską wzdłuż którejś z tych ulic. Hożej. Może Wspólnej. Zdziwiłem się, że można przelecieć. A potem dziwiłem się, że można iść dalej. A może to było tylko na rogu Poznańskiej? E, chyba nie! Nasz teren w każdym razie szedł aż do Emilii Plater. Albo i kapkę dalej. Bo to był narożny dom. Ta kwatera. Dużo powstańców. Trafiłem łatwo. Zdzisia odszukałem też łatwo. Był. Usiedliśmy na schodach parteru. W tłumie mundurowców. Którzy albo siedzieli. Albo latali. A nastrój był pogodny od pogody. Do tego akurat nie walili. Ale poza tym nastrój był melancholijny. A może tam byłem dwa razy? Ten raz, jeden z dwóch czy jedyny, był wtedy, kiedy czuło się już bliski upadek powstania. Siedzieliśmy. Zdzisio o stopień wyżej. Żeby nie tarasować przejścia. Mówiliśmy do siebie mało. Chociaż było swojsko. Zdzisio dał mi kostkę cukru.

— Masz.

Od razu ją zacząłem ssać. Poczęstowanie kogoś wtedy kostką cukru było czymś znaczącym. To było nasze ostatnie widzenie. Może jeszcze kiedy się zobaczymy? Bo obydwaj żyjemy. Mieszkamy po prostu od tamtej pory w innych krajach.

Powrót Złotą wtedy ze zbożem natchnął Ojca i mnie do zajrzenia do Sabiny. Sabina z Czesławem mieszkali na Złotej. Za Sosnową. Więc chyba następnego dnia po wyprawie polecieliśmy. Złota wyglądała lepiej niż te Sienne, Śliskie, Pańskie. Stały jeszcze domy. Były bramy. Sabinę raz-dwa znaleźliśmy. W schronie. Czyli w piwnicy. Takiej zwykłej. Z korytarzykiem. Czyli w piwniczce (na kartofle). Jakoś tu było dziwnie luźno. I spokojnie. Sabina i Czesław mieli drzwi. Mieszkali.

Osobno. Wstawili sobie tapczan. I siedzieliśmy u nich naprawdę jak w gościach. Paliła się karbidówka. Był wieczór.

Trzeba było wracać. Wyjście na Złotą. Złota z żelaznymi bramami. Na chwilę przypomniały się dobre czasy, aż się zakołowało w głowie, aż zapachniało normalną ulicą. Było ciepło. I całkiem ciemno. I nagle:

buuu — uu!

Wskakujemy do bramy. Pocisk. Rąbnął niedaleko. Wylatujemy. Bo trzeba dalej. Następny. Znów się chowamy. Tyle co we wnękę. Tak jakby to miało ochronić. Jak zaczęli walić, tak już walili. Wiadomo było, że nie przestaną. Wracać nie ma co. Czekać nie ma co. Idziemy. Było prościuteńko. Do samej Marszałkowskiej. Ale dalej już nie pamiętam.

Co było jeszcze? W tych dniach? Handel wymienny na Kruczej między Hożą a Wilczą szybko narastał. Z dnia na dzień. Już trzeciego dnia to był bazarek. Czwartego bazar. Piątego — zbity tłum. Stojący. Wiercący się. (Ten odcinek do końca był „wybrany", czyli bezpieczny). Każdy prawie coś trzymał w ręku. Byle co. Wszystko mogło iść na wymianę, byle nie za pieniądze. Pieniądze były tyle warte co śmiecie. Podobno ktoś zaczął handel za złoto. Oprócz sprzedających kręciło się dużo niby-kupujących czy takich, jak ja i Swen — zwiedzających.

Drugą rozrywką było mielenie zboża. Z dnia na dzień mielenie narastało. Jak ten bazar. I też szybciutko. Bo coraz więcej ludzi przytachiwało sobie zboże. Z tym, że w dwa–trzy dni po nas to był już tylko jęczmień. Cieszyli się i z tego. I odchodziło mielenie. Po wszystkich schronach. Od rana do nocy. Na różnych młynkach. Mniejszych. Większych. Przeważnie zaczynało się od małych. Tak jak u nas. Na takich od kawy. Szuru-buru-szuru-buru — korbkami.

Ale to nam się wydało powolniutkie. Malutkie. A pszenicy mieliśmy dużo. (Już ją jedliśmy. W kółko. Po pełniutkich talerzach. Z sokiem. I z plewami. Bardzo dobra!). Częstowało się nią, kto jej nie miał. Daliśmy część państwu Wi., bo nie bardzo mieli co jeść. Więc od młynka do kawy przeszło się do młynka nie wiem na co, większego. Pożyczyło się. Wydaje mi się, że ten większy wymagał więcej wysiłku, jako że miał większą korbę i większe obroty. Toteż Zocha poszła i wystarała się u niby to znajomych o młynek duży. Taki duży, że nie był do pożyczenia. Czyli do ruszenia. I trzeba było z pszenicą lecieć tam. Na mielenie. Polecieliśmy prawie wszyscy. Młynek był podobny do magla. Miał olbrzymią korbę, chodzącą w pionowe koło. Sypnęliśmy pszenicy. I dalej mleć. Na zmianę. Raz Zocha. Raz ja. Raz Halina. Raz Ojciec. Zaglądamy do szuflady. A tam ledwie-ledwie w kącie. Tej mączki. Owszem: może i drobniej zmielona. Ale co z tego, jak tak wolno? Znów mielemy. Na zmianę. Namachało się każde z nas. Aż do potów. Zaglądamy. A tam znów niedużuchno. Zrezygnowaliśmy z dalszego przemiału. Podziękowaliśmy. Przeprosiliśmy. Tych państwa. Że niby już wieczór. I rano wzięliśmy się za pogardzone — te małe — młynki. Od kawy. Te były niezastąpione.

I tak już do końca całe Śródmieście „szuru-buru" mełło zboże, gotowało i jadło z plewami, z apetytem i z zadowoleniem.

W dniach rozkręcenia młynków i bazaru Niemcy po Czerniakowie rzucili się na Mokotów i na Żoliborz. Przypominam: 23 wrzesień — Czerniaków — Powiśle południowe; 27 wrzesień — padł Mokotów; 30 września skapitulował Żoliborz. I cała siła uderzenia miała iść teraz na tą resztkę Śródmieścia.

Jeszcze raz zbijam fałszywe legendy o tym, że Żoliborz ocalał. I Mokotów. Że tam nic takiego nie było. Pamiętam wygląd i tego, i tego w 1945 roku: nie tylko spalone domy, ale kupa gruzu. W 1949 roku byłem na Dworkowej, jak odkryli masę trupów (chyba koło dwustu) w kanale zapchanym. Tam gdzie schodki. Ponure dzieje mokotowskich kanałów są znane. Właśnie tam i wtedy były najgorsze kanałowe historie.

To po wojnie Warszawa śpiewała z werwą *Marsz Mokotowa*:

...nam przecież te noce sierpniowe
i prężne ramiona wystarczą...
Ten pierwszy marsz
ma dziwną moc...
Coś w piersiach drży
i w sercu łka...
i trąbka gra, tra ta ta
tra-tatata-ta-ta...

Ale do rzeczy.

Na Mokotowie ani na Żoliborzu nie byłem. Byli inni. Przeżyli albo nie przeżyli. Ci, co przeżyli tam swoje tamtejsze wzruszenia, piekła i rzeczywistości, wiedzą. I już opisali. I jeszcze opiszą.

Żoliborz czeka chyba na swoje dzieje. Bo Mokotów ma swoją wielką tradycję powstaniową. Prawie każda dzielnica ma. Tej lewej Warszawy. Bo przejdźmy od Wisły do Wisły — północ — południe — wachlarzykiem.

Żoliborz.

Powązki — tu wiem mało (stracone chyba 4 sierpnia).

Wola — wiadomo co.

Ochota — słynny Zieleniak, gdzie siedzieli dzień i noc zganiani ludzie; raz puszczono serię z karabinu do ogona przy pompie; i te gwałcenia — to wiem od różnych, i od Ludwika, bo był tam zagnany on, Ludmiła, cała rodzina, że co i raz któraś z bab wracała na swoją „działkę" rodzinną, do męża, z rykiem, bo już po zgwałceniu.

Mokotów — co wyżej.

Czerniaków — wiadomo.

Po kapitulacji Żoliborza — 30 września — była pogoda, upał. (Nie dziwcie się, że pamiętam nagle. To tak jest. A poprawek nie robię, żeby wyszło to szamotanie pamięci i ta oddzielność dzielnic). Zostało tylko Śródmieście. A w Śródmieściu co? Że ta Krucza była? Z przecznicami? Czy Złota? I to tak na niby.

A reszta?

W gruzach.

Po reszcie.

Więc co?

Parę na pół i na ćwierć ocalałych ulic, które tyle, że były do ulic podobnawe. Tak się wtedy wydawało. Bo teraz by się nie wydały podobne nawet i te. Gdzie tam.

Młyn był wyczerpany. Zboże naniesione dla wojska, niby tak go dużo, a już się kończyło. Broni jednak wcale nie było tak bardzo. Zresztą co za broń? Śmiech na sali. Wiadomo, że ruszą za chwilę bombowce, krowy, pancerniak, artylerie wszelkich rodzajów, czołgi — na to Śródmieście. Na tą Kruczą. No i co?

Kupa gruzów? Przebitych piwnic? I kupa trupów?

Niepotrzebnie mędrkuję. Dawno inni zrobili już i historię, i wnioski z tego, i ogłosili. I rzecz jest znana. Tak mówię od siebie — laika. I od innych. Też laików. O tyle nam wolno mówić, że tam byliśmy. Laicy z nielaikami. Wszyscy razem skazani na jedną historię. Po różnych wrześniowych plotach nabieraliśmy coraz większej nadziei. Na ocalenie. Więc może nieskazani? Jeżeli nie dopuści się do tej katastrofy na tym kawałku? Może warto było obronić, uratować, co się da i kogo się da. Może tu ktoś się z litością uśmiechnie. Teraz? Jak już tyle? Ano tak.

Myśmy żyli. Wciąż. I ten pan z oberwanym policzkiem chodził jednak po Kruczej już z policzkiem przyszytym, bez bandaża. Kapitulacja wisiała w powietrzu. Słońce też. Kurz też. Czyli upał z hukiem i gruzem. Bo waliło! waliło!

I ja poleciałem chyba tego dnia właśnie na Żurawią. Do Swena. Tym razem na górę. Bo coś sobie wyobraziłem, że może Swen jest na górze. Nie. To chyba było na drugi dzień. Nie mogłem tak myśleć. Że są na pierwszym piętrze 30 września. A jednak chyba mogłem. Chyba to było 30 września. Bo coś było jeszcze z tego niebezpieczeństwa wprost, z nieba. I już było coś z tego końca, klapy, zawieszenia. Gromu. Za przeproszeniem metafory. Bo o kapitulacji nie tylko się mówiło. Było — jak mi się zdaje — oficjalnie podane o bliskich rokowaniach.

30 września. Idę na Żurawią. Jasno w podwórzu. Słońce na wylot schodów, mieszkań. Może nie były pootwierane te inne; tylko to jedno, na pierwszym piętrze, państwa Szu., zupełnie na przestrzał, w amfiladę. Coś pohukiwało. Coś leżało wszędzie. Czuło się dużo ludzi. Gdzie? Niżej? Tu świeciło puchą. W słońcu. Tu — na klatce. Było wcześnie przed zachodem. I ciągnęło, wciągało w ten ażur śpiewem. Jednym pojedynczym. Z chrypą i zajobem. A nabożnie. Męsko-wiejsko. Odprawczo-piwnicznie. Choć dochodziło z pierwszego piętra. Się okazało. I to z tej amfilady. Aż się chciałem przesłyszeć. Ktoś u państwa Szu. No — jednak... Wnikam w pierwsze drzwi. Bo co? Chciałem się dowiedzieć o Swena. Śpiew coraz przeraźliwszy. Drugie drzwi. Przybiera na zajobie. No tu! No i widzę, bo idę dalej — że ktoś siedzi na krześle, na środku. Już widzę, że pan Szu., starszy. Tyłem do mnie, do schodów, frontem do okna, podwórza i punktu naprzeciwko. W pokoju co? Luz. Wszystko wyniesione. Tylko ten śpiew. Ryk. Po porządku, z przystankami: „pięknaś jest cała, przyjaciółko moja" — jak trza, półmówione. Znów ryczenie. Przeplot — stacja. Fachowo. I znów: „jak wskazówki zegara nazad są cofnione".

Co chcecie od tekstu *Godzinek,* od intencji, od skupienia w uporze? Byłem ogłupiały. To były naprawdę *Godzinki.* Podchodzę do pana Szu. Który siedzi nieruchomy. Na krześle. Z rękami złożonymi na podołek. I odprawia. I nic. Nie odwraca się. Nie przerywa. Nie widzi. Nie słyszy. Śpiewa. Stoję za nim. Zapytać? Nie?

— Przepraszam, czy... — Nic.

— Proszę pana, czy... — Nic.

— Czy Swen jest? — Nic, ryczy dalej, nieruchomy.

— Czy nie ma nikogo? Tuu? Są??? Nie?! Na dole?? — głośno, i nic. Głupi Miron. Pan Szu. ryczy. Miron lata. Obchodzi go z przodu. Pana Szu. Co oczy ma wlepione w okno, niebo; ręce jak wyżej (niżej); śpiewa (ryczy) i nic. Obszedłem go i speszony — o właśnie, speszony — wyszedłem szybciutko. Swena chyba nie znalazłem tego dnia, śpiew ryczał za mną na całe schody, na całe podwórze i chyba jeszcze dalej.

Dziwny był jednak dom na Żurawiej. A pan Szu. odprawiał w napięciu *Godzinki* na zakończenie powstania.

To była sobota. Jeszcze tłukli; w moździerze, w krowy (bomby — nie); w nocy też — nie pamiętam co, przywykło się. A mieszkało się w betach w piwnicy pod potęgą secesji, pod tym „kredensem" — Wilcza 23, który dotrwał, dostał do dziś. Rano doskwierało. Słońce. Dalej. Bez zmian. Suche lato. I była niedziela. O czym nikt nie wiedział. Dziś też nie. Wiedziało się natomiast, że to już październik. Październik... Październik... Niesamowite. Trzeci miesiąc? Trzeci. To który dzień? Sześćdziesiąty drugi. Ale nagle wtedy rano wszystko ucichło. Duży front był cicho. Niemcy cicho. I my cicho. Cisza. Taka, jakiej nie było od 1 sierpnia. Czy żeśmy już przedtem wiedzieli, czyśmy się od razu domyślili, czy błyskawiczne ogłoszenie, zawieszenie do nocy i że pertraktacje? Chyba ogłoszenie. A więc koniec? Właściwie? Wiadomo, że jak pertraktują, to się zgodzą. Wierzyło się, że nic złego nas nie czeka, chciało się w to wierzyć, bo się miało dosyć i powstania, i wojny w ogóle, i nienawiści, i zabijania, i ginięcia. Nagle — zachciało się — wszystkim — żyć! Żyć! Iść! Wyjść! Popatrzeć! Na słońce. Normalnie.

I naraz zaczęli ze wszystkich piwnic, lochów, dziur wszyscy wychodzić.

Na ulice!

Ani to żałoba. Ani święto. Nie wiadomo co. Wszystko naraz. Po prostu wylegnięcie narodu na wierzch.

I myśmy wyszli. Całą piwnicą. Na Kruczą. Na Kruczej było już takie zaludnienie, że ledwie się przeciskało. Ale komu się śpieszyło? Szliśmy całą famułą: Halina, Zocha, Stacha, Ojciec, Swen (bo przyszedł), ja, pani Trafna z torebką pod pachą.

Właściwie to było święto, co tu ukrywać. Szliśmy z tłumem. I mijaliśmy się z tłumem narodu odwrotnym.

Tłum walił ze wszystkich bram, podwórek, gruzów, wylotów i przecznic. Bo gruzów nie brakło. Cała Krucza była w barykadach, w dołach. W gruzach i w tłumach. No i w słońcu. I w tej ciszy, posypanej miejscowym rozgardiaszem wylegnięcia „na miasto". Na rogu spotykało się różnych znajomych, dalszych, bliższych. Mijało się. Gadało. Przystawało. Patrzyło w niebo. Wszyscy ze wszystkimi. Na rogu Nowogrodzkiej weszliśmy na Irenę P. z mamą i chyba z ciotkami. Tu były też wykopy. Barykady. Stanęliśmy. Coś się mówiło i patrzało do góry. I nagle na niebieskim niebie zobaczyliśmy ze Swenem wysoko-wysoko, jak leciały dwa bociany. 1 października? Pokazałem to im, popatrzyli i nic; dalej się mówiło. Potem zaraz do widzenia, i dalej. Z tłumem za Aleje, czyli przed Aleje przejściem podziemnym.

Ciągnęło nas na Chmielną, na stare śmiecie. W ogóle ciągnęło iść — iść — patrzeć — sprawdzać. Kołomąt był taki i pomieszanie wrażeń; i te tłumy, i słońce; i to, że cisza i tyle rzeczy było po drodze, ciasnot, mijań, że nie pamiętam, jak co dalej. Zaszliśmy na Chmielną 32. To wiem. W bramę. Oficyna stoi. Pamiętam, jak z bramy już ujrzeliśmy, że oficyna nasza stoi. Ujrzeliśmy piętro. Drugie. I trzecie. Nasze. I nasze okna. Całe. Otwarte. Zahaczone. Tak jak się zostawiło. Wlecieliśmy na górę. To wszystko w słońcu, w suchym upale, w przezroczystości. Kotów nie było. Bo tak — było wszystko. Stało. Jedzenie dla kotów też. Gdzie koty? Zlecieliśmy na dół, do dozorcy. Dozorca nam mówi, że ktoś widział, jak koty wyszły któregoś dnia oknem na dach i już nie wróciły. Oni wszyscy zostali na Chmielnej. Tylko my ze Swenem poszliśmy dalej, do placyku, w Szpitalną i którąś na lewo do Jasnej. Bo przez plac Napoleona (Powstańców). Zaraz od placyku zaczęło się strasznie.

I to narastało. Gruzy za gruzami. Zwały za zwałami. Nie wiem, czego się spodziewaliśmy. Przecież wiadomo było chyba, że te ogryzki Kruczej czy Wilczej — to tylko to i nic więcej. No jeszcze gdzieś coś, pół domu, półtora. Z tym, że to już nie miało znaczenia.

Ale jednak. To pewnie było to, co Adam powiedział, jak opowiadałem o tym dniu:

— No bo nagle powrót do normy, i nagle nie ma miasta, nie ma domów, no... rozpacz...

Tak, właśnie to, że to już spokój. Koniec. Po wszystkim. Dwieście tysięcy ludzi leży pod gruzami. Razem z Warszawą.

Na Jasnej było chyba najgorzej. Szliśmy po potwornych zwaliskach. To wysoko. To nisko. Tu było pusto. I Swen zaczął nagle płakać. Na cały głos. Na całą ulicę. To mnie do reszty rozłożyło. I tak zresztą ryczałem. Tyle że może ciszej. Doszliśmy do placu Dąbrowskiego. Z czterech stron i na środku gruzy. I puchy. I to niebo. Z zaczajonym echem. Bo był zachód. I coś gdzieś wystrzeliło. W Ogrodzie Saskim. I dalej cisza. Zawróciliśmy. Zaczęły się znów strzały. W nocy były jakieś działania. Ale nieduże.

Rano 2 października 1944 roku wszystko w ogóle ucichło. Tym razem na stałe. Kapitulacja. Koniec powstania. Ogłoszone. Wszyscy od dziś wychodzą. Do 9 października ma być pusto. Całe miasto. Powstańcy składają broń. Ludzie zdolni do pracy będą rozwożeni na roboty do Rzeszy. Niezdolni i jedyni opiekunowie dzieci rozwiezieni będą po Guberni. Słońca wyraźnego tego dnia wyjątkowo chyba nie było, bo skoro wylecieliśmy: Zocha, Ojciec, Halina, Swen i ja do Pięknej tym razem — byle bliżej i prędzej na Marszałkowską, sprawdzić pierwszych wychodzących, to było jakoś matowo. O pierwszych wychodzących trudno tu było mówić. Marszałkowska, jak spojrzeć w prawo, roiła się. Ludzie... ludzie... w ogonie... już czekali. Już do wyjścia, z tobołami, rodzinami. Marszałkowska była pokopana, poprzegradzana. Barykadami, rowami. Więc tłum ustawił się po tej stronie od nas. Zahaczyłem wzrokiem o napis „Imperial” (kino) nad tłumem i w tłumie zobaczyłem Wawę. W ogromnym kapeluszu. Spojrzeliśmy na lewo: tłum tu już wyłaził na całą szerokość. Doszliśmy naszym brzeżkiem, od naszej strony, do rogu Marszałkowskiej, Koszykowej i Śniadeckich. Jedno wyjście było właśnie tu, stąd przez Śniadeckich do placu Politechniki. A drugie Alejami albo Towarową do placu Zawiszy. Z dalszej Marszałkowskiej od Zbawiciela nadchodziły tłumy. Z Koszykowej, tej lewej, jeszcze większe tłumy. Wszystko to albo pakowało się kilkoma dziadowniami w Śniadeckich i tam poruszało się powoli czy w miejscu, mrowiło, roiło, albo oglądało, oblatywało, miotało się jak my, albo wracało z Pola Mokotowskiego, z działek, z burakami, marchwią, pietruchami, baniami, naręcza świeżunie i te liście, zapachy, kolory i zachłanność niesienia do swojego gara, żeby co prędzej ugotować i zjeść! pierwszy raz! od takiego czasu coś takiego; te pochody z Pola Mokotowskiego były coraz większe, ludzie lecieli, rwali, nieśli, gotowali, jedli, i znów lecieli, rwali i jedli, żeby chociaż parę dni pobyć tu sobie jeszcze, pooddychać, pojeść i dopiero wyjść.

Dużo ludzi, obładowanych już do wyjścia, krążyło koło głównego wyjściowego narożnika. Siadało na tobołach. Szukało swoich. Reszty. Zagubionych. Umówionych. Walizy. Dzieci. Niektórzy rozkładali się całymi obozami. Chyba na nocleg. Na tym skrzyżowaniu Koszykowej–Śniadeckich. Na samym środku, zbiegu pięciu wylotów ulic był wielki lej od bomby, obsiedziany przez ludzi, okrążany. Racja. Prawda. Te leje po bombach. Co pewien czas coś sobie przypominam dosyć ważnego na wygląd i na słych.

To całe wychodzenie szło powoli. I było podobne na zbieranie się do Sądu Ostatecznego. Chyba już wtedy z miejsca ustaliliśmy, że wychodzimy na drugi dzień, czyli 3 października. Zwlekać nie ma co. Co będzie, to będzie. Może nie tak źle. Jasne, że nas wywiozą wszystkich na roboty do Rzeszy. Byle nie na zachód. I nie do bauera (słynna harówa i głodówa):

U bauera piesek wyje.
Na śniadanie jadł pomyje.
A na obiad kawał flaka,
żeby szczekał na Polaka.
Oj... lala lala — la — la
tra — lala — lala — la — la
alalalalalala — lala
alalala — lala — lala...

Mieliśmy wychodzić razem. Pani Jadwiga i pan Stanisław. Państwo Wi. w całym komplecie, z dziećmi, z Józią, z matką, z Jadzią. My wszyscy. Pani Trafna. Zocha wiedziała o pani Trafnej. I państwo Woj. też, że to Żydówka. Wiele Żydów miało wychodzić z Polakami, jako nie-Żydzi. Inni, jak chcieli, to zostawali w gruzach. Ale na ogół Żydzi mieli zaufanie wtedy do warszawiaków. Sytuacja ułatwiała zresztą i zaufanie, i nierozpoznawanie, i niemyślenie o tym.

Moje spotkanie się z Żydami, z całą rodziną Kuby.

Kuba był uroczym, zgrabnym, po prostu pięknym młodym Żydem. Chodził w kapeluszu, w butach z cholewami. A był wysoki, miał czarne wspaniałe włosy i białe wspaniałe zęby. Znałem go. I ja, i inni. Strasznie był lubiany. Chodził, śmiał się. Był bardzo kokieteryjny. Ale nie za bardzo. Znał się na sobie. I był uroczy. Ostatni raz spotkałem go na placu Dąbrowskiego, tu gdzie dziś mieszkam; było lato, czerwiec, pioruny, burza; lunęło; staliśmy pod daszkiem, a Kuba śmiał się z piorunów tymi zębami. I potem jeszcze, jak z workiem czy czymś dla rodziny szedł. Potem zniknął. Co było normalne. Wspominało się go i myślało, że może z nim źle. I nagle teraz — 2 października — stoimy, chodzimy w miejscu po naszych podwórkach Wilczo-Kruczej. Zmieniamy pagórki. Bo było ich dużo. I dołów też. Radzimy. Co. Jak. Kto kiedy z kim wychodzi. Patrzę w bok. Te białe zęby roześmiane. Jak kukurydza — jak mówi Ludwik. Pod czarnymi włosami. Ta sama wspaniała sylwetka. Patrzę i nie wierzę. Ale ten się śmieje. Podlatuję.

— Kuba!

— Jak się masz!

— To ty?

Ten się śmieje. Szeroko.

— Jak tyś się uchował?

— Dobrze.

— Gdzie jesteś? No i co? Co robisz? Sam jesteś? Wychodzisz? Nie? Kuba! Coś podobnego...

Kuba z całym zaufaniem do mnie i do Ojca, bo stoi obok, i do pana Stanisława. Mówi:

— Jesteśmy tu w gruzach. Na Wilczej. Cała rodzina. Cały czas. Dwadzieścia sześć osób. Jesteśmy urządzeni. A co wy? Wychodzicie?

— No, niby tak.

— Naprawdę wychodzicie? Do Niemców? Po co?

— No właśnie do końca nie wiemy. — Bo faktycznie Halina miała chęć zostać w gruzach. Ja też. Ojciec z Zochą tak na pół. Ale niby było postanowione wyjść. A tu Kuba namawia:

— Zostańcie z nami. Mamy dobrze. Nie będziecie mieli źle. Mamy co jeść. Mamy zapasy. Nie znajdą nas.

— Ojciec — mówię — a może?

— No czy ja wiem? — Ojciec zaczął się zastanawiać.

— Zostańcie z nami.

Ja zacząłem ulegać Kubie. Spodobało mi się. Żeby zostać. Oni mieli doświadczenie. Kuba był mądry, świetny. Naprawdę miałem chęć. Wielką. I Halina też. Bo zaraz do niej poleciałem. Kubie powiedziałem:

— No zobaczymy.

— Zostańcie z nami.

Halina i ja byliśmy zdecydowani. Wcale nam się nie chciało wychodzić do Niemców na niewiadome, na te roboty. Czy może na co gorszego? Niby liczyło się, że niedługo już tych Niemców. Ale licho wie ile. Może pół roku jeszcze? Nie lepiej tu zostać w gruzach?

— Kto nas znajdzie?

Zocha też rozpatrywała. I Ojciec. I zdawało się przez moment, że prawie tak. Ale potem zaczęli się bać. A może niebezpiecznie. Znajdą, to rozwalą. A wywiozą (jak wyjść), to na roboty, i tyle; na życie, a nie na śmierć.

Rozbijać się znowu nie chcieliśmy. Chociaż stało się w końcu inaczej. Bo zaczęło się głupawe rozbijanie się, nietrzymanie się razem. Stopniowo. Coraz większe. Zaczęło się od Swena. Zamiast żeby wyszedł z nami, on i Zbyszek (jeśliby chciał po cywilnemu), to nie. Jakoś się nie umówiliśmy. Nie dogadaliśmy. Z winy mojej. Trochę Haliny. Ale co Halina winna. Ja! Niechlujstwo. Prawie polegające na minięciu się. I niespotkaniu w porę. Jeszcze tego dnia Swen u nas był. Czy ja — tam. To, że Swen był zrażony tą wodą od Stachy wtedy i jeszcze tym, owym, drobiazgami, to co? Nie zadziałałem. I przegrałem ja. Swen nie miał dobrze we wrześniu. Z byciem. Z myciem. Z żarciem. Wszystko źle. I jeszcze przeciągi. Bo mu wypadło takie miejsce. Mimo upałów. Ludwik w 1939 roku na Kercelaku w bramie stał między dwoma pożarami w przeciągu od ognia i trząsł się z zimna.

Pan Szu., ten od *Godzinek*, wcale wtedy nie zwariował. Bo teraz z rodziną szykowali całe słoje ze smalcem. Ich syn miał walizę pieniędzy. Przezornie. To, co wiem, to wiem już po iluś miesiącach potem. Po spotkaniu Swena z Mamą. Jego. Bo tu żeśmy się tak niby zgubili, rozleźli. Swen wyszedł z państwem Szu. Do Ursusa. Ich zagnali. Starych oddzielili. Syna Szu., tego z pieniędzmi, i Swena wsadzili na roboty, na wywóz do towarówki. Tyle że otwarty wagon. Jadą. Jadą. Jest noc. Gdzieś. Daleko. Jeszcze Gubernia. Pociąg skręca. Zwalnia. Wyskakują. Najpierw ktoś tam. Strzał. Co? — Kto wie co? Potem Szu. rzuca walizę z pieniędzmi, Swen tobół. I sami skok! Skok! Udało się. Lecą do wsi. Obok jest Schwanzdorf. Gubernia. Kieleckie. Po polsku: Ogonowice... Idą do chałupy. Nocleg. Wypytki. No i olśnienie z zatkaniem. Mama, Ciotka Uff. i Celina. I Lusia z panią Rymińską. Wszystkie tu są. Coś nie do wiary. Ale tak było.

Nasza starówkowa rodzina: Mama Swena, Ciotka, Celina, Lusia z Mareczkiem i swoją mamą wyszły, jak Niemcy wpadli, w ileś godzin po naszym wyjściu do kanałów. Granaty gdzieś tam rzucili. Ale nie tak groźnie. Przynajmniej koło nich. Powieźli ich do Pruszkowa czy Ursusa. Matce i Ciotce nie groziło nic. Celince — roboty. (Była w 1942 cztery miesiące w Majdanku). Przebrały ją. Czyli ponakładały na nią, co się dało. Pookrywały. Chustkami. Żeby była brzydka i stara. I tak przeszły. Przez segregację. Wszystkie jako niezdolne do pracy. Do Guberni.

Wróćmy do wychodzenia głównego. Ostatecznego. Do tak zwanego wyjścia. Dzień kapitulacji ciągnął się i ciągnął. Ci wychodzili. Ci się szykowali. Ci się namyślali. Ci mijali. Naradzali. A wszystko to chodziło. Mnożyły się spotkania. Zbierania. I mnożyły się niezdecydowania. Głupie rozdzielania się. Gapowatości. Nitakości-nisiakości. No i jeszcze — co: znoszenie wody, ileś razy tyle co zwykle, na wielkie mycie przed wielkim wyjściem. Cała Warszawa zaczęła się myć. Rodzinami. Schronami. We wszystkich możliwych naczyniach. Nie pamiętam, co było z goleniem. Na pewno, kto miał czym, ten się golił. Po wczorajszym święcie wylegnięcia na ulicę dziś był dzień szykowania się. My odłożyliśmy nasze mycie pod wieczór. Tymczasem zaczęła się narada, co brać ze sobą. Ile się udźwignie. I co wobec tego zostawić na marne. Wszyscy odbywali te narady. Państwu Wi. zostało nagle kaszy więcej, niż mogli wszyscy unieść. Nam zostało sporo pszenicy, którą też trzeba było zostawić. Częściowo. Byli i tacy, co nic nie mieli. Ale sporo ludzi musiało coś zostawić, co by się przydało, czy z jedzenia, czy z ubrania. Ale nie dało rady tachać ze sobą. Po ustaleniu, co wziąć, zaczęliśmy radzić, w co wziąć. Najlepiej: każdy weźmie coś na plecy, a do ręki to już kto co chce na dodatek. Ojciec z Zochą wpadli na pomysł, żeby uszyć dla nas pięciorga pięć worków-toreb na plecy. Na pasach, à la plecak. Torby z płótna. I pasy z płótna. Bo skóry nie było. Płótno było. I maszyna się znalazła. Zocha, Halina i Stacha zaczęły szyć te torby. Ja zacząłem się wiercić za zapasem zeszytów i ołówków. W kącie mieszkania pani Rybkowskiej odkryłem garbaty pokoik. Cały zapchany stosami zeszytów. Może nie był garbaty. A tylko zrobił się garbaty przez te zeszyty. Był zatęchły. Zeszyty były stare. Więc szybko wyrywałem niezapisane kartki. Na to akurat weszła pani Rybkowska.

— Co pan robi? To są zeszyty szkolne mojej zmarłej córki.

— No, ale przecież...

— Ależ, proszę pana.

Nic nie pomogło moje ale. Skoro sprawa wyrywania kartek ze starych zeszytów nie była oczywistością, to nie było jak przekonać. Nawet gdyby to traktować jako pamiątki. Postanowiłem po wyjściu pani R. dalej wyrywać. Przecież musiałem mieć na czym pisać. Na drogę. I na wywózkę. No i skoro wyszła, wyrywałem dalej.

Chyba po uszyciu toreb trochę żeśmy się porozchodzili. Czy jeszcze na Chmielną? Wiem, że ja z Ojcem poszliśmy na Złotą. Zachciało nam się jeszcze zobaczyć z Sabiną, na pożegnanie. Było południe, pochmurnawe, z tym, że bez deszczu. Pochmurność szła nie tyle od góry, ile od dołu, tak było rojno. Tędy przecież też ludzie wychodzili — do placu Zawiszy. I tak samo mijali się, wracali, naradzali. Domy były czarne i siwe. Jednocześnie. Jak tłum. Poobrywane balkony. I nagle w tych balkonach — bo trudno powiedzieć na — ludzie. W oknach głowy. Dziwiło to, że patrzą z góry na ulicę. Dawno nie byli na górze. Coraz ktoś taskał rannego na noszach. Chorego.

Sabina z Czesławem krzątali się w swojej piwniczce. Spokojni. Coś jedli. Czy mieli jeść. Wychodzić nie mieli zamiaru, ani jutro, ani pojutrze. Jak najpóźniej. Jak się obluźni zupełnie. Po co się śpieszyć. I wyszli 9 czy 10 października. Na którymś piętrze były przecież mieszkania. Sabiny, Czesława, siostry Czesława. Więc poszedłem na górę i stanąłem na pokiereszowanym balkonie. Tłum wił się. Krzywo. Zbitą kupą. Omijał przeszkody. Raz na lewo. Raz na prawo. Raz te pośrodku.

Ulica szumiała. W to wszystko wdawał się pijacko-wariacki ton. Głośno. Coraz bliżej. Przemowa? Ano, przemowa. Zobaczyłem w tłumie — ale trochę wyżej, bo niby idącego, a niby zatrzymującego się na pagórkach — pijaka. O ile nie wariata. Przemawiał do tłumu:

— Luuuudzie... dokąd wychodzicie! Luuudzie! Już Napoleon powiedział...

Nikt nie słuchał. Przemowa była nieco niezwykła.

Wyszliśmy od Sabiny przez te mrowia. Na Kruczą. Póki reszta dnia. Myć się.

Mycie było wielkie. I długie. Po kolei. W miednicy, w grzanych wodach na cztery fajery. Myli się wszyscy. Halina, Zocha, Stacha, ja, pan Stanisław, pani Jadwiga, Tata.

Nadchodził Trzeci Dzień Świąt, To niby metafora. Ale tylko niby. Wtedy już ją odczuwałem. I nie tylko ja. Kończył się dzień kapitulacji. Dzień, który rano jeszcze był ostatnim, sześćdziesiątym trzecim dniem powstania warszawskiego 1944 roku.

Czoł-gi przez Marszałkowską,
Czoł-gi przez Nowy Świat...

— — — — — — — — — — —

Pamiętasz noc lipcową...

— — — — — — — — — — —

Fika w lewo, fika w prawo...

— — — — — — — — — — —

Cała Warszawa wykrzyknie nam hallo...

— — — — — — — — — — —

Pod rękę przez cały Mokotów...

— — — — — — — — — — —

Do broni, Jezus Maryja, do...

— — — — — — — — — — —

Pod Twoją obronę...

— — — — — — — — — — —

Na lwa srogiego bez obawy siędziesz...

Mąciło się w głowie.

3 października, we wtorek, poszliśmy jeszcze raz na Chmielną. Ludzie wciąż chodzili, szykowali się do wyjścia, wychodzili, spotykali się, znosili sobie buraki i marchwie z Pola Mokotowskiego. Myśmy też się właściwie jeszcze kręcili. Państwo Bałturkiewiczowie, gospodarze kwatery na rogu Zgoda, wzięli nas do swojej piwnicy, żebyśmy się doubierali. Nie wiem, czy to wtedy dostałem palto, czy w ogóle od Zochy i Ojca, czy od nich. Od nich wtedy dostałem zimowe buty. Na wyjście. I nie tylko ja. Cała rodzina grzebała w piwnicy. Między butami. Dziwiłem się w duchu, że ci ludzie ciągle dbają o innych. W tej piwnicy zostawiłem w węglu brulion jednego mojego dramatu. Nie znalazł się nigdy. Drzwi na Chmielnej zamknęło się na klucz. Niepotrzebnie. Bo dom został przez Niemców spalony. Potem. Ale kto wiedział, że to będą gruzy, że będziemy tu za ileś miesięcy tylko we dwóch z Ojcem? Że przyjdziemy tu z pędzlem i mokrą farbą w garnku i że się będzie pisało — malowało wielkimi literami:

ZOCHA HALINA STACHA
JESTEŚMY POZNAŃSKA 37 M. 5

W butach, paltach, w czymś (narciarce pewnie, bo to się wtedy nosiło) na głowie zrobiliśmy ostatnie przejście przez Kruczą. Zatłoczoną. Chyba jeszcze wpadł do nas Swen. I jednak się widzieliśmy. Decydując się na głupie rozstanie. I ni to żegnając się, ni to nie żegnając.

Jeszcze w ostatniej chwili z Ojcem wzięliśmy dokumenty swoje, świadectwo maturalne Haliny, aparat fotograficzny i moje zapiski (ten dramat o powstaniu — inny niż na Zgoda) na papierze z Kapitulnej. Żeby zakopać. Do piwnicy, czyli schronu Wilcza 21. W schronach nie siedziało się już dwa dni. Zeszliśmy. Było czarno. Pusto. Owinęliśmy aparat w gałgan. Papiery — razem — do blaszanego pudła. Wykopaliśmy dołek. Wkopaliśmy to. I zaklepaliśmy. Po powrocie w lutym odkopaliśmy. Były. Inne rzeczy, na Miodowej, na Zgoda — pozakrywane dokładnie cegłami — wsiąkły. Swen też był, osobno. I też nic nie było.

Wreszcie każdy założył sobie na plecy dużą białą torbę z płótna. Na szelkach. I wyszło się. My. Państwo Woj., cała rodzina Wi. Piękną. Do Marszałkowskiej. Tu już tłum się zagęszczał. I w tym tłumie dobrnęło się do rogu Śniadeckich, Koszykowej i Marszałkowskiej ze wspomnianym lejem po bombie pośrodku (gdzie ludzie nocowali). Dziś było trochę łatwiej dostać się w nurt. Bo to był nurt. Ta Śniadeckich. Już ten główny nurt wychodzących. Pogoda była, wydaje mi się, nie całkiem słoneczna. Ale ciepło. Śniadeckich miała po obydwu stronach ściany, częściowo popalone, poburzone, częściowo całe; w każdym razie wyglądała na ulicę. Szło się wolno. Bo ludzie szli gęsto na całą szerokość. Do tego trzeba było uważać, żeby nie wejść w dziurę w jezdni albo na nosze z rannymi. Szło się i szło. Chociaż to niedługa ulica. Czasem robił się na lewo albo na prawo, albo przed nami mały luz. To się przyśpieszało. Albo skręcało w lewo. Czy w prawo. Nie wiadomo po co. Coś się mówiło. Wypatrywało. Co dalej. Ale dalej — byli tylko ludzie i ludzie. Od tych wszystkich ludzi razem szedł jeden szum. Było się w szumie, w środku. I samemu się szumiało. Nogami. Mówieniem. Szum miał zafalowania. Bo coraz to wybijało się na wierzch pojękiwanie, nawoływanie. Nieraz któreś nosze wymijały nas. Czuło się falowanie dosłownie. I coś z płynięcia. Które było odpływaniem.

Ściany Śniadeckich zaczęły się kończyć. Już. Już. I wylegnięcie na plac Politechniki. Tu odgłosy się zmieniły. I wpadło się w szybki rwetes. Z tłumu wykręcały pośpiesznie nosze za noszami. Krzyki Niemców. Podjeżdżanie karetek. Samochodów. Ładowanie chorych i rannych. Zielone mundury. Hitlerowskie. Rozlatane. Dużo ich. Wszystko na tle barykady w poprzek placu. Na barykadzie leżała biała płachta. Barykada szła tylko do połowy. Dalej w bok od niej — ruch samochodowy. I Niemcy. Ci od przejmowania nas. Jeden z oficerów, jakżeśmy już podchodzili pod barykadę, badawczo wpatrywał się w nas, z podnoszeniem głowy. Wpatrywał się kolejno. W pewnym momencie we mnie. Podszedł do mnie. I szybko obmacał mnie od góry do dołu. I już stał dalej na boku, wypatrywał i podlatywał do następnych. Ale nie tak często. Zdziwiłem się wtedy, że upatrzył sobie mnie. Na podejrzanego. Czyli z ukrytą bronią. Powstańcy mieli przecież wyjść na końcu. I mieli tu składać broń. Pod barykadą. I tak było. Dwadzieścia dwa tysiące. 9 października. Ci, co wychodzili po cywilnemu, zrzucali z siebie wszystko, co mogło zatrącać umundurowaniem. I broni nikt ze sobą nie miał zamiaru nieść. Po co? Teraz? Widocznie nam nie dowierzali. Teraz się nie dziwię, że mnie obmacał. Nie dowierzali młodym. A ja miałem wtedy dwadzieścia dwa lata. A to, że wlokłem się, z rodziną, w tłumie, z torbą na plecach, to co... Swoją drogą, musieliśmy wtedy wyglądać dziwnie. I cywile. I powstańcy. Nie byli znowu wcale do siebie tacy niepodobni. Wszyscy ludzie, co wyłazili wtedy z Warszawy, byli do siebie podobni i zupełnie niepodobni do innych.

A może ten dzień był pochmurny i z deszczykiem? Bo ruch samochodów. Koło barykady i w Nowowiejską słyszałem na mokro. I tak, jakby była jezdnia pomokrzona. Trochę. Tak mi się widzi. I zaraz szpital z czerwonej cegły. Po lewej. Z licówki. Bo i tak śliska... To może. Ale nie. Też mi się widzi pomokrzony. Nikt nie zwracał na to uwagi. Kompletnie. Za bardzo zajęci byliśmy wychodzeniem. W świat, jak by nie było. Nie taki pewny. Ten świat. Ale z nadzieją. I nie taki daleki na razie. A już wydawał się — za barykadą — daleki. Za dalekiego świata nie chciało się. Wiadomo. Gubernia — to wygrana. Wielka. I tacy jak my nie mieli co na nią liczyć. Chyba zwiać gdzie, z Pruszkowa, po drodze, z pociągu.

Nas mieli siupnąć do Rzeszy. Niemcy robili wrażenie zorientowanych, zorganizowanych, nietracących rezonu. Do ostatka. Imponujące — chce się powiedzieć. Taka tradycja. Była. A za Hitlera tym jeszcze gorsza. A ponadto byli nami wszystkimi zaskoczeni. Że nas wychodzi aż tyle. Przecież tyle zginęło. Tyle już gnało się przedtem. Po upadku dzielnicy. Ulicy. Z różnych stron Warszawy. A tyle — jeszcze zostało. My sami byliśmy sobą zdziwieni. Że nas tyle. Przed nami, w nieskończoność, ogon. I to ogon na szerokość ulicy. W nieskończoność, bo trudno mówić o jego początku. Za nami — trudno było mówić o końcu. Ogon ogona wyszedł 9 października. W tym wychodzeniu po kapitulacji całkowitej.

Skąd było w nas tyle dobrej wróżby? Przecież wywózki z Warszawy były złe. Wywózki z getta w zachlorowanych wagonach, w których się umierało. Wywózki do obozów. Wywózki na roboty, przymusowe, to było i tak szczęście. Przecież nigdy nie wiadomo było, co i jak. Mojego wuja z Bielańskiej, męża cioci Olimpii-Limpci, wywieźli 31 sierpnia do Oświęcimia. Dlatego mówiłem „ten bidny Stach". Limpcia dostała puszkę z prochami. Może nam się zdawało, że mamy szansę, bo tyle nas w kupie. Jak te mrówki w lesie w Buchniku pod Jabłonną. Co widziałem przed wojną; byliśmy blisko szosy wtedy, w lewo szedł las, i gdzieś tam spory kawał szło się do Wisły; budzimy się rano, a tu szum, wylatujemy: a tu Wisła przyszła do nas, powódź; patrzymy pod nogi: tu przecieka strużka, tu robi się coraz szersza, obok ta, obok ta; i tak z sekundy na sekundę szerzej; aż tu płynie nagle wielka kula, z mrówek, przepłynęła; nie wiem, czy ocalały, czy może te od spodu nie, czy stopniowo się topiły? One liczyły na coś, a musiały zrobić z siebie kulę natychmiast; a może się pchały na zmianę do środka? tak jak ci na *Cudzie w Mediolanie*? W jednym rzuciku słońca raniutko wylatują ze zmarzniętego spania, zbijają się w kupkę, każdy chce do środka, i wciąż się maglują dośrodkowo; Ludwik machał na to ręką, bo miał to bez metafory na Zieleniaku — pierwsze noce powstania były mokre i chłodne, a oni byli na gołych kocich łbach.

Uczucie, że „skoro nas tyle, to przecież jakoś", może być mylne. Ja tam od czasów getta nie wierzę.

No i szliśmy tą Nowowiejską. Nie było wyboru. Wybór był przed Śniadeckich. Można było zostać z rodziną Kuby w gruzach. Pod górami Siennej, Śliskiej, Pańskiej. Ale się nie zostało. A szło. Wolno. Doszło się. Do skrzyżowania. Z aleją Niepodległości.

Tu nurt ogona skręcał w lewo. Do Wawelskiej. Czyli do Pola Mokotowskiego. I znów w prawo. Brzegiem Pola. Wawelską. Zawiało marchwiami. Zielenią. Przebłysło słońce. Ogon przed nami teraz wlókł się i wlókł. Było widać daleko. Bo daleki widok. Po prawej popalone wille i elegancje Kolonii Staszica, z ogródkami, i piętrowe w ogródkach, i te małe. Wszystko puste, dawno. Szliśmy bardzo wolno. Nawet przystawaliśmy, bo robiły się korki, zgrubienia. Co kilka metrów wlokła się wzdłuż nas eskorta. Bo chyba się wlokła. A może przekazywali nas sobie kolejno? Na pewno na niektórych odcinkach szli. To byli wehrmachtowcy. Inni niż ci przy barykadzie. Pokrzykiwali bez złości. Z humorem. Ze szwargotaniem. Rwali marchwie, pomidory. Wołali do kobiet:

— Marijaa! E! Marijaa!

I dawali, co im się wyrwało. Warszawskie „Mariije" przyjmowały i jadły. Coś tam odpowiadały, w kombinowanym języku.

Przy którymś korku zaczęliśmy przysiadać. Wehrmachtowcy przyzwalali, bardzo grzecznie. Jak tylko się odtykało, pokrzykiwali znów.

— E, Mariijaa!! — i coś tam, żeby iść.

Ta Wawelska rozpogodziła ludzi. Bo i Pole Mokotowskie pachniało, i bomby nie waliły, i ci wehrmachtowcy. Zobaczyło się, że i Niemcy są ludzie — jak powiedział Konrad Wallenrod po słowach „Dosyć już zemsty".

Może powinienem opisać więcej, jak Warszawa wyglądała od brzegu, tak niby w całości i na pożegnanie. Bo brzeg Warszawy szedł tędy wtedy. Mokotów był niewidoczny. Prędzej się urywał. I Pole Mokotowskie po zahaczeniu o wystającą Grójecką, starą Ochotę (też mniejszą, krótszą) szło i szło, nie wiadomo dokąd, otwarte, na Koluszki i Konstantynopol. Więc Warszawa od brzegu. Ale czy tak się wtedy oglądało? Trochę tak. Ale wyszliśmy przecież ze środka tego, co tu sterczało. I musiało nie robić wrażenia. Trochę przesadzam. Po jednej stronie Pole Mokotowskie, dużo rosnącego. I ludzi nie widać. Po prawej wciąż sterczą ulice, domy, jedne za drugimi, i po kolei — też wszystko ciemne i puste. A środkiem z przodu i z tyłu wychodzimy my. Wychodzimy i wychodzimy. I przysiadamy. Ruszamy dalej. I gadamy. I wszyscy idziemy jedną ulicą. To nie było takie zwyczajne. Za Żwirki i Wigury, wtedy jeszcze bardzo nieulicową, zaczynało się wchodzić w środek Ochoty. Między prawe zburzenie i lewe zburzenie. Na Grójeckiej powinien być ruch. Ale nie pamiętam. Bo i tych nas drugich — od placu Zawiszy — nie. I przelotowego ruchu Niemców — nie. Pamiętam ciąg nasz. Przecinanie Grójeckiej. Pamiętam kocie łby z szynami pod nogami. Gruzy. Spalenizna. W nos. W oczy. Pamiętam, jakżeśmy się rozglądali. A nie pamiętam, za czym. Wychodziło się w nieduże ruiniarnie Kopińskiej po niedużych pięterkach, drewniakach, przewozowniach ze stajniami. Kopińska miała kocie łby na wąsko, w spadzisty bochenek. Na dwa rynsztoki z deskami w podskokach na każdy wjazd do bramy. Urywała się. Wkrótce; znaczy — szła dalej, ale jako przejście już do Dworca Zachodniego; przez pole z ogródkami, niby jeszcze prawie Mokotowskie. Widać już było nasypy, perony, wagony. Towarowe. Dużo. Powykręcany ogon ludzi. I na końcu na tle peronów ogromne zamieszanie w poprzek. Za końcem, czyli za torami, peronami, musiały sterczeć gruzy Woli, okrąglaki i bęben Gazowni. Nie wiem, czy to wtedy widziało się na ostatni widok Warszawy.

Są bocznice. Krzyki. Ruch. Upychanie kupami ludzi, gratów. Jesteśmy niedaleko peronów. My dobijamy wolniunio. U końca Kopińskiej widać nagle grupę Polaków. Niosą łopaty, wory, worki, cebule, pomidory, kartofle. Przy nas Szwaby. Tam dworcowi. Peronowi. Też Szwaby. Zrównujemy się z Polakami, tymi od kopania. Pilnuje ich tylko jeden Niemiec, a i to nie tak ściśle. Polacy trzymają worki na plecach, w prawych rękach łopaty. Patrzę: między nimi mój znajomy. Podchodzę. Da się. Wszędzie rejwach. Tu obojętność. Znajomy wita się. Pytam go, co tu robią. Przyjeżdżają od kilku dni z Pruszkowa na wykopki. Pytam dalej: czy nie da się do nich dołączyć. Daje mi od razu łopatę.

— Próbować, może pan przejdzie.

Biorę w garść łopatę. Wór mam przecie swój. Nie obliczyłem, że jestem aż tak napiętnowany. Moi, nasi z Warszawy lawinami kitoszą się, kiełbaszą. Wszystko trwa moment. Idziemy. Niemiec sprawdza z pamięci. Wszyscy links... Widzę już. A boję się. Halinę. Zochę. Z tymi torbami. Białymi na plecach. Uda się? Niee. Strach przed... co?... bicie?... A w nosie zapach cudu... zdrada. No! To to pierwsze. Zostawić swoich. Prawie bez umówień. Nic. Tak. Już. Prawie nie zauważyli. Nieważne. Nie wiem. Nagle jestem odhalcowany w prawo, coś „fafluchter" i nic więcej, żadnego kopa, odstawionko, łopatę zaraz oddałem, żegnaj, pruszkowska wolności — Halina znów — białe wory, Zocha, Tata. Stada. I już w nich ja. Kto zauważył? Nikt. Halina też nie? Nie. Wtedy byłem pewien. A czułem się zdrajcą. Paskudnie. I od nich. Już oto i kara. Już kroczymy. Nic nie zaszło. Co było jeszcze? zajmowanie miejsc? Wsiedliśmy przecież na otwartą platformę. Zaczęło się rozemżywać. Szaro. Długo. Smutno. Nagle ni to, ni sio. Dokąd? co to? Głupie tory — tory — jeść... — Włochy — zatrzymanie. Rzucają na nas, ale ile, z ulicy, ze schodów, okien, peronów: marchwie, cebule, rzodkwie, buraki. Niemcy nic na to. Łapiemy. My z Ojcem też. Cebulę. Od razu ciach. Wpół. Na surowo. Ojciec od razu zjadł. Ja nie mogłem. Jechaliśmy. Wolniusieńko. Wolniusieńko. Za Warszawę. Sensacja! Co w Piastowie? Co w Ursusie? Mżawki. Przerzutki jarzyn z peronu. Mroczki. Tłumki obserwatorów-pomagierów.

Jechało się i jechało. Te piętnaście kilometrów. Tymi wagonami. Na czerwono. Spod choinki. Bo jak miałem cztery lata, to dostałem pociąg towarowy z czterema towarowymi wagonami. Wiem, że jeden był na węgiel, a jeden na drzewo, taki dłuższy. Ja z moimi jechaliśmy teraz tym na węgiel. W Pruszkowie był już ćmok. Wysiadka. Pełno wyskakiwań, wyłażeń, nawoływań. Bo nie tylko dużo nas. Ale dużo tych, co czekali. Niemców. I naszych z RGO. Taka Rada (Główna Opiekuńcza) od ułatwienia przetrwania, dawania zup. I z Czerwonego Krzyża. Weszliśmy od razu od torów w prawo w nurt szyku. I zaczęliśmy iść w głąb, w pruszkowskie kolejowe zagrody, przemysły, teraz — obozy; bo to były najpierw betonowe parkany, tory pod nogami, a potem hale, hale i jeszcze raz hale. Obóz — remiza. To znaczy: obóz — remizy. Ciąg tych remiz zaczynał się już w Ursusie. Takich. Nie tych. Racja, że po Włochach jest Ursus. Po Ursusie Piastów. I dopiero po Piastowie Pruszków. Kojarzył mi się z kredkami w ołówkach. Bo i od tego przemysłu, i od tych kredek zaczął się Pruszków jako coś. Choćby powód miasto-stacji. Ta część prawa. Ta, gdzie my — transport — transmisja — czyli bez ustanku suw, suw, suw za suwem, się ciągnęliśmy — to ta część, prawa, ten Pruszków mniejszy, z mniejszym pseudogotykiem niż po lewej.

Niemcy. Ciamak. My — transport. Do hal. Taśmociąg. Padało? Jak padało, to małe, nie widać. Szliśmy. Od razu weszliśmy. W te figury. Co metr, co pół. Z Czerwonego Krzyża, z RGO. Po tej i po tej stronie. My wolniuchno. Pod nogami, nie wiemy co. Oni w miejscu. W płaszczach. Bo znać. Jaśniej. Jaśniej. I te wywoływania. Na głosy. Adresy. Nazwiska. Szuka się. Wciąż. Lewe. Prawe. Lewe. Prawe. Lewe. Prawe. Adresy, nazwiska. Ogłaszają. Wciąż. Ci w płaszczach, raz z prawej, raz z lewej. Niemcy ich mijają, ci od nas, z karabinami. A my brniemy i brniemy.

— Marszałkowska 35. Jadwiga Szamotulska.

— Chmielna 18. Andrzej Polakowski.

— Bracka 5. Zofia Węgrzyn.

— Malwina Kociela, Mazowiecka 5.

— Plac Napoleona 8.

— Grójecka 13. Pelagia Wąchocka.
— Antoni Marzec. Artur Marzec.
— Malawski... Szopena 2.
— Kazimierz Czeladź.
— Hoża 35.
— Jadwiga Penetrowa, Poznańska 12.
— Mieczysława Puchałowska.
— Wspólna 43.
— Zenon Kołodziej.
— Jerzy Burza, Marszałkowska 94.
— Jerzy i Barbara Poroscy, Złota 5.
— Borowska Barbara, Chmielna 5.

Dlaczego nie mogłem opędzić się od Zaduszek? Bo szliśmy tak, jak wychodzi się z cmentarza w Zaduszki, w tłoku, między majaczejącymi białawo (bo już ciemno) figurami aniołów i wypominkami dziadów ustawionych rzędami. Najdziwniejsze było to, że przez cały czas nikt a nikt przed nami ani za nami na żadne zawołanie nie odpowiedział; nikt się nie zatrzymał ani nawet nie obejrzał. Zupełna obojętność.

Moja zaduszkowa metafora wcale nie była metaforą. A jeżeli była, to nigdy nie przeżywałem silniejszej.

Weszliśmy w nową przestrzeń. Jeżeli powiem, że do hali nr 5 parowozowej, ale bez parowozów, to to nic nie wyjaśni; właśnie nowa przestrzeń, bez brzegów, bez końca, i nie tyle ciemna, ile zapełniona tłumem wchodzących, rozchodzących się i oporządzających chyłkiem ze świeczkami kwatery... Takie właśnie jak na Powązkach, poprzedzielane alejkami, każda kwatera to ileś tam przylegających do siebie grobów, na każdym grobie świeczki i rodzina, która coś oporządza, albo siedzi, albo porozumiewa się, albo modli... A więc po wychodzeniu z cmentarza (Bródna czy Powązek) wejście na cmentarz — odwrócona kolej rzeczy. Długo nie mogłem uwierzyć, że to nie cmentarz i nie Zaduszki. Nawet, jak już nas Niemcy i ich pomagierzy osadzili w którejś kwaterze, na czymś... a może po prostu na betonie; nagrobki były zbudowane i budowane dalej chyba z tobołków i walizek. Bo zaczęliśmy się z Haliną natychmiast rozglądać za deską do spania.

— Byle się wyciągnąć — mówię do niej.

— Mnie też na tym zależy, chodźmy czegoś poszukać.

Poszliśmy w głąb hali. Rozglądaliśmy się na lewo, na prawo. Wszędzie tłumy, nagrobki, świeczki, krzątanina i szum obijający się o ściany i nakrycie hali. Coś w rodzaju ściany w kolorze tej przestrzeni zarysowało się, może rozróżniłem to po połysku czy po jakimś stwardnieniu cienia, bo tak, to ogólny ćmok był rozproszony. Stropów trudniej się było dopatrzeć.

Zeszliśmy na dziwne ubocze z torem kolejowym, pod którym była przepaść (jak się tam fachowo nazywa) do reperacji podwozia. Na końcu szyn stała budka. W budce znaleźliśmy długą i szeroką dechę.

— Idealne — powiedziała Halina.

Złapaliśmy zdobycz. Co za ulga! I całkiem szczęśliwi donieśliśmy ją sobie do naszego rodzinnego nagrobka, który nie tak od razu się odnalazło. Wyciągnęliśmy się zaraz spać. Było świetnie. Na razie o nic więcej nie chodziło. Jeszcze coś zjedliśmy, co nam dała Zocha, i tak w nieustających Zaduszkach w gigantycznej hali urwał się nam niedokończony pierwszy dzień już nie-powstania.

Rano było całkiem inaczej. Nic z Zaduszek. Zapach szyn, hali; ludzie. Bomby się nie waliły na łeb. Do roboty na razie nikt nie popędzał. Ani nawet do wyjazdu. Dowiedzieliśmy się, że RGO rozdaje zupę, że dużo, że dobra, że z pomidorami i kartoflami. Polecieliśmy. Ogony przed beczkami z zupą przesuwały się szybko. Naleli pełno. Ciepłej, pachnącej, prawdziwej pomidorowej z ziemniakami. Zjadło się. Ogłosili dolewki. Znów zjadło się.

Zupy było strasznie dużo. Zawsze dobrej. Podjeżdżały beczkowozy czy cysterny, czy nie wiem co, i nalewali, ile kto chciał. Tak było przez cały tu pobyt. Aż dostałem sraczki, latałem do wielkiej i długiej latryny, w której zawsze był tłok.

Z hali piątej przenieśli nas do innej.

Poza jedzeniem, lataniem do latryny, spaniem i gadaniem były jeszcze takie sobie kręcenia się, z nudów. Widziałem przy tych okazjach niezliczone krzątaniny z pertraktacjami w grupkach, między ewakuowanymi a tymi z RGO i z PCK. W bramie ruch nie ustawał. Pielęgniarze i pielęgniarki wynosili na noszach i wyprowadzali ludzi. Domyślałem się, że dużo tam było udawań przed Niemcami. Miałem pretensje do swoich, że tacy bogaci, a nie działają. Bo co się okazało — że pieniądze były ważne. Aż mnie zatkało ze zdziwienia. Objawiło mi się to nagle bodaj na drugi dzień. Poszliśmy do bocznej małej przybudówki. Nie wiedziałem, po co tam tyle ludzi i po co my. Aż dostrzegłem szparę-lukę w cegłach w ścianie, czy okienko, przed którym stanęła Zocha, Halina i Ojciec. Nie wiedziałem, czego wypatrywali. Zobaczyłem na pionowo, tyle co w strzelnicy, kawałek domu narożnego, jezdni i chodnika. Zza rogu wyszedł i skręcił w słońcu elegancko ubrany pan w kapeluszu. Po prostu poszedł sobie. Więc poza Warszawą był normalny okupacyjny ciąg życia i spraw...

W tej chwili pod okienko od ulicy, od „tamtych", podeszła kobieta. Coś przez szparę z Zochą i Haliną mówiły do siebie. Coś one jej podawały. Za moment zobaczyłem w ich rękach gomółę masła.

— To pieniądze idą? — spytałem się Haliny.

— No pewnie.

— I są ważne?

— Ważne — kiwnął głową Ojciec.

No tak. Dlaczego poza Warszawą pieniądze miały być nieważne? Tutaj nie musieli prowadzić handlu, budować kuchni z trzech cegieł. Tutaj nie panowała pierwotna jaskiniowa wspólnota.

W Pruszkowie mogliśmy zostać jeszcze. I tak mądrzejsi robili, bo do czego się śpieszyć? do robót? Ale Halina zaraziła Zochę i swoją matkę Stachę jeszcze raz ideą „co ma być, to niech będzie prędzej". Mój Ojciec poszedł za nimi.

Do Haliny czuł wiele sympatii, przywiązania; i znając jej słabe strony, że

— wygodnicka i nic nie zaryzykuje — co sama potwierdzała — że zawsze z walizami i ona, i Zocha, bo muszą mieć ileś bielizny na zmianę — mimo to miał dla niej respekt i nawet podziw.

Zdecydowaliśmy się stanąć do sortowania już w czwartek 6 października po południu. Sortowanie odbywało się ciągle. Na zdolnych do roboty i na nadających się tylko do rozwózki po wsiach Guberni Generalnej. W poczwórnym ogonie stanęli koło nas państwo Wi. z Jadzią, ciotką i matką i dwojgiem dzieci. Namówili się:

— Ty weźmiesz małą, ja jego — i tak zrobili; jedyny opiekun dziecka też nie nadawał się na roboty. Segregacja szła raz-dwa. Iluś Niemców naraz pokrzykiwało, pytało, rozdzielało, pilnowało — cały szpaler tych ważniejszych. Na lewo Gubernia, na prawo Rzesza. Stacha trzymała się mocno Haliny. Chciał ją Niemiec, jako za starą, do Guberni. Na to Stacha złapała pod pachę Halinę.

— Nieee... razem — i była już w naszym ogonie, i już przesuwaliśmy się do bramy, za bramę, i do wagonów.

Wagony towarowe, czerwone, tak zwane świńskie. W naszym było nas sześćdziesięcioro. Zaryglowali nas. Pociąg ruszył. Tłok. Jednak powoli utrząsnęliśmy się. Raptem wyłonił się kłopot: siusiu. I co za radość: była ogromna złocista blaszanka. Już krążyła. Trzeba było siusiać przy wszystkich. Do tego się przywykło. Gorzej, że nie mogłem — a chciało mi się bardzo — zacząć przez kiwanie się wagonu. Stałem i stałem z blaszanką. Denerwowałem się. Że przepadnie mi okazja, jak oddam i nic, a muszę wreszcie oddać, bo tyle czeka. Po kwadransie udało się. Nowe szczęście.

Potem ułożyliśmy się na swoich tobołach i — jak się zaczęliśmy budzić — przez małe wąziutkie okieneczko z wysoka wpadało światło dzienne. Ludzie wspinali się i zaglądali przez okienko: gdzie jesteśmy. Halina też zaglądała, ubrana w swoje palto z popielatym kołnierzem.

— Podobno minęliśmy przedtem Łódź — tyle na razie wiadomo było.

Tak na razie nic nikt nie widział. Powoli zorientowaliśmy się, że wiozą nas na Dolny Śląsk.

Pociąg nareszcie stanął. Było rano. Pora potrzeb. Ci od drzwi bębnili w drzwi. Aż zgrzytnęły rygle i — rzuciliśmy się do wyskakiwania. Ze wszystkich wagonów wyskakiwali wszyscy. Ja ukucnąłem obok Haliny. Na całą długość pociągu — w czterech rzędach — odprawiało się kucane potrzeby, bez mrugnięcia. Potem już tylko skok do wagonów po rzeczy i kazali nam się ustawiać do przemarszu.

Na stacji z ilomaś torami, z belkami drzewa na boku odczytaliśmy napis: „Lammsdorf". Dzisiejsze Łambinowice.

Poprowadzili nas w krajobraz. Pierwszy prawdziwy. Ciepły. Bez huku. Od całej tamtej epoki sprzed 1 sierpnia. W pewnej chwili wolno było odpocząć. Każdy bachnął się z tobołami, walizami, jak popadło, pod krzakami, drzewami, na wrzosie. Kwitnął w najlepsze. Ludzie kładli się, przeciągali, cieszyli, wąchali, wzdychali.

Wreszcie wprowadzili nas bramą na teren ogrodzonego drutami obozu, aleją długą i szeroką. Na terenie obozu były drzewa, trawa, pagórki, wydawało nam się tu spokojnie i przyjemnie, wyjątkowo, jak na obóz. Po obu stronach alei szły wały obrośnięte zielenią. Dopiero w kilkanaście lat po wojnie przez przypadek ruszyło się te wały. Okazało się, że były w nich trupy. Po to były wały.

Obóz rozciągał się hen, bo skręciliśmy w inną aleję i doszliśmy do rezerwatów różnych narodowości, jenieckich. Pierwszy raz widziałem obóz jeniecki. Nie przypuszczałem, że taki malutki kawałek ziemi dokoła każdego baraku dla tylu ludzi, i już druty, i następny „wybieg". Bo to były trochę wybiegi, zoologiczne. Klateczki.

Nas, tych z tego pociągu, wpuścili w odrutowany obszarek bez baraku, bez niczego. A może w kilka rezerwacików, bobyśmy się nie zmieścili. (To znaczy zmieścić toby się zmieścili wszyscy, jakby hitlerowcom zależało na dosłownym upchnięciu w jedną kupę).

Z lewej strony mieliśmy Polaków, z 1939 roku. Za nimi Francuzów. Dalej Anglicy, Belgowie i inne narody. No i Rosjanie. Natychmiast staliśmy się sensacją. Francuzi przerzucali nam kolorowe drobiażdżki. Coś do jedzenia. Żyletki. Jeńcy byli dosyć zadbani, ogoleni — tak wyglądało to na oko i w tym czasie. Polacy z 39 roku mówili, że teraz tu spokój. Ojciec pamięta, że wspominali coś z dawniejszego czasu gorszego.

Zapytałem jednego z oficerów — to byli chyba oficerowie sami — kiedy dowiedzieli się o powstaniu.

— Pierwszego dnia, wieczorem.

— Tak od razu?

— Radio — powiedział.

Grupami zaczęto nas doprowadzać do kąpieli. Mówiło się wtedy na to:

— Do mykwy.

Szliśmy znów kawał drogi, przez łąki. Przy baraku z mykwą pełno się uwijało Ukraińców, jeńców. Obsługiwali nas w kąpieli. Czyli — szatnia, prysznice, ustawianie, wyprowadzanie.

Mycie jak mycie. Jeden tylko drobiazg. Kontrola wszowa. I przymusowa rada. Że tu na słupku w tym wgłębieniu jest szara maść. Każdy po nią sięgnie i wysmaruje sobie włosy, pod pachami i w trzecim miejscu. Trudno, ale przytoczę tu okupacyjny szlagier:

> Najlepsza jest szara maść,
> nie trzeba jej dużo kłaść.
> Nacierać wszędy,
> aż zginą mendy...

Jak nas na drodze złączyli znów z kobietami, Halina powiedziała, że one były też obsługiwane przez Ukraińców, czyli samych mężczyzn. Chodzili między nagimi kobietami, żeby regulować prysznice, śmiali się i rozmawiali.

— I co? myślisz, że były wszystkie obrażone?

— No?...

— Akurat. Też szczerzyły zęby i umawiały się z tymi Ukraińcami na randki.

Jak ruszyliśmy drogą, półkolistą, za łukiem ukazała się grupa w mundurach specjalnego rodzaju, przeważnie khaki, z tornistrami, chlebakami. To byli powstańcy. Dopiero co przywiezieni. Szliśmy pod konwojem wzmocnionym. Oni też. Szliśmy naprzeciwko siebie. Narastało podniecenie. Szum. No i — mijanka. Krzyki, nawoływania. Niemcy popędzają, drą gęby. Ich prowadzili do mykwy. Nas na bok na razie. Czekaliśmy przez pewien czas w miejscu. Było późne popołudnie. Ciepło. Powstańców wyprowadzili z mykwy i ustawili przy drodze na łące, ale daleko od nas. Najpierw stali. A potem kazali im coś wyjmować, może wszystko, z pakunków i tornistrów. Potem — akurat zachodziło słońce — powstańcy na rozkaz rozbierali się. Potem robiło się ciemnawo i nas puścili w drogę do naszych nowych miejsc. Widzieliśmy, jak tamci stali i stali, rozebrani do bielizny na razie. Nie wisiało — mimo to — nic groźnego w ciepłym powietrzu. A jednak — jak wiadomo — już po ciemku musieli rozebrać się do naga i czekali. Co było dalej — trudno dociec. Część wywieźli gdzie indziej. Część wróciła. Przeżyła. A inni — nikt nie wie — co. Wsiąkli. Czy tej nocy po cichu na boku gdzieś dalej? czy później? niewyjaśnione to do końca.

Nas wprowadzili w obszerny tym razem rezerwat na górce z zielenią, trawką, drzewami, odosobniony od całej reszty obozu, sąsiadujący nieomal z szosą i polami rzepy i kartofli po bokach w dole.

Czekało na nas kilka obszernych namiotów. Kiedy weszliśmy pod swój namiot, okazało się, że mamy spać na grubej warstwie wiórów. Były ułożone w dwa rzędy, między nimi przejście. Wióry okazały się ciepłe. Zresztą i noc była ciepła.

Dali coś jeść. Ale dojedliśmy sobie jeszcze czymś tam z zapasików z Warszawy. Mieliśmy soki, makaron, kostki cukru. Zjadło się coś na sucho i dalej spać.

Dopiero na drugi dzień od rana szły gotowania. Na kuchenkach z trzech cegieł, na prawdziwych piecykach — nie wiem skąd — a może to nie były aż takie piecyki, tylko byle co ze sobą wzięte. Zocha i Stacha też ugotowały makaron, chociaż pod wieczór przed beczką z kaszą stanęła jako rozlewaczka Zocha. Po jednej porcji krupniku podszedłem z menachą po następną, bo Zocha zrobiła do mnie oko i wlała mi pełną chochlę.

Dopiero w dzień rozejrzeliśmy się dokładnie w terenie. Podobał nam się bardzo. Była pogoda do tego, wciąż ciepło. Za ciągiem namiotów, czyli tak jakby za podwórkiem tego nowego gospodarstwa, był zagajnik z wrzosami. Ci, co nie gotowali albo nie byli w namiotach, siedzieli chętnie tam. Myśmy z Haliną też siedzieli i gadali. Było nam dobrze, jak na majówce za szkolnych czasów.

Nad wieczorem, według mojego zwyczaju, zrobiłem dokładny obchód. W namiotach było luźno i sielsko. Na „podwórzu" krzątali się albo łazili sobie różni ludzie, na brzegu podwórza naprzeciw namiotów był rów i wzniesienie z krzakami. Nad rowem stały rzędem parujące kuchnie, to warszawianki robiły kolację indywidualnie. Za kuchniami tuż bawiły się dzieci. A za dziećmi na tle krzewów nad rowem na długich żerdziach zupełnie polowej latryny siedzieli szeregiem mężczyźni i srali. Z końca podwórza, z ostatniego, najmniejszego namiotu dochodził śpiew nabożny, ale nie taki, do którego się przywykło. Domyśliłem się, że to Rosjanie z Warszawy, nasi, cywile. Trzymali się cały czas w osobnej grupie. Zawsze na końcu tej ich grupki szedł mężczyzna pchający wózek z pierzynami, tobołami i maszyną do szycia na szczycie. Dostali osobny namiot. Zajrzałem: w kącie namiotu pod zawieszoną ikoną i pod świecami stał zbity w trójkąt tłum i żegnając się co i raz z pokłonami, śpiewał starocerkiewne nieszpory.

Wieczorem w namiocie, naszym, jak już wszyscy ułożyliśmy się na trocinach i wiórach, zrobił się nastrój, zaproponowano imprezę kulturalną. Jeden pan wyszedł w przejście międzywiórowe i mówił Wiecha, drugi pan, młody, zagrał na skrzypcach koncert Wieniawskiego.

W nocy wybuchła burza i niektórzy z warszawiaków zakradli się przy ulewie za druty po rzepy.

Niedzielę prawie całą przesiedzieliśmy w zagajniku.

Selekcje wyjazdowe odbywały się prawie codziennie. Niemcy przychodzili, dolmeczer ogłaszał, pytał, tłumaczył. Ogłaszano, dokąd jaka grupa organizuje się teraz — i kto chce tam jechać. Można było wybierać nie tylko: czy do bauera, czy do fabryki, ale i jak daleko. Z bauera zrezygnowaliśmy od razu:

U bauera piesek wyje
na śniadanie jadł pomyje.

Chodziło o miasto.

Ja upierałem się jak najbliżej granic Guberni, żeby uciec przy pierwszej okazji do Częstochowy. Halina wymarzyła sobie Wiedeń. Lubiła śpiewać:

Zgubiłam swe serce maleńkie,
co w Wiedniu mi zabrał je ktoś...

Mówiłem, że w taki czas to niepoważne, a jeszcze tak daleko. Na to ona:

— A tam, ja chcę i już, a ty ciągniesz do tej Częstochowy, bo twoje sercowe sprawy.

I tak zaczęło się rysować jeszcze jedno rozbicie. Ze mną nie chciał się rozstać Ojciec, z Haliną Stacha i Zocha. Ale Zocha nie chciała gubić Ojca, a Ojcu zależało również na towarzystwie Zochy i Haliny, i to bardzo. Potem aż nie jadł nic prawie z tego zmartwienia po rozłące, w Opolu.

W poniedziałek przed południem coraz nowe grupy odchodziły. Aż padło pytanie:

— Kto chce do Opola?

Zgłosiłem się z Ojcem. Halina uparła się. Wiedeń i już. I tak pożegnaliśmy się szybciutko. I wio z białymi plecakami, z resztką makaronu i cukru na pociąg. Było to 9 października. 11 listopada po miesiącu pracy jako pomocnicy murarzy przy rozbudowie gazowni w Oppeln uciekliśmy z Ojcem do Częstochowy. W pierwszy śnieg. Dzięki komuś z Częstochowy, kto drogą okrężną przez Berlin przyjechał po nas.

Pierwszą osobą z powstania, którą zobaczyłem nagle wieczorem przy budce ulicznej w Częstochowie, była Mama Swena, a drugą trzymający ją pod pachę Swen.

Warszawę zobaczyłem w lutym 1945 roku.

Nota od wydawcy

Pamiętnik z powstania warszawskiego ukazał się w roku 1970. Później był wielokrotnie wznawiany. Za podstawę niemal wszystkich edycji przyjęto wydanie trzecie z 1976: w trakcie jego przygotowania Białoszewski po raz ostatni poprawiał tekst.

Istotne zmiany wprowadzono w wydaniu z roku 2014, czyli w poprawionej, uzupełnionej edycji trzeciego tomu *Utworów zebranych*. Książka, którą Czytelnik trzyma w ręku, tę właśnie wersję powtarza.

Oprócz dotychczasowej podstawy tekstowej wykorzystano dwa inne źródła: maszynopis użyty w Państwowym Instytucie Wydawniczym do pierwszego wydania oraz autorskie nagranie *Pamiętnika...* dla Polskiego Radia.

Maszynopis, przechowywany w archiwum spadkobiercy praw autorskich Białoszewskiego, zawiera liczne skreślenia i poprawki. Skreślenia te spowodowane były niejednokrotnie względami politycznymi czy ideologicznymi, stanowiły skutek cenzury wydawniczej. Ręczne poprawki i uzupełnienia pochodzą natomiast od pisarza lub redaktorki tamtej edycji. Po raz kolejny okazuje się, że był Białoszewski pisarzem zbyt radykalnym jak na ówczesne normy literackie: niektóre zmiany wprowadzone w opracowaniu redakcyjnym miały charakter stylistyczny.

Niniejsze wydanie przywraca fragmenty usunięte z powodów cenzuralnych, a także, niejednokrotnie, pierwotne warianty stylistyczne. Założeniem wydawcy było odtworzenie tekstu dzieła w kształcie możliwie najbliższym intencji autorskich.

W 1981 roku, między majem a sierpniem, Białoszewski przeczytał na antenie Polskiego Radia niemal całość *Pamiętnika...* Nagranie przechowywane jest w archiwum Polskiego Radia. Autor nieraz dodawał fragmenty, których brak w książce; najważniejszymi spośród nich uzupełniono tekst nowego wydania.

Do książki dołączono mapy Warszawy, ukazujące miejsca pobytu i trasy przemieszczania się Mirona Białoszewskiego podczas powstania warszawskiego.

A.P.